徐州市档案馆
徐州市档案学会　编

档案中的徐州

从清王朝背影到新中国曙光

中国文史出版社

本书编委会

主　　任　刘　峰

副 主 任　吴继永　贾　诩　沈　勇　王　沛　高学东
　　　　　程昔刚　陈　东

委　　员　董近东　李华夏　高存根　李云鹏　陈　强
　　　　　耿　飞　史一锋　邹学良　孔令雯　喻　洁
　　　　　周　军　杜鹏涛

主　　编　刘　峰

副 主 编　王　沛　董近东　李华夏

编　　辑　（按姓氏笔画为序）
　　　　　叶剑飞　由　翠　吴筱桐　张　驰　张嘉玉
　　　　　郭　倩

前　言

"自古彭城列九州，龙争虎斗几千秋。"徐州是中国历史文化名城、国家级交通枢纽和苏皖鲁豫接壤地区中心城市，享有"五省通衢"之誉。得天独厚的地理位置、源远流长的历史文化，使徐州成为中华民族一方重镇。几千年来，虽历经水灾兵燹、盛衰更迭，徐州屡毁屡建、生生不息，锻造出不屈不挠的城市特质，保存下永载史册的城市档案。这些档案客观记载了徐州的沧桑演化，既是徐州人勤劳智慧的真实写照和徐州城市的珍贵记忆，也是我们今天传承历史、续写新篇的重要参考，更是开展传统教育、增进文化自信的宝贵素材。

记录历史、传承文明、服务社会、造福人民是档案工作的神圣职责。徐州市档案馆是全国第一批地市级国家综合档案馆、江苏省第一个设区市国家级数字档案馆、苏北第一个国家一级档案馆、全省档案系统第一个省级爱国主义教育基地，现有馆藏档案 33.1 万卷、41.9 万件，资料 2.5 万册。自 1985 年国家实行开放历史档案政策以来，徐州档案工作者致力于挖掘馆藏档案，加以整理、研究、展览、出版，把档案资源转化为各类文化产品，发挥好存史、资政、育人作用。

为认真贯彻习近平总书记关于档案工作的重要指示批示精神，近年来徐州市档案馆认真履行"为党管档、为国守史、为民服务"宗旨，深入实施"徐州档案历史文化传承"工程，从浩如烟海的档案史料中，精心编选系列丛书，大力发掘档案资源的时代价值，切实在推进文化大发展大繁荣中担当前行、奋发有为。

《档案中的徐州》编选了徐州清代和民国时期的档案史料。这三百多年是徐州发展史上的重要时期：1733 年升州为府，徐州作为区域中心城市的地位不断凸显；1855 年黄河改道，徐州经济曾一度回落；1882 年利国矿务总局创立，拉开百年煤城的序幕；1912 年津浦铁路开通，徐州经济再次复兴；1922 年陇海铁路徐州站（铜山站）党支部成立，为江苏境内最早的中共基层党组织；1949 年初淮海战役胜利，为解放全中国奠定了胜利的基础。正是以这种步伐坚毅前行，徐州一步步走到今天。追述总结这段历史十分必要。同时，作为历史上的著名"洪水走廊"和"兵家必争之地"，徐州档案史料遗失较多，馆藏年代最为久远的仅为清乾隆本《徐州府志》（1742）。正因为稀缺方显弥足珍贵，保护研究工作更加刻不容缓。通过梳理从清朝、民国到徐州解放的沧桑巨变，让读者从档案中知古鉴今，更好地读懂徐州、热爱徐州、奉献徐州。

本书突破以往根据档案形成时间平铺直叙进行介绍的做法，以三百多年徐州的历史脉络为主线，同时兼顾军事斗争、重工交通、文教卫生、红色历史等彰显徐州鲜明特色的专题，形成以历史逻辑顺序为主、各个领域为辅的结构框架，再将馆藏有代表性的档案逐一"对号入座"，以期达到纲举目张之效。全书共划分为5章、18节，每节都拟出相应的标题和简短的前言，对当时的情况进行简明扼要的介绍；共收录档案史料126件（组），内容包括公文、契约、票证、表册、舆图、书报、志谱、墨迹、照片和实物等，对每一件（组）档案都进行相应的解读，让读者对这段历史有更加直观、全面、立体的印象。本书还附有多幅与收录档案所反映历史相关的旧址照片。随着"彭城七里历史文脉"建设项目的推进，不少地标老建筑已成为网红打卡地。本书借助老档案，牵手老建筑，旨在尝试将档案与文旅融合发展，挖掘提升景区文化内涵，有兴趣的读者自可组织一次"跟着档案去旅游"的活动。

今年是中国人民抗日战争暨世界反法西斯战争胜利80周年，本书分《全面抗战 同仇敌忾》《敌后抗战 英杰辈出》《徐州沦陷 殖民掠夺》《接收敌产 审判战犯》4节专题，对徐州抗战的相关档案进行一次集中展示，在《重工摇篮 交通要冲》《崇文重教 英才荟萃》等节也涉及不少抗战档案的呈现。我们希望以此来发挥抗战档案特别是其中的红色档案的教育、激励和感召作用，进一步铭记历史，缅怀先烈，砥砺前行，不懈奋斗。

今世赖之以知古，后世赖之以知今。下一步，徐州市档案馆将积极主动融入全市转型发展大局，大力度推进档案、党史、文化等深度整合，加快"档案＋文化""档案＋思政""档案＋旅游"等品牌塑造，进一步赓续历史文脉，涵养城市文化，讲好档案故事，不断提升档案的保护与开发利用水平，不断满足日益增长的群众精神文化需求。

编　者
2025 年 4 月

凡 例

一、本书定名为《档案中的徐州》。

二、本书档案史料来源于徐州市档案馆、丰县档案馆、沛县档案馆、睢宁县档案馆、邳州市档案馆、新沂市档案馆、徐州市铜山区档案馆、徐州市云龙区档案馆、徐州市泉山区档案馆和淮海战役纪念馆、徐州市史志办、徐工集团党委宣传部、徐矿集团档案馆、中国矿业大学档案馆、徐州市图书馆、运河支队抗日纪念馆等。为更加完整地反映历史脉络，少数档案使用复印件形式，已标注原件保管单位。

三、本书档案史料分为《王朝背影 吉光片羽》《战略要地 兵家必争》《重工摇篮 交通要冲》《崇文重教 英才荟萃》《革命洪流 红色淮海》5章，下分18节。章节以下档案史料主要按形成时间先后顺序排列，但个别为照顾同类档案组合，在时间先后顺序上有所调整。

四、本书档案史料大多以件为条目单位，少数把有关联的一组材料编辑成专题为条目单位，以便较好地体现该档案内容的完整性；条目的标题以突出内容主题为原则拟定。

五、本书档案条目基本展示方式为条目名称、保管单位、档案概况、档案内容照片、部分档案全文、相关知识等，使用图片为原件扫描件或实物照片。

六、本书所收录的档案史料，为尊重历史、保持原貌，一般原文照录，原文为繁体字的改为简体字，竖排改为横排，同时对原文进行必要的分段、标点和加注。其间有内容重复及与主题无关部分，则略加删节。遇有缺漏损坏或字迹不清的，以□代替，删节处以……标明。

七、本书标述档案的纪年时，一般先用清代/民国纪年，后括公元纪年，如"清道光八年（1828）""民国三十四年（1945）"；但不涉及具体档案时，为了叙述方便、行文简洁，一般直接采用公元纪年。

八、对现在拍摄的旧址照片，标注说明时一般采用"××旧址，今××（地方）"，如"省立徐州中学旧址，今徐州一中夹河校区"。

九、本书引用档案，除实物档案、个别尺寸比较特殊的纸质档案，一般不标注尺寸大小。

目 录

王朝背影　吉光片羽

战略要地　兵家必争

重工摇篮 交通要冲

煤铁重镇 电业方兴

津陇交汇 金融脉动

崇文重教 英才荟萃

中西合璧 新旧并存

筚路蓝缕　医卫发轫

思想争鸣　文化交融

革命洪流　红色淮海

党团初创　星火燎原

王朝背影

吉光片羽

修志立典　存史启智

　　观地方志，可知"一方的古今总览"，其地理沿革、史迹变迁、风俗人情、豪杰俊才，足以遍观概览。清代三修《大清一统志》。由于每次修一统志，朝廷都会广泛征集各地方志，因此在直接促进各地志书纂修的同时，也激发了地方自行修志的需求。《徐州府志》等方志地情资料对研究徐州历史文化具有重要参考价值。

清乾隆本《徐州府志》

保管单位：徐州市档案馆

档案概况：

清乾隆本《徐州府志》，由乾隆五年（1740）时任徐州知府石杰主修，王峻（曾参与撰修《大清一统志》）主纂，全书定为 30 类，共分 30 卷。清乾隆本《徐州府志》为官修方志，由府衙经历武承运专职督刊，于乾隆七年（1742）出版，木刻本。虽有专职督刊，亦有不少白页、糊字，印刷、装订不甚精细。但是，作为徐州第一部府志（以前所有方志均为州志），较之以往州志，在区域、时限和内容等方面均有所增加，徐州地方史研究者多以此及后来的诸志为参考。

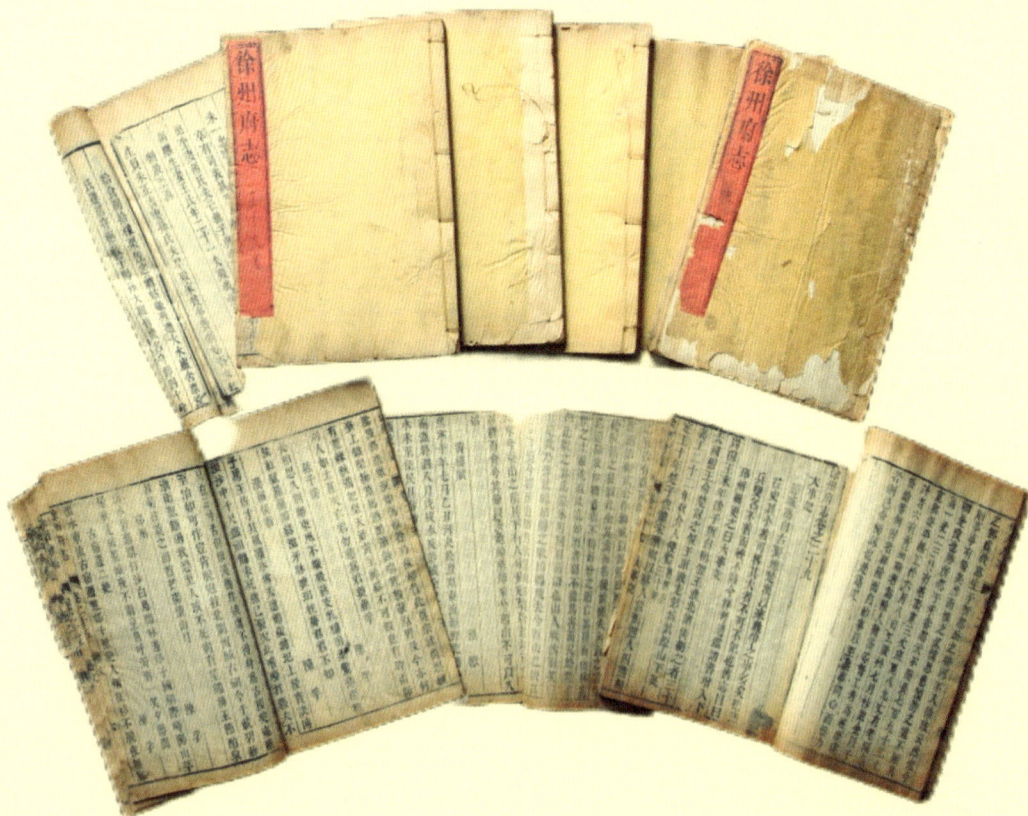

清乾隆本《徐州府志》

徐州府志目錄

卷首

國

卷之一

分野

　疆域

建置沿革 表附

形勢

風俗

城池

徐州府志　目錄

總管志局　典吏劉廷士

書辦陳啟新

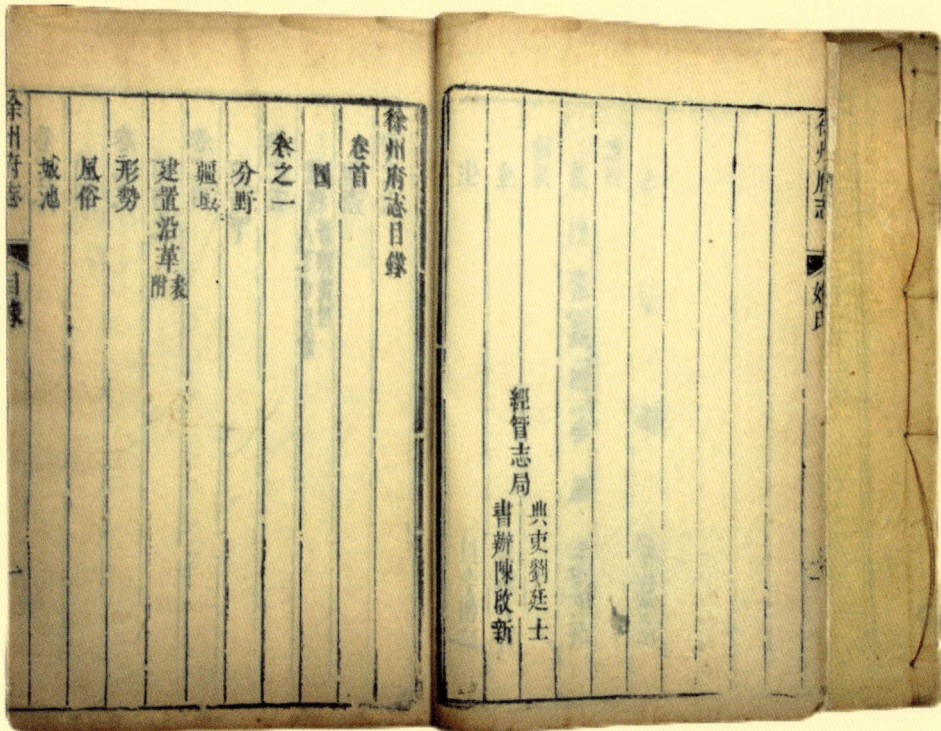

清乾隆本《徐州府志》目录

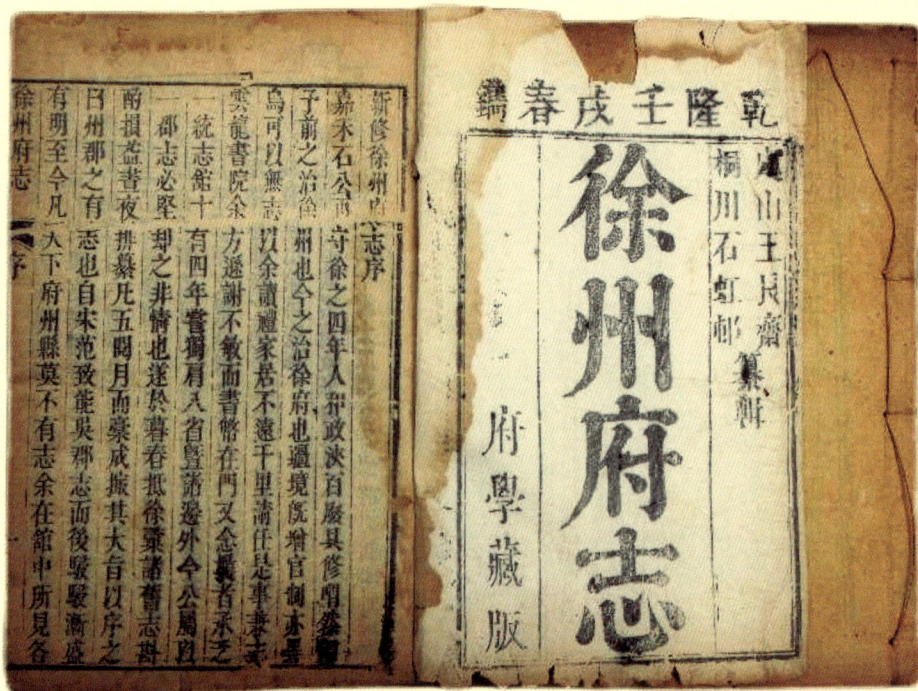

清乾隆本《徐州府志》序节选

清道光本《铜山县志》

保管单位： 徐州市铜山区档案馆

档案概况：

清道光十年（1830）铜山知县崔志元主修、左泉金主纂的《铜山县志》，共24卷，木刻本，白口，单鱼尾上署"铜山县志"，下署卷次、卷目和卷内页次。该志资料翔实，刻工精细，详细介绍和记录了铜山县自然、历史、文化和民俗等方面的史料，并附有四境图、县城图、学宫图、街道图等共计21幅，对铜山县历史文化研究具有重要参考价值。

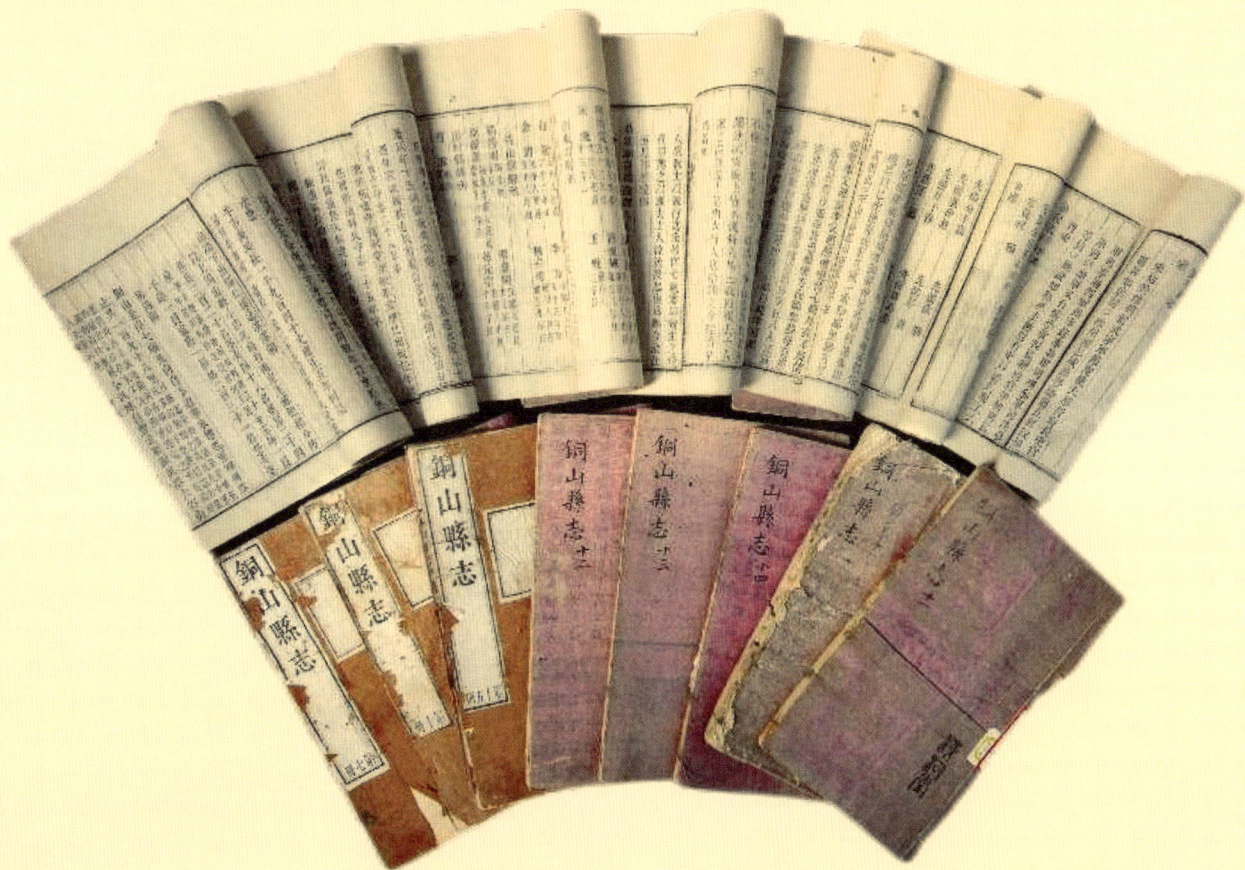

清道光本《铜山县志》

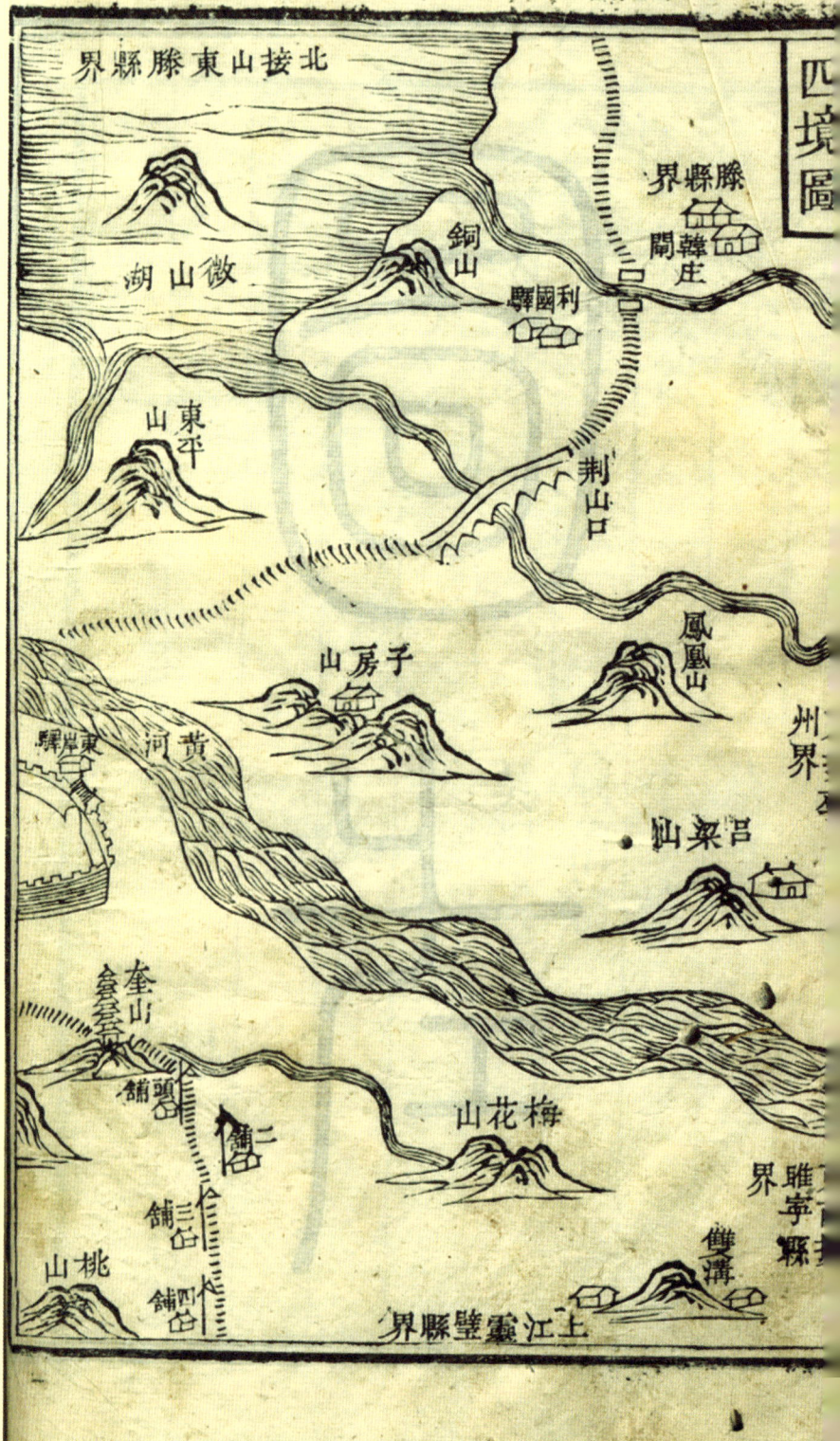

清道光本《铜山县志》
四境图东半部

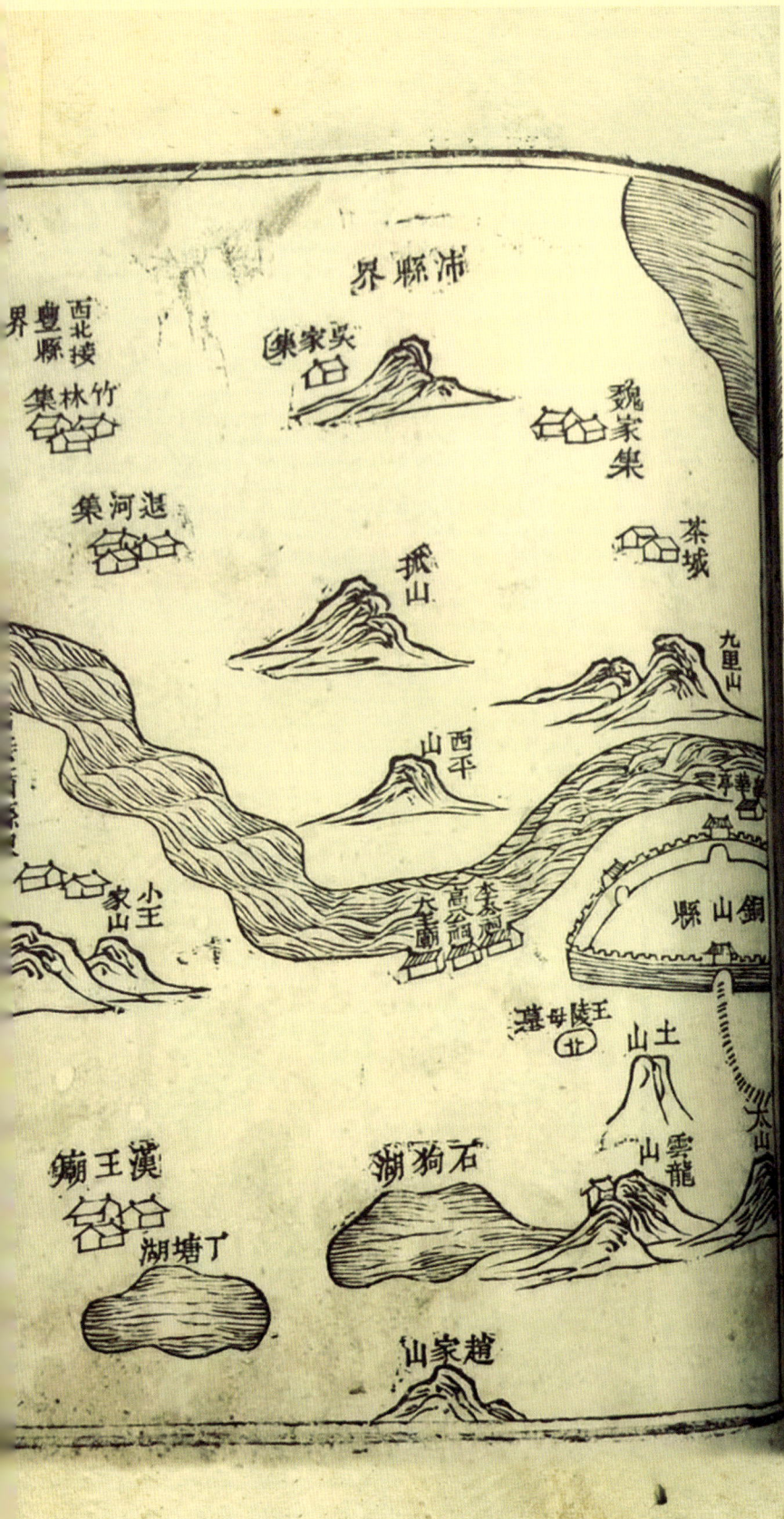

清道光本《铜山县志》
四境图西半部

清咸丰本《邳州志》

保管单位： 邳州市档案馆

档案概况：

清咸丰本《邳州志》，咸丰元年（1851）董用威、马轶群主修，鲁一同主纂。全书分20卷，木刻本，版刻清楚，双栏，白口，单鱼尾上署"邳州志"，下署卷次与卷内页次。该志取材考证审慎严谨，语言行文简洁流畅，曾国藩赞誉称"近日志书最佳者"，朱士嘉谓其"志家新派中一巨子"。

该书作为当时声震全国的一部地方志书，详细记录了邳州自然、历史、文化和民俗等方面的史料，对清代邳州历史文化研究有重要参考价值。

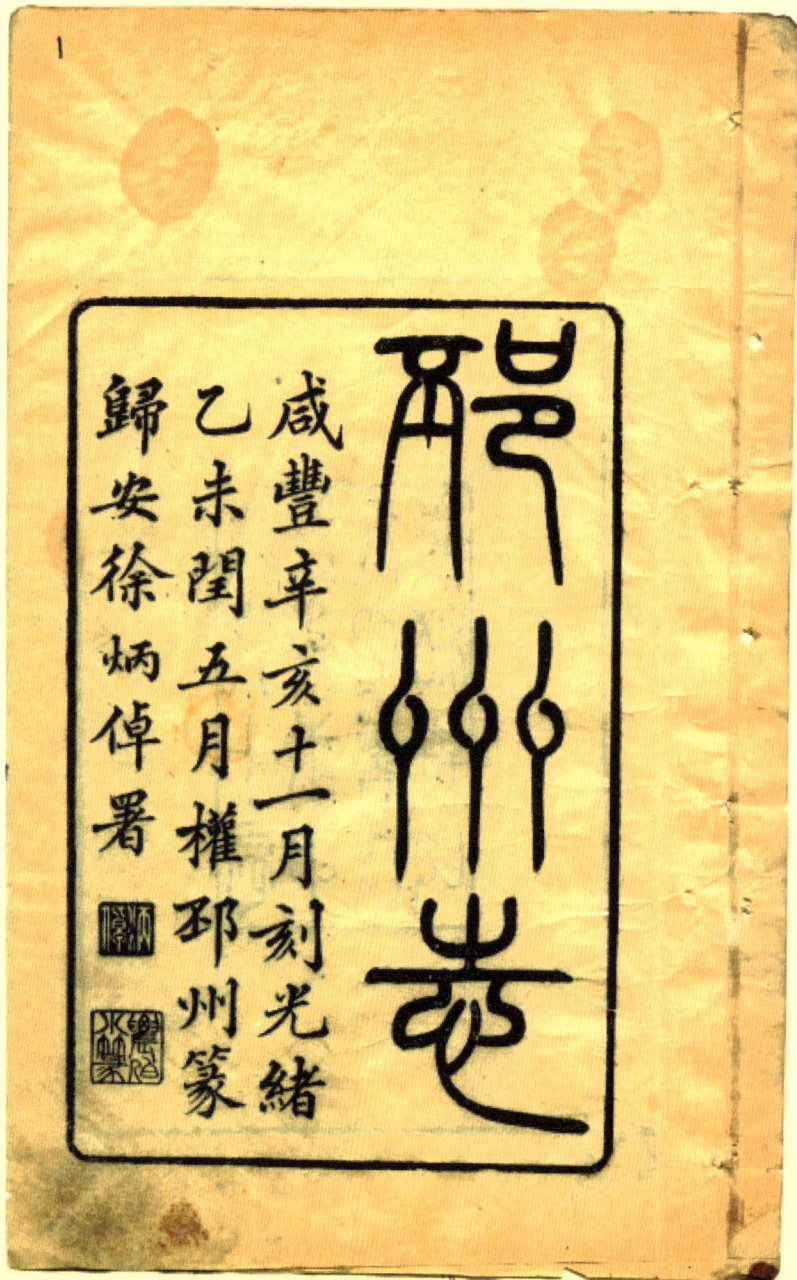

清咸丰本《邳州志》

清咸丰本《邳州志》目录

邳州志卷之一

疆域　四至　分星　高度　風俗　物產　方貢

邳古侯國也其疆域廣狹無得而稱焉漢承秦制下邳

建縣西不及武原北不兼艮成永平中拓爲王國領十

七城其地自葛峄之陽南有僮睢陵盱眙東帶司吾迤

至於淮陰北有艮成而無武原晉太始中下邳王國裁

統七縣下邳淩艮城城宇　成始改　睢陵夏邱取慮僮朱下邳

郡領艮城僮與下邳而三南有今睢寧之西境而縮其

西北北魏得之領縣六下邳艮城僮坊亭栅淵歸正別

眞武武原郡領武原開遠艾山分晰雖多地不加廣綜此

清咸丰本《邳州志》节选

民国本《邳志补》

保管单位：邳州市档案馆

档案概况：

民国初年，邳州名士窦鸿年以清咸丰本《邳州志》为基础，自出资金，主持纂修《邳志补》，以"述而不作"为原则，对前志"无可系属"之文照录存真，既尊重传统，又立足实证。作为私修志书，敢于针砭时弊，对治水失策、赋税苛重等直言不讳，凸显民间修史的批判性。全志附 20 余幅舆图，涵盖山水、官署、庙宇等。

《邳志补》共 26 卷，虽名"补"，但其突破官修的局限性，实为系统性重修，有着两个层面的革新：

一是体例科学化。调整类目设置，如改"疆域"为"疆域图"，析"晷度""物产"单独立卷，增设"叙录"总揽全志，将"官师"分拆为"职官""名宦"等等，压缩冗余门类，分类更趋清晰。

二是内容拓展。增补咸丰至宣统年间史料，详载民国初年建置、赋税、兵防等，收录捻军活动、近代工商业萌芽等珍贵记录。同时修正了前志讹误，如地理沿革、人物传记等，并引入金石、物产专卷，保存地方文化细节。

从清咸丰本《邳州志》到民国《邳志补》，邳州方志的演变折射出传统方志向近代学术的转型。共同构建了邳州历史的立体图景，亦为研究苏北社会变迁提供了非常重要的文献资料。

《邳志补》序

清光绪本续修《丰县志》

保管单位：丰县档案馆

档案概况：

　　该志书为清光绪二十年（1894），时任丰县知县姚鸿杰在清乾隆本基础上主持编纂完成，但在其离任后并未付印，而是由后任知县王得庚在清光绪二十一年（1895）主持完成刻印。卷首有13篇序及恭纪"圣恩"，配水利全图、城图、县治图、文庙图考4幅，正文16卷，分封域类、营建类、职官类、赋役类、学校类、选举类、人物类、艺文类、祠祀类、古迹类、纪事类等，内容丰富，体例完整。

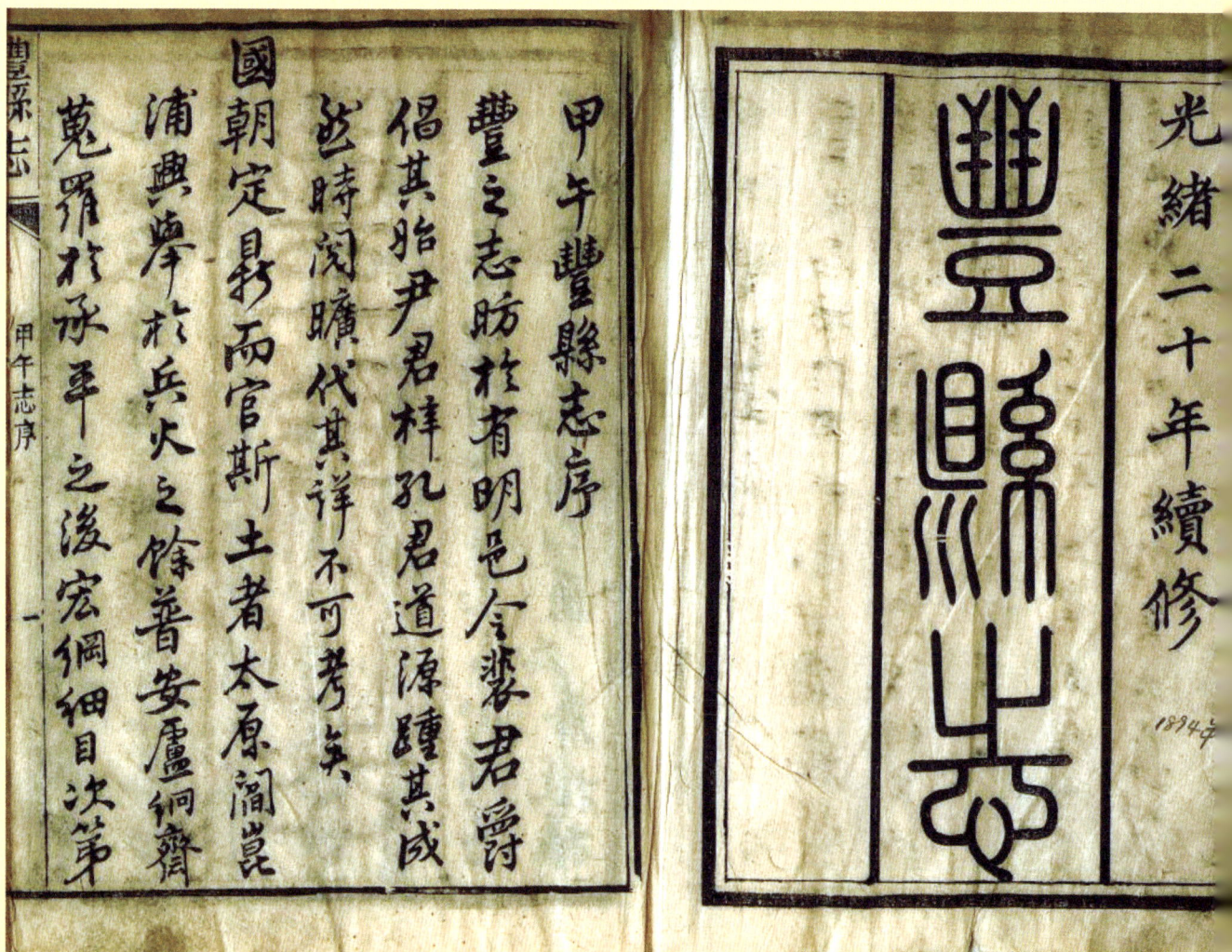

清光绪本续修《丰县志》

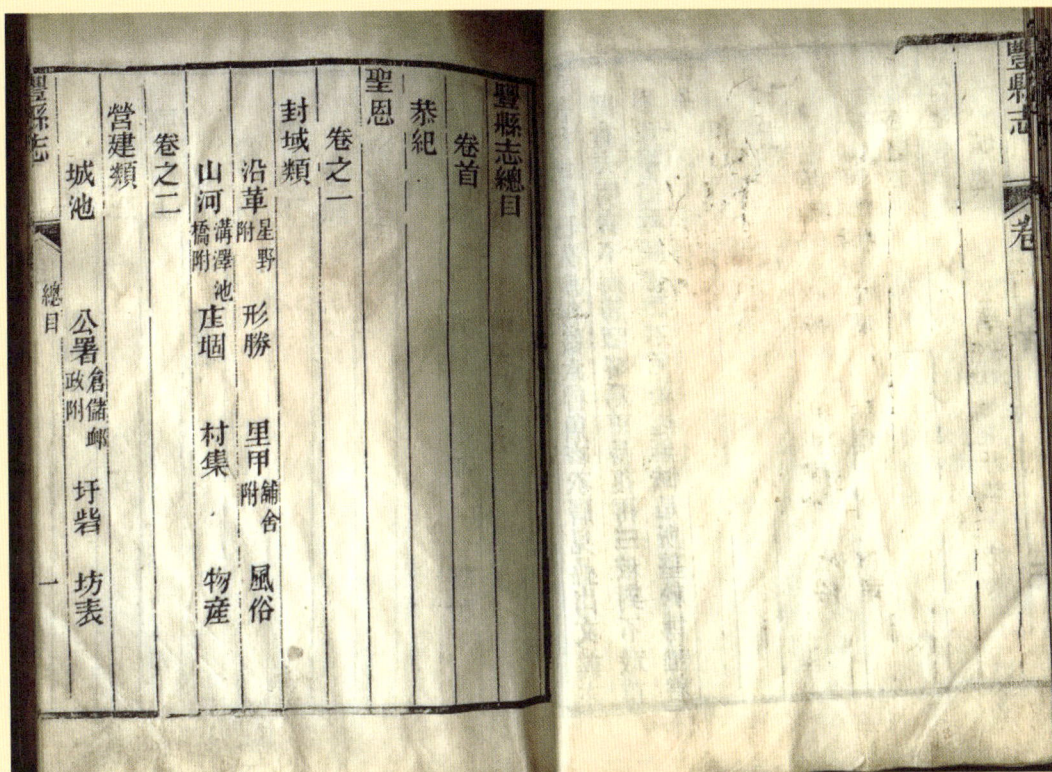

清光绪本续修《丰县志》目录

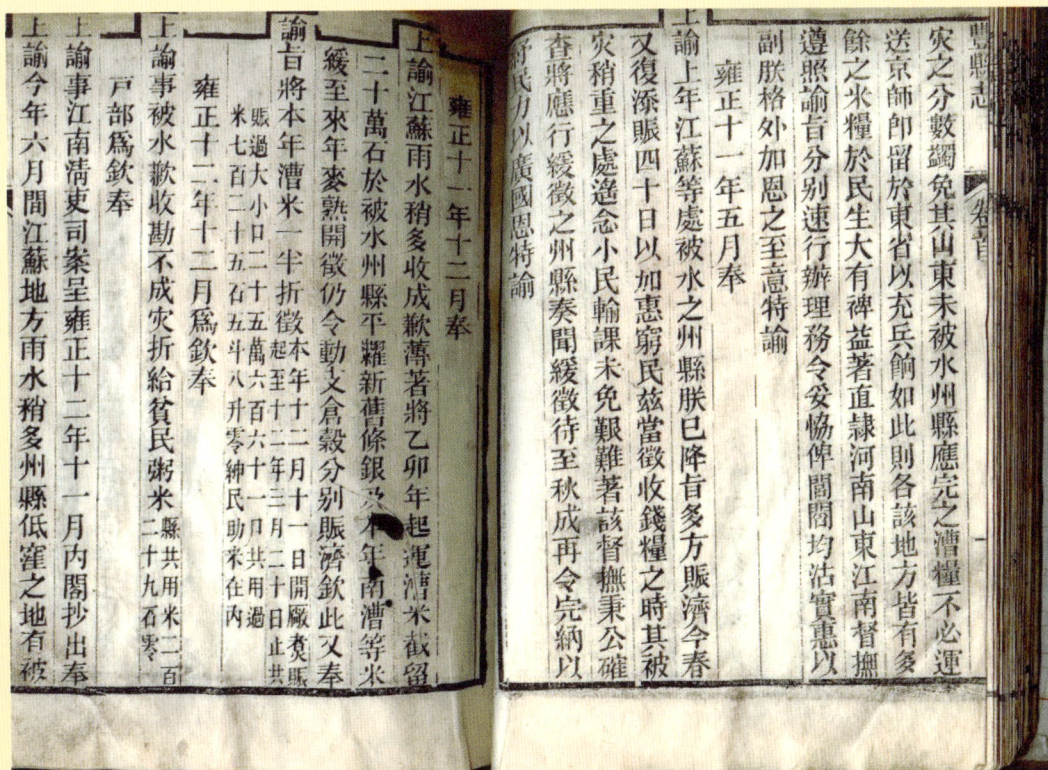

雍正十一年五月奉

上諭上年江蘇等處被水之州縣朕已降旨多方賑濟令春
又復添賑四十日以加惠窮民茲當徵收錢糧之時其被
災稍重之處遙念小民輸課未免艱難著該督撫秉公確
查將應行緩徵之州縣奏聞緩徵待至秋成再令完納以
俾民力以廣國恩特諭

副朕格外加恩之至意特諭
遵照諭旨分別速行辦理務令爰慰閭閻均沾實惠以
餘之米糧於民生大有裨益著直隸河南山東江南督撫
送京師即留於本省以充民餉如此則各該地方皆有多
災之分數蠲免其山東未被水州縣應完之漕糧不必運

雍正十一年十二月奉

上諭江蘇雨水稍多收成歉薄著將乙卯年起漕運米截留
二十萬石於被水州縣平糶新舊條銀及本年南漕等米
緩至來年麥熟開徵仍令勤文倉穀分別賑濟欽此又奉
諭旨將本年漕米一半折徵起至十二月十一日開廠煮
賑過大小二十五萬六百六十一口二十日止共用過
米七百二十五萬六百六十一口共用過

雍正十二年十二月為欽奉
上諭事被水歉收勘不成灾折給貧民粥米二百
二十九石零
戶部為欽奉
上諭事江南清吏司案呈雍正十二年十一月內閣抄出奉
上諭今年六月間江蘇地方雨水稍多州縣低窪之地有被

清光绪本续修《丰县志》节选

区划沿革 河道变迁

　　人类文明起源于水，汴泗交汇孕育了徐州，黄河改道重塑了徐州。《尚书·禹贡》记载，大禹治水，划定九州，徐州位列九州之一。综观清朝历史，雍正十一年（1733）升州为府，咸丰五年（1855）黄河改道，是对徐州影响深远的两件大事。

升州为府资料

保管单位：徐州市档案馆

档案概况：

清乾隆本《徐州府志》卷一"建置沿革"部分，对徐州升州为府的过程做详细记载："……明初复曰徐州，属凤阳府，寻直隶南京，领四县。本朝初因之隶江南布政使司。康熙六年（1667）属江苏布政使司。雍正十一年（1733）升为徐州府，治铜山县，以邳州及宿迁睢宁二县来属，共领州一县七。"

徐州在明初属中都凤阳府，不久直属于南京（又名南直隶，范围包括今安徽、江苏、上海），下辖四县（丰县、沛县、萧县、砀山），为屏障江淮的北方门户。

清初顺治二年（1645），隶属江南省（清初将明朝的南京改为江南省）。

康熙六年（1667）属江苏布政使司（这一年，江南省被分成安徽、江苏两省，徐州属江苏）。

雍正十一年（1733）徐州升州为府，治所在铜山县，下辖一州七县：邳州、丰县、沛县、萧县、砀山、铜山、睢宁、宿迁。

升州为府，奠定了徐州四省接壤地区中心城市的地位。

相关知识：

1946年，宿迁属淮阴专区（今淮安市，当时属解放区）。

1949年，设置新安县，1952年更名新沂县。

1955年，砀山、萧县划给安徽省宿县专区（今宿州市）。

清乾隆本《徐州府志》卷一节选

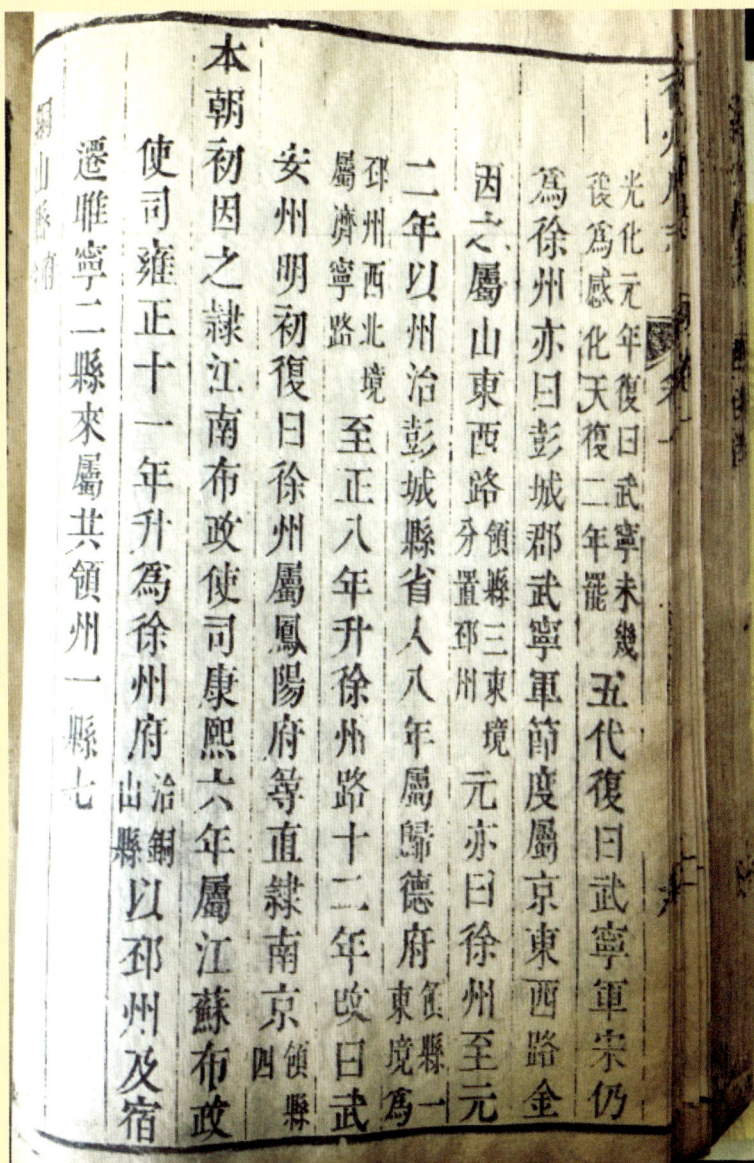

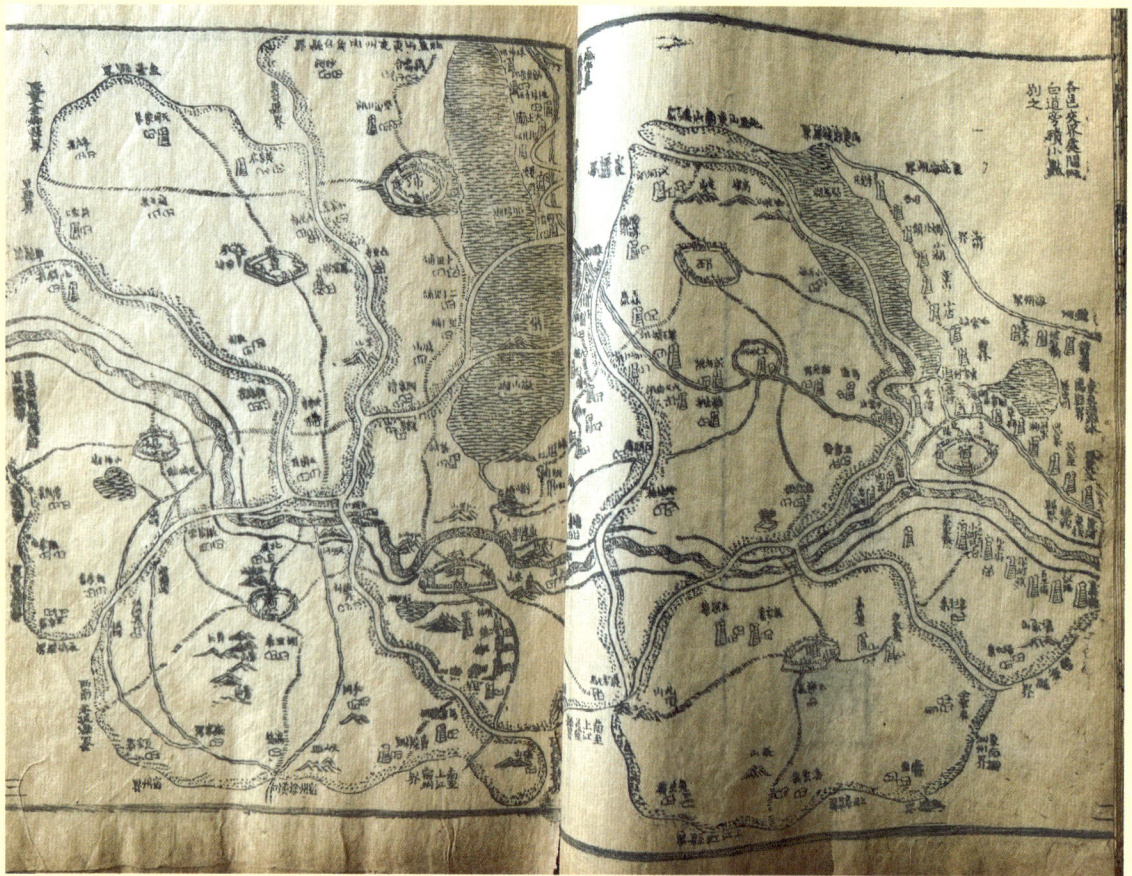

八属总图

府道共治资料

保管单位： 徐州市图书馆

档案概况：

清乾隆本《徐州府志》卷十三"职官"部分记载："淮徐道，旧驻徐州，康熙二年（1663）裁，归并淮海道。九年（1670）复设。十五年（1676）兼辖夏镇工部分司。十六年（1677）并管中河分司、钞税、河工，移驻宿迁。三十九年（1700）管理河库，移驻清江浦。雍正七年（1729）复设河库道，以淮徐道为分巡道，兼理河务。十年（1732）移驻宿迁，其所辖徐属有铜沛萧砀睢宿虹运河五厅。淮属有桃源一厅。"

淮徐道，旧驻徐州，康熙二年（1663）裁撤，职能归并到淮海道（辖淮安、海州）。康熙九年（1670）复设。康熙十五年（1676）兼辖夏镇工部分司，康熙十六年（1677）并管中河分司、钞税、河工，移驻宿迁。康熙三十九年（1700）管理河库（掌理治河银两），移驻清江浦（今江苏省淮安市清江浦区）。雍正七年（1729）复设河库道，以淮徐道为分巡道，兼治理黄河事务。雍正十年（1732）移驻宿迁，下辖徐州的铜沛、萧砀、睢、宿、虹（今安徽省宿州市泗县）运河五厅，淮安的桃源（今江苏省宿迁市泗阳县）一厅。

相关知识：

道的制度形成于明代，于各省军事要冲遍置整饬兵备之"道员"（道台），平时兴学教化、修葺城池及审理诉讼，战时带兵出击。清承明制，成为省和府州之间一级机构。

据明嘉靖本《徐州志》记载，徐州道设立于明正德五年（1510），管辖徐州卫、滁州卫、淮安卫等。设立之初专管兵备，后来转向黄运治理上来。由于治黄、漕运等工作的战线较长，道台官职高，管辖范围广，手握兵权，能够协调各府州形成合力，集中力量办大事。正如清嘉庆年间的徐州道台张鼎所写的对联：

地当黄运之中，水欲治，漕欲通，千里河流，涓涓都从心上过；

官作军民之主，宽以恩，严以法，一方士庶，笑啼都到眼前来。

清代徐州道台的下级部门为厅，又称工部分司，负责河防。清末黄河改道后，道台的工作转向洋务，创立了徐州利国矿务总局，成为徐州煤矿近代开采的起点。

在清代徐州档案中，道常与府并称。与府相比，虽然道的行政级别高，管辖范围大，但由于不负责具体的民政事务，职能不固定（如兵备、治水、漕运、洋务等），驻地不固定（曾迁至宿迁、淮安，后又迁回徐州），名称不固定（徐海道、淮徐道、徐州道等）。

徐州府志卷之十三

職官五

本朝

國初徐州設官皆仍明舊百康熙間先後增省各員

至雍正十一年升徐州區　府歷年事宜分見各屬

下茅河員委調靡常冊籍復灾於水火無據稽考

未昭大備祇載可考者於後

淮徐道舊駐徐州康熙二十平裁歸併淮海道九年

管并管中河庫移駐清江浦河工夏鎮工都分司十六道

管理河分司鈔稅河工雍正七年復設河庫遷三十九年

以淮徐道屬有分巡道兼理河務十年移駐宿遷虹

其所轄徐屬有銅沛道蕭邳雎宿虹逓駐河宿五

清乾隆本《徐州府志》卷十三节选

江南徐州资料

保管单位： 徐州市档案馆

档案概况：

清乾隆本《徐州府志》卷一"疆域"部分记载："徐州府在江南省城西北七百四十里，江苏布政使司西北一千一百七十里。"

江南省城所在地为南京，江苏布政使司所在地为苏州。康熙六年（1667）将江南省分成安徽、江苏两省，但人们仍习惯将江苏省称作江南省。因此，远在长江以北300多公里的徐州，也被称作江南徐州。如云龙山上的清代碑刻"江南徐州道臣严烺敬书""钦加道衔江南徐州府正堂加十级录十次叶"。可见这里所指的江南，是行政区域概念，不是空间地理概念。

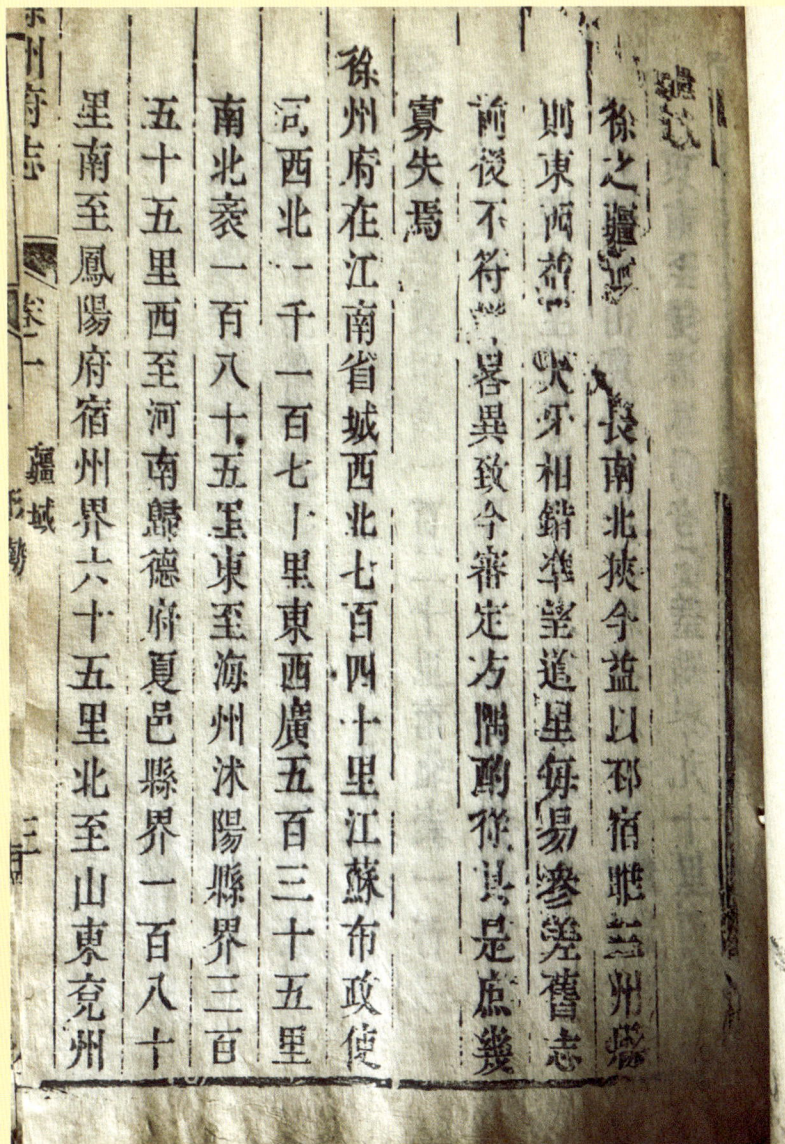

清乾隆本《徐州府志》卷一节选

从汴泗交汇到黄河改道资料

保管单位：徐州市档案馆

档案概况：

清乾隆本《徐州府志》卷三、四"河防"记载："徐本汴泗合流之地，宋时黄河尝南决合泗入淮，寻复归北。自金元来，河始夺汴泗合淮。有明以来漕运咽喉故障之，使全出于徐，受害滋深终无善策昭代。"

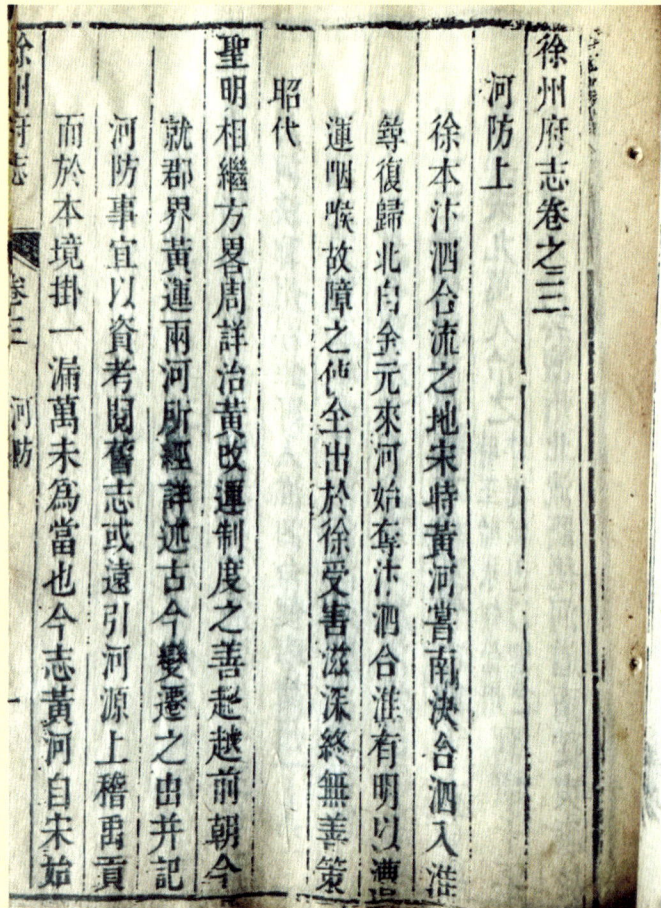

清乾隆本《徐州府志》卷三节选

徐州自古为汴泗交汇之地，宋代黄河曾经改道入泗淮，不久后重归原来河道。自金元以来，黄河正式改道南徙，由汴入泗，夺淮入海。明朝为确保漕运畅通，堵塞黄河下游的其他出海口，使河水全部流经徐州这个漕运咽喉，以提供充足的水量行船，然而徐州也因此饱受水患之苦。

相关知识：

汴水发源于河南省荥阳市，由西向东流；泗水发源于山东省泗水县，由北向南流。两河在徐州东北交汇后南下，注入淮河。

"借黄行运"：元明时代，黄河徐州至淮安段，是大运河共用的河段。为此，堵塞黄河下游的其他出海口，以提供充足的水量行船。同时根据黄河含沙量大的特点，通过加高堤防，人为制造湍急的水势，将上游带来的泥沙送入大海，不至于淤塞航道，水利专家潘季驯称此为"束水攻沙"。由于"借黄行运"导致河道受淤，不得不改为"避黄开泇"。明万历三十二年（1604）开凿泇河，避开黄河之险，保障漕运安全。

黄运并流资料

保管单位： 徐州市档案馆

档案概况：

清乾隆本《徐州府志》"河图"部分，用 11 幅图，详细描绘了黄河流经徐州全境的情形。图均是上南下北，最前面有一段文字："黄运二河经行徐境，堤防畜泄所关巨矣，用载全图以供流（浏）览。"

徐州处于黄河、运河二河并流的地方，为确保黄河安澜，运河畅通，堤防、蓄水、泄洪都是至关重要的，故绘制黄运全图，以供读者浏览。

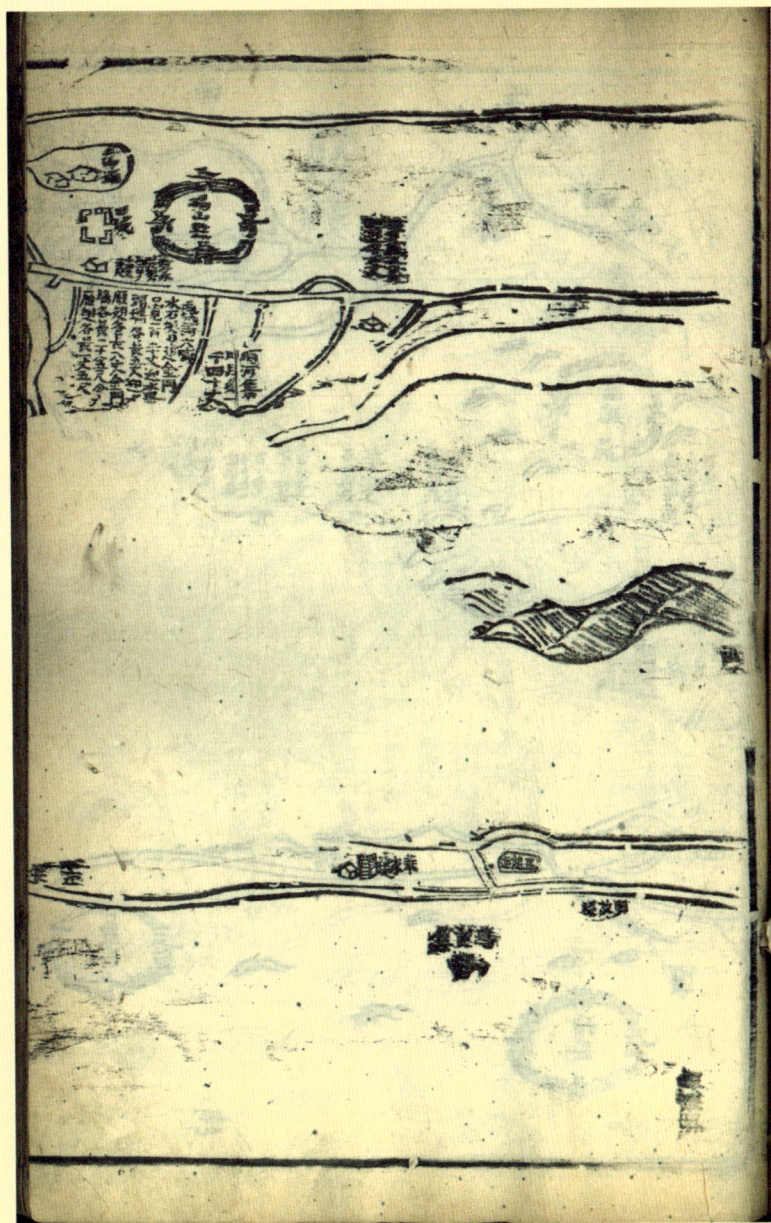

第一幅，万里黄河奔腾向东，由河南流入徐州。第一座城池是南岸的砀山

第二幅，继续向东。南岸是萧县，北岸是丰县、沛县

第三幅，继续向东。南岸是徐州府城，由一道护城石堤拱卫着，城南有石狗湖（云龙湖）、奎河、奎山塔。北岸有苏家山（九里山苏山头）、子房山等，再向北是微山湖。湖边的夏镇，即今山东省微山县城。不老河与微山湖相通，绕过张谷山向东流去。今天的京杭运河湖西航道、不老河段是在此河的基础上开凿，并在张谷山建有蔺家坝水利枢纽

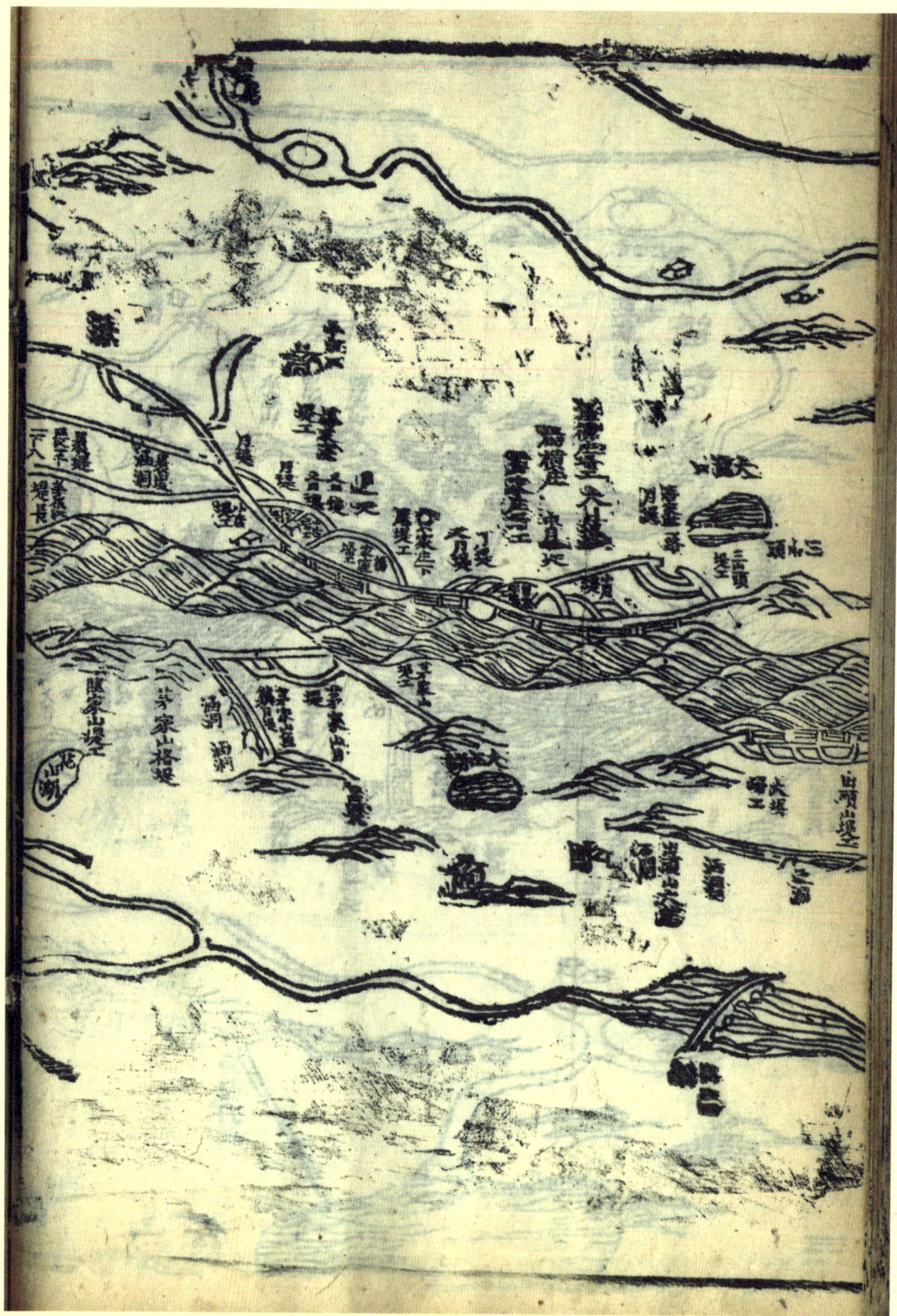

第四幅，继续向东。南岸的三山头、大龙口、潘家马路，分别是今天徐州新城区的拖龙山、大龙湖、潘塘。北岸有吕梁山。再向北，不老河上横跨着荆山桥

第五幅，继续向东。黄河以北，艾山以南，是邳州新城（今邳州市邳城镇）

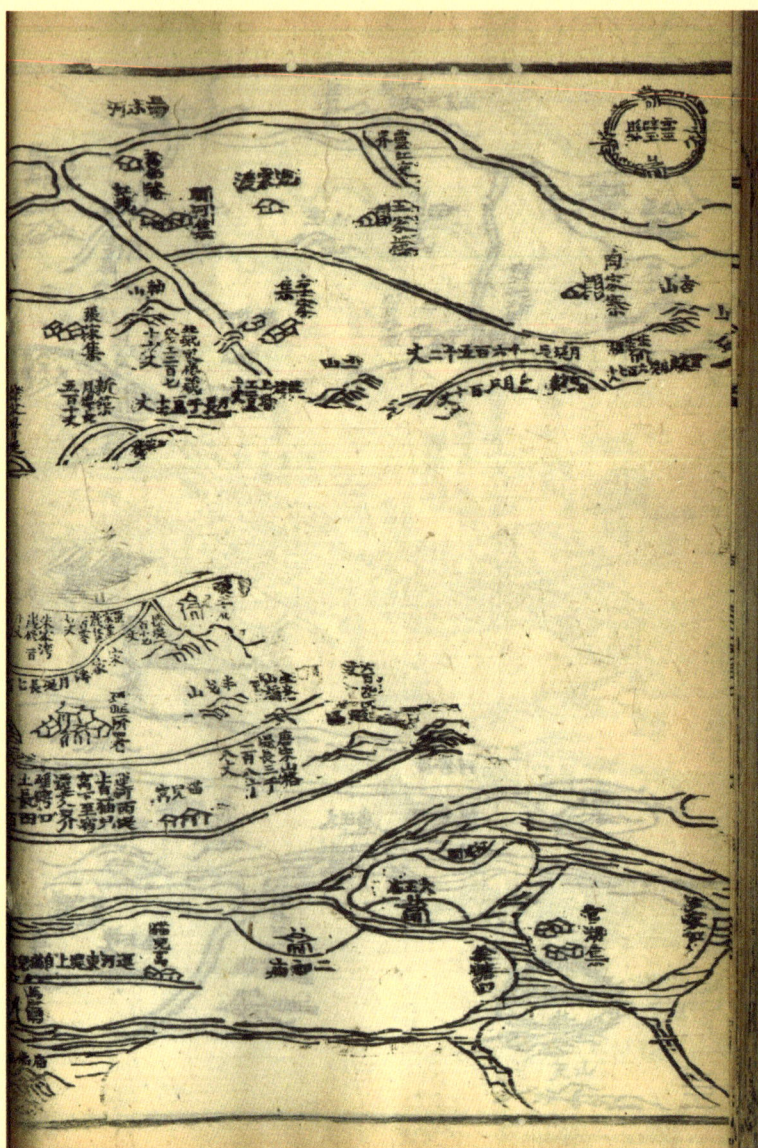

第六幅，继续向东。南岸有安徽省的灵璧县城，北岸有岠山，山下即邳州老城下邳（今睢宁县古邳镇）。康熙七年（1668），因郯城大地震和黄河决口，老城遭到灭顶之灾，于是迁到新城。在图的最北部，可见运河从山东流入。这段运河又名迦河，为明末"避黄开迦"时开凿，即今天的京杭运河韩庄运河、中运河段。运河两岸的大堤上均标注"上自猫儿窝，下至宿迁交界瑶湾（窑湾）口止"字样

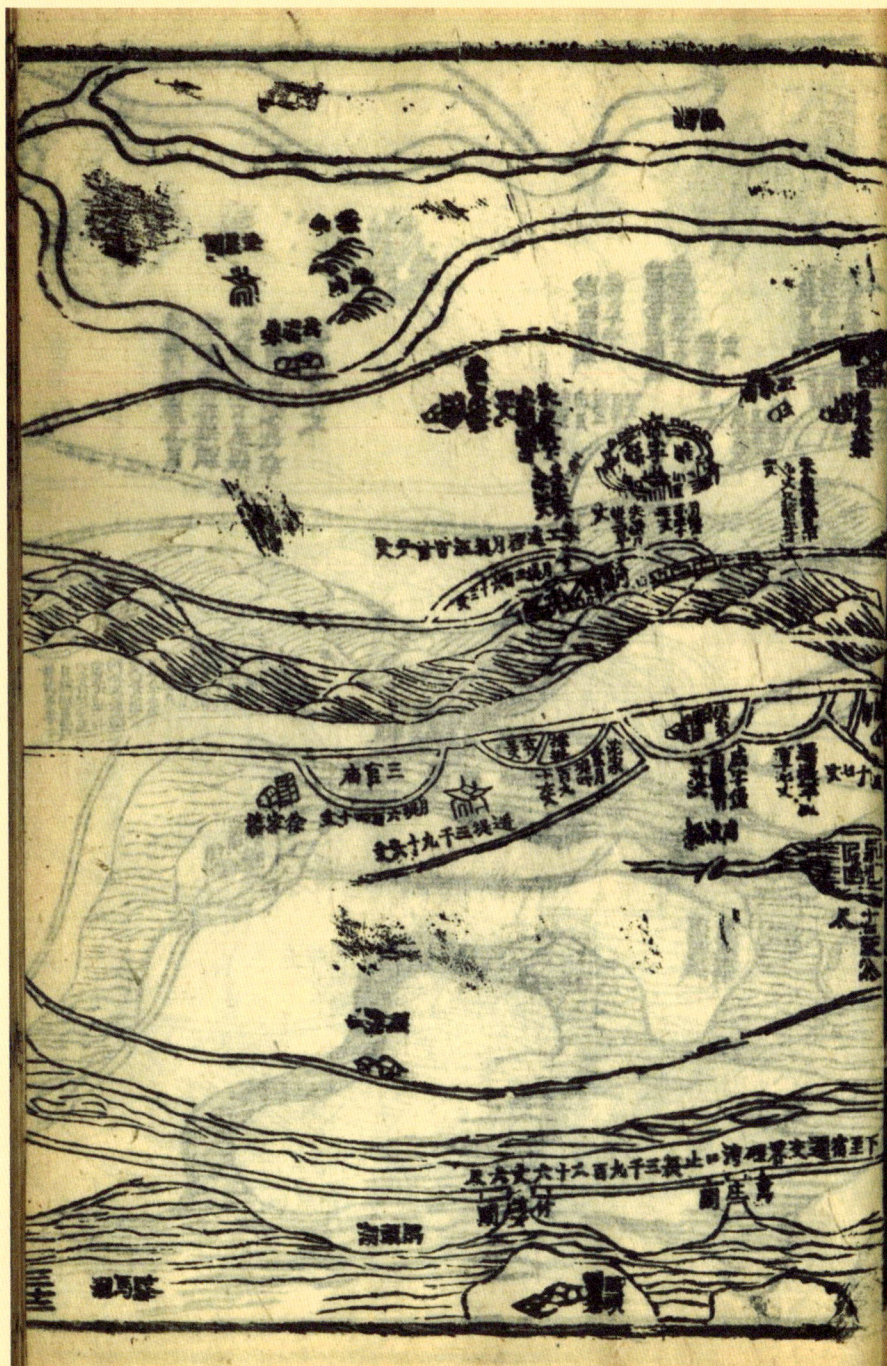

第七幅，继续向东。黄运两河并流，黄河南岸是睢宁，运河北岸有骆马湖

第八幅，继续向东。皂河集（今宿迁皂河古镇）夹在黄河、运河之间

第九幅，继续向东。宿迁、马陵山夹在黄河、运河之间

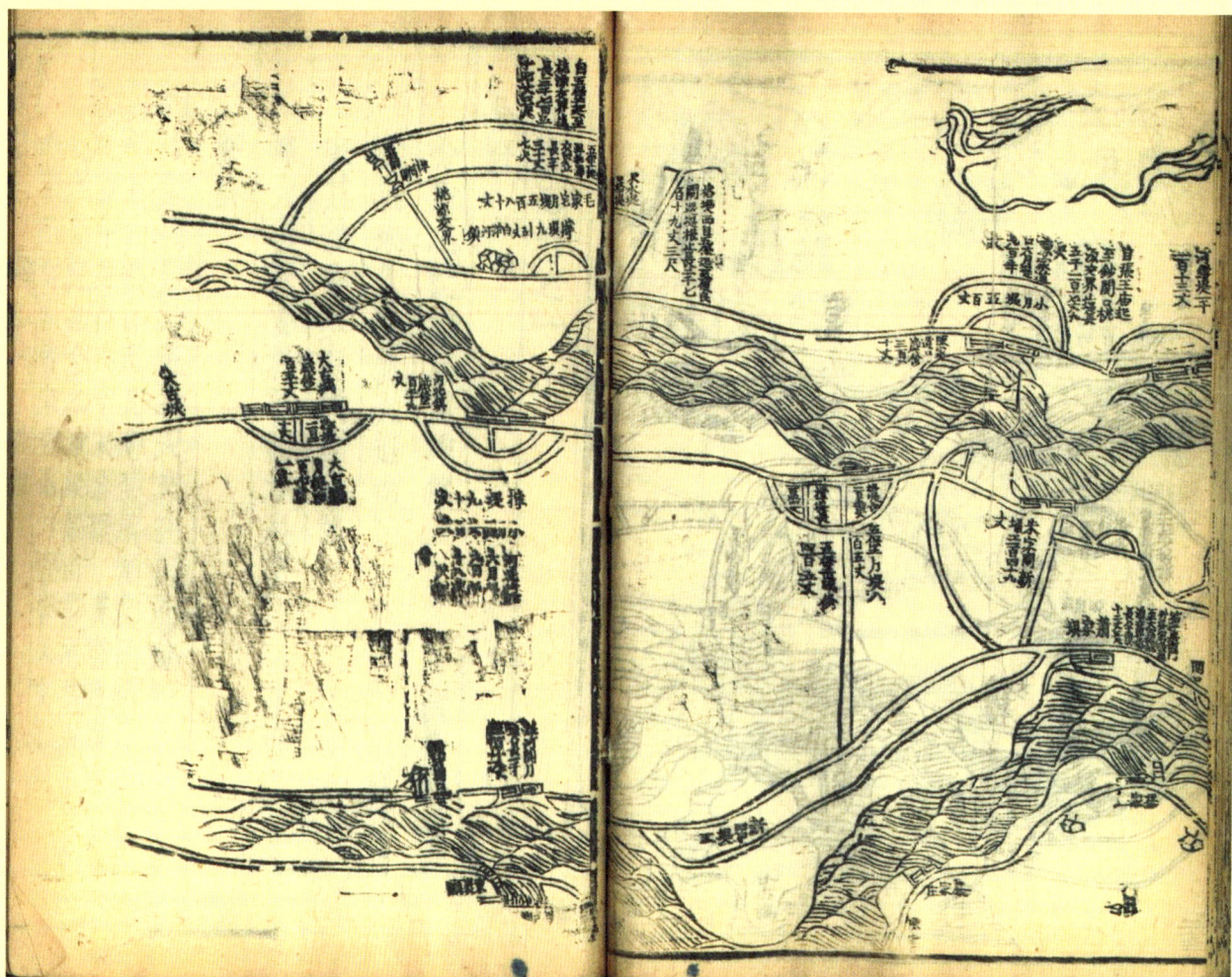

　　第十、十一幅，黄河、运河均流入淮安境内，两河在清口与淮河交汇后，黄河、淮河合二为一，东流入黄海（史称"黄河夺淮"），运河南下杭州

再次改道　留下故道资料

保管单位：徐州市档案馆

档案概况：

将清乾隆本《徐州府志》与清同治本《徐州府志》的府城图部分进行比较，黄河改道前后的强烈反差，一目了然。

清乾隆本《徐州府志》府城图显示，黄河从西、北、东三面绕城流过，波涛汹涌。由于长年筑堤，黄河已成悬河，仿佛悬在徐州城上的一盆水，险象环生。

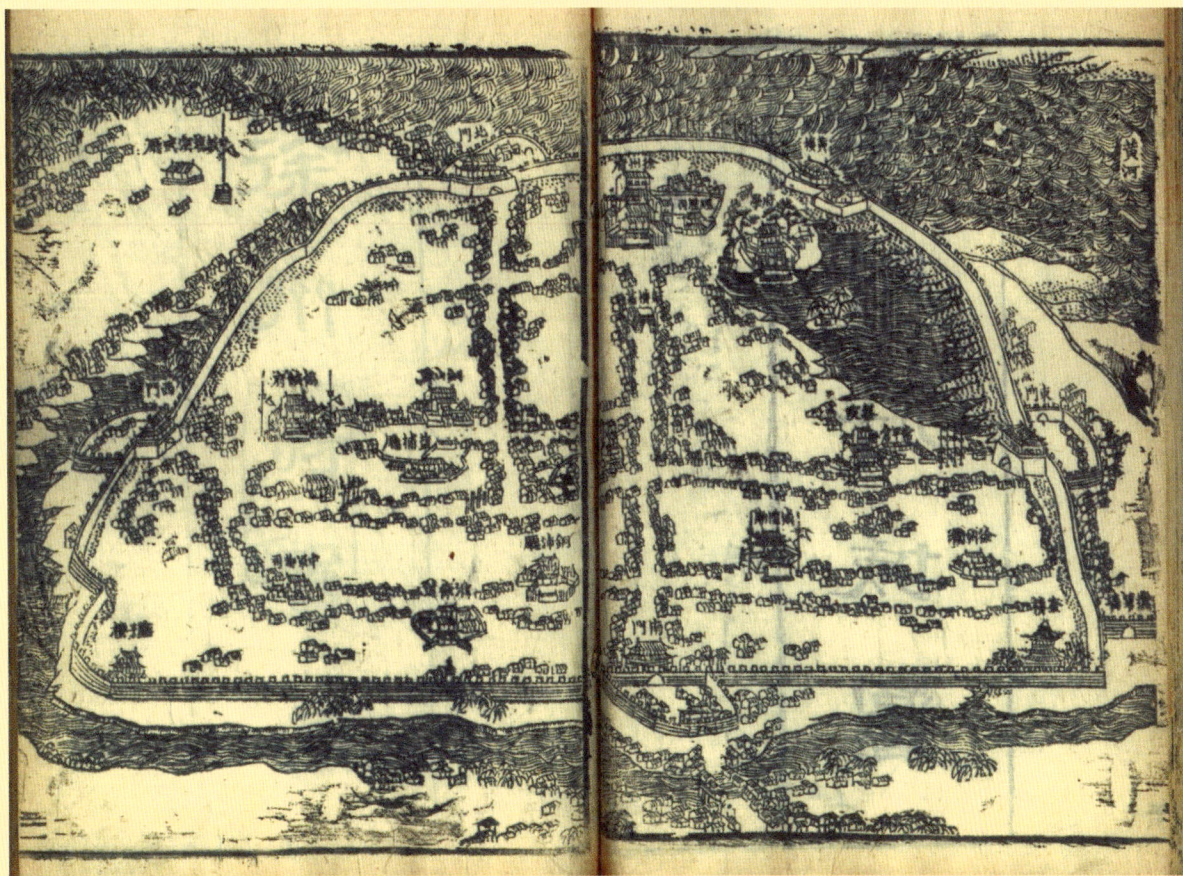

清乾隆本《徐州府志》徐州府城图

　　清咸丰五年（1855），黄河在河南兰考北岸决口，夺济水（大清河）入渤海，在徐州留下故道。在清同治本《徐州府志》府城图上，黄河已变成涓涓细流——淤黄河。黄河改道虽然使徐州摆脱水患之苦，但也让徐州失去水陆要津的地位，经济一落千丈，直到津浦铁路开通后才得以恢复。

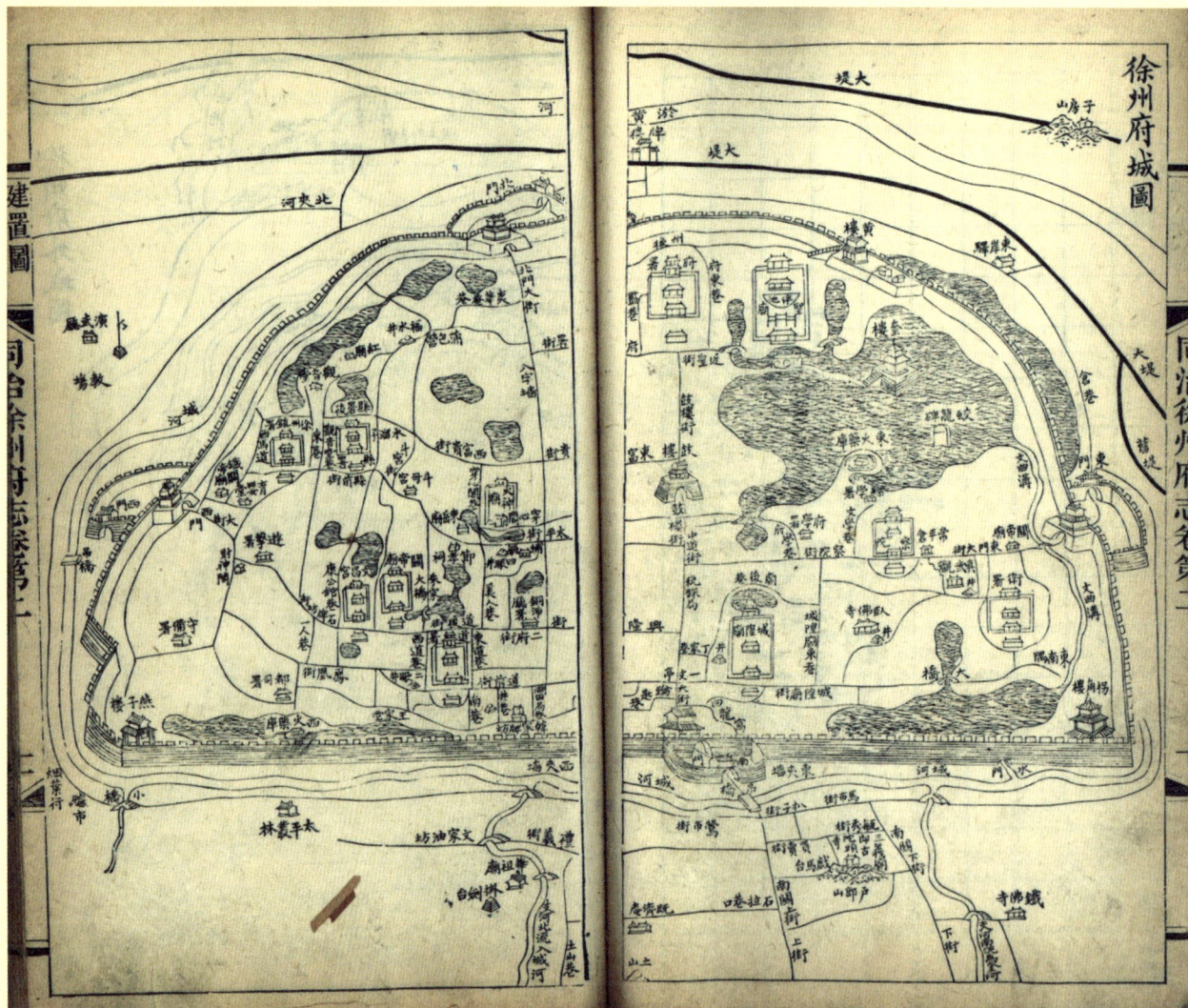

清同治本《徐州府志》徐州府城图

官契民约　和合而同

　　民间契约，是我国古代社会进行土地买卖、典当的文字凭证，在经济社会发展中扮演着重要的角色，曾有"民间执业，全以契券为凭"之说。徐州市县两级档案馆珍藏着数量较多、保管完好的清代及民国地契，完整展现了当时土地交易的基本情况，对研究当时土地制度、农民赋税、地价变迁等有着重要的参考价值。

臧有年杜卖粮地文契

保管单位： 徐州市档案馆

档案概况：

臧有年杜卖粮地文契形成于清乾隆五十九年至民国十七年（1794—1928），包括正契、契尾和1914年江苏省新契纸、1928年国民政府财政部验契纸共计4件。清乾隆五十九年（1794）四月二十三日，徐州府宿迁县臧有年将祖产三十五亩五分八厘绝卖与马国佐，获制钱一百四十九千四百三十六文，双方签订杜卖文契存证。同年十二月，报官、税契，办理注册手续。

正契载有土地数量、坐落地点、四至边界、出卖价钱等，有当事人、中人、知见、官中签字，官印和验讫章。契尾为官方统一印制颁发，盖有满汉文"宿迁县印"。地界、姓名、价银数额和编号随文填写。1914年江苏省新契纸和1928年国民政府财政部验契纸分别由国税厅筹备处和江苏财政厅印发，内容基本相同，包括不动产要项、取得缘由、四至限界、所有者、原有者等项。

该组文契格式完整，字迹清晰，验契齐全，是目前徐州市档案馆保存年代最为久远的档案，对于研究清代徐州政治经济、民俗文契和土地田赋制度具有重要的史料价值。

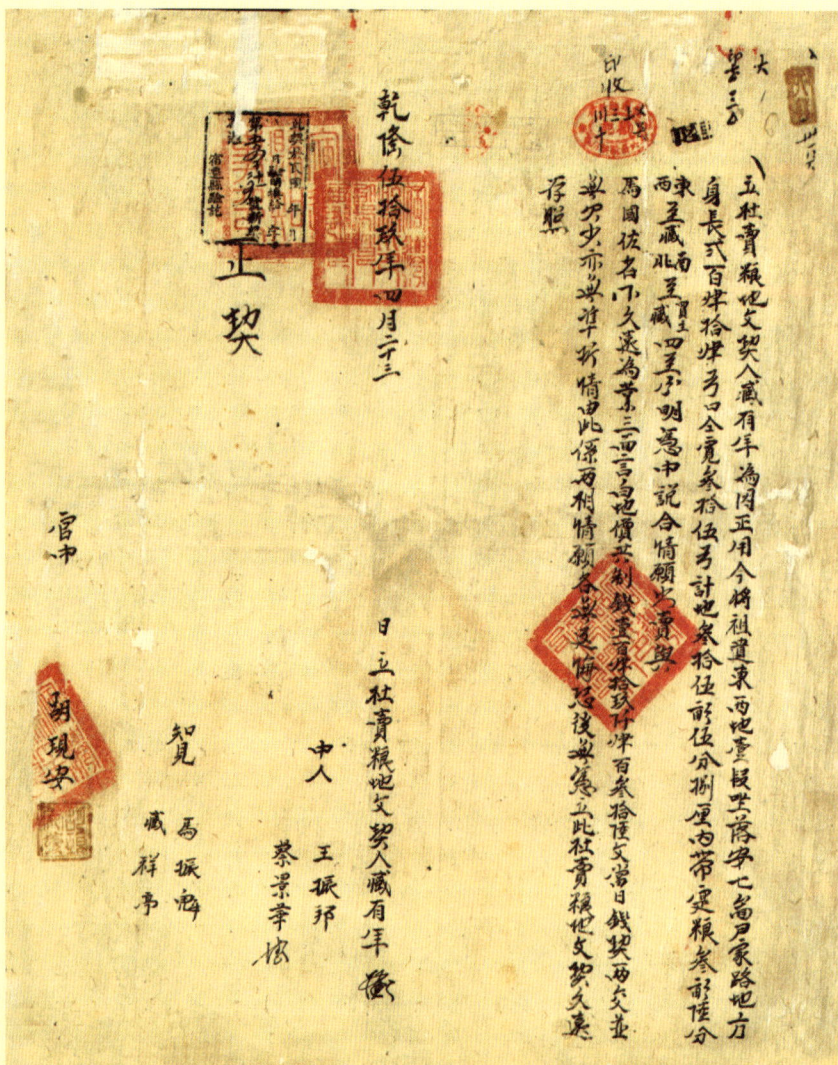

清乾隆五十九年（1794）四月二十三日，徐州府宿迁县臧有年将祖产绝卖与马国佐，双方签订的杜卖文契。
（42cm×51cm）

全文：

立杜卖粮地文契人臧有年，为因正用，今将祖遗东西地一段，坐落安七富户家路地方，身长贰百肆拾肆弓，口仝宽叁拾伍弓，计地叁拾伍亩伍分捌厘内带实粮叁亩陆分，东、西至臧，南、北至买主臧，四至分明，凭中说合，情愿出卖与马国佐名下久远为业，三面言白，地价共制钱壹百肆拾玖仟肆百叁拾陆文。当日钱契两交，并无欠少，亦无准折情由，此系两相情愿，各无反悔，恐后无凭，立此杜卖粮地文契久远存照。

乾隆伍拾玖年四月二十三日立杜卖粮地文契人　臧有年押

中人　王振邦　蔡景华押

知见　马振魁　臧祥亭

官中　胡现安

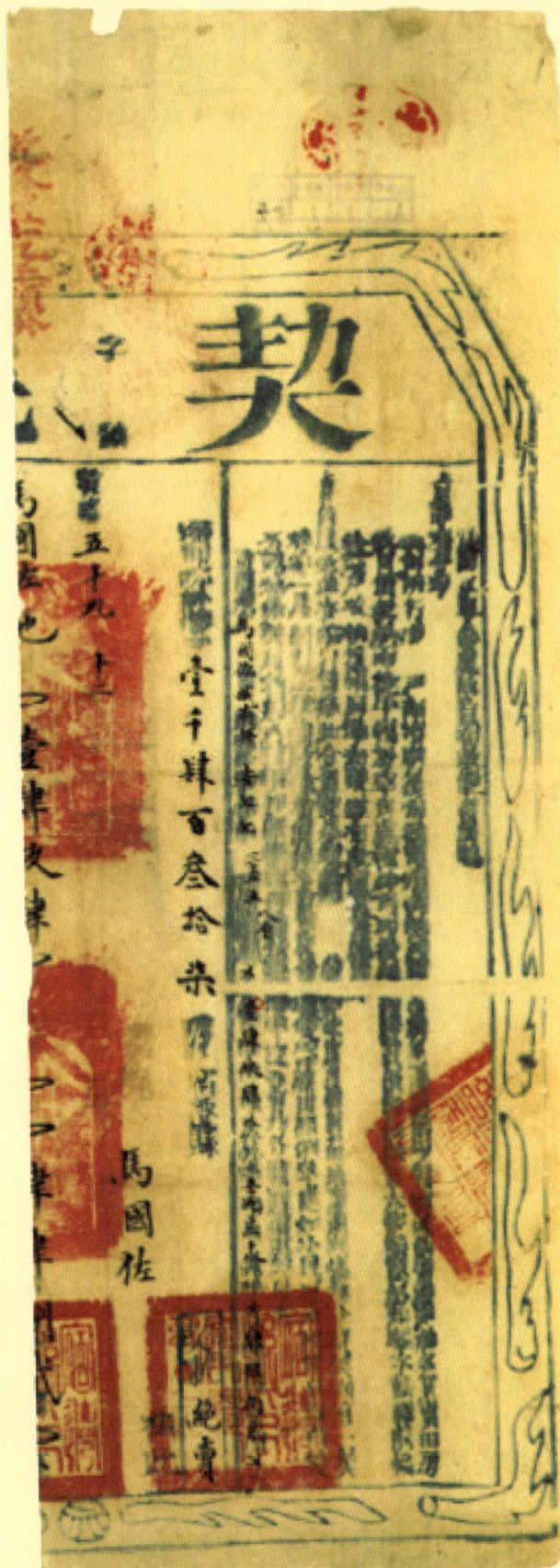

清乾隆五十九年（1794）十二月，臧有年、马国佐向官府交税，办理过户手续，官方统一印制颁发"契尾"粘贴于正契之后，并加盖官印（20cm×54cm）

江蘇省新契紙

財政廳審備處印發

中華民國三年四月 日	宿遷縣知事 合字 號	驗明登註冊籍號次	區分種類 賣	呈憑證	稅銀 五萬四千三百廿一號	取得原由	不動產要項

年月 乾隆五十九年

金額 壹百肆拾玖千肆佰柒拾陸文

面積 三十五畝五分八厘

位置 安七

地目 地

縣

鄉市所有者 馬周佐

四至 東 南 西 北 界限

原有者 藏有年

居間者 王振邪

繳納年月

沿革摘要

手紙價 壹元

註冊費 壹角

民国三年（1914）四月江苏省新契纸（21cm×29cm）

民国十七年（1928）五月国民政府财政部验契纸

相关知识：

杜卖文契即买卖田园租业的契约，简称卖契。按照民间习俗，卖契可分为两种：一是活卖，即业主或田主在出卖田业之后，保留赎回或索增、找洗的权利。另一种是绝卖，原则上"银业两讫"，不得再找。

地契分为"白契"和"红契"。在买卖或典当房产时，双方订立的契据，未经官府验证，不具备法律效力，叫作"草契"，也叫"白契"。立契后，向官府交税叫"税契"，交纳的税为"契税"。官府收税后办理过户过税手续，然后在"白契"上粘贴由官方排版统一印刷的文书（即"契尾"），最后在粘贴处加盖州县官印（骑缝章），这样的地契叫作"官契"，也叫"红契"。据考，白契起源较早，秦汉以前，即有了田宅交易，而红契大约起源于晋代。

马氏家族买卖土地文契

保管单位： 徐州市档案馆

档案概况：

清乾隆五十九年至清宣统三年（1794—1911）形成的马氏家族买卖土地文契共 50 件，主要内容是马氏家族与邻居及族人之间买卖土地形成的各种契约，其中与臧氏家族土地买卖契约计 31 件，形成时间自清乾隆至光绪一百余年。地契种类有红契、白契，红契居多，含卖地绝契、当地文契、退官地文契、退租田文契、卖地浮定约、换契等，少量附有国民政府验契单及印花税票。

本组档案时间脉络清晰，土地归属明确，较为清晰地印证了马氏家族成为宿迁县大户的发展史，真实地反映了当时社会经济状况、农民赋税、地价变迁和粮食价格，为研究清中晚期地方乡村史提供了第一手资料。

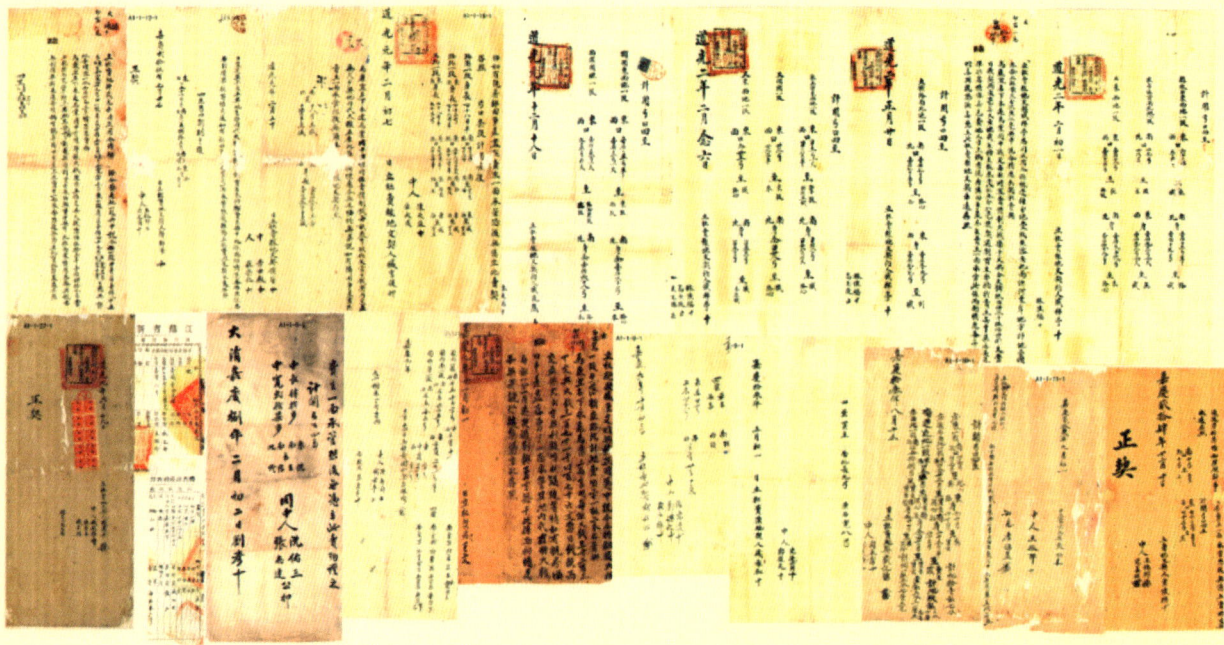

马氏家族买卖土地文契

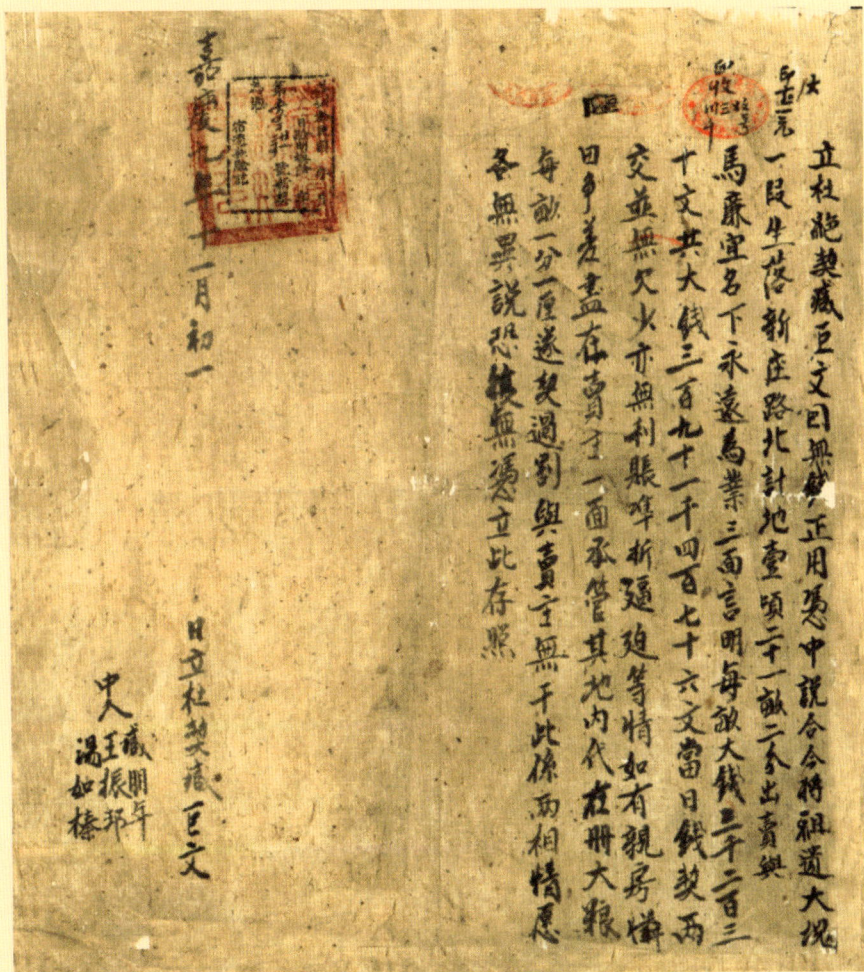

清嘉庆九年（1804）臧巨文、马廉宜杜绝契

清道光元年（1821）臧兆熊、马淑介杜卖粮地文契（60cm×62cm）

清同治八年（1869）马从甲、马如苞换约（32cm×24cm）

清代民国丰县土地契约

保管单位： 丰县档案馆

档案概况：

　　丰县档案馆现存地契中，有丰县店子村马氏家族地契和丰县赵屯村村民地契，时间跨度从清乾隆年间至民国时期。马氏家族地契共有 109 张，为马氏后人在翻建老房子时发现，部分因年久受潮发霉损毁严重，纸质发黄变脆。赵屯村村民地契计 46 张。地契大部分为 8 开或 16 开白绵纸，少部分为 32 开，竖排书写。部分带有官方校验的红印，称为"红契"；部分为民间私下交易的，称为"白契"。这些土地契书，涉及宅基地买卖、土地交易、土地出租、典当物产、出租物业、分家产林地、邻里纠纷划界、地契收据、政府清丈通知等。其中部分为官方印制的规范性文书，部分为墨笔手写，手写字体有草书，也有楷体，反映了当时丰县的政治、经济、文化、土地变革、税赋机制、土地所有制形式、物业交易方式等情况。

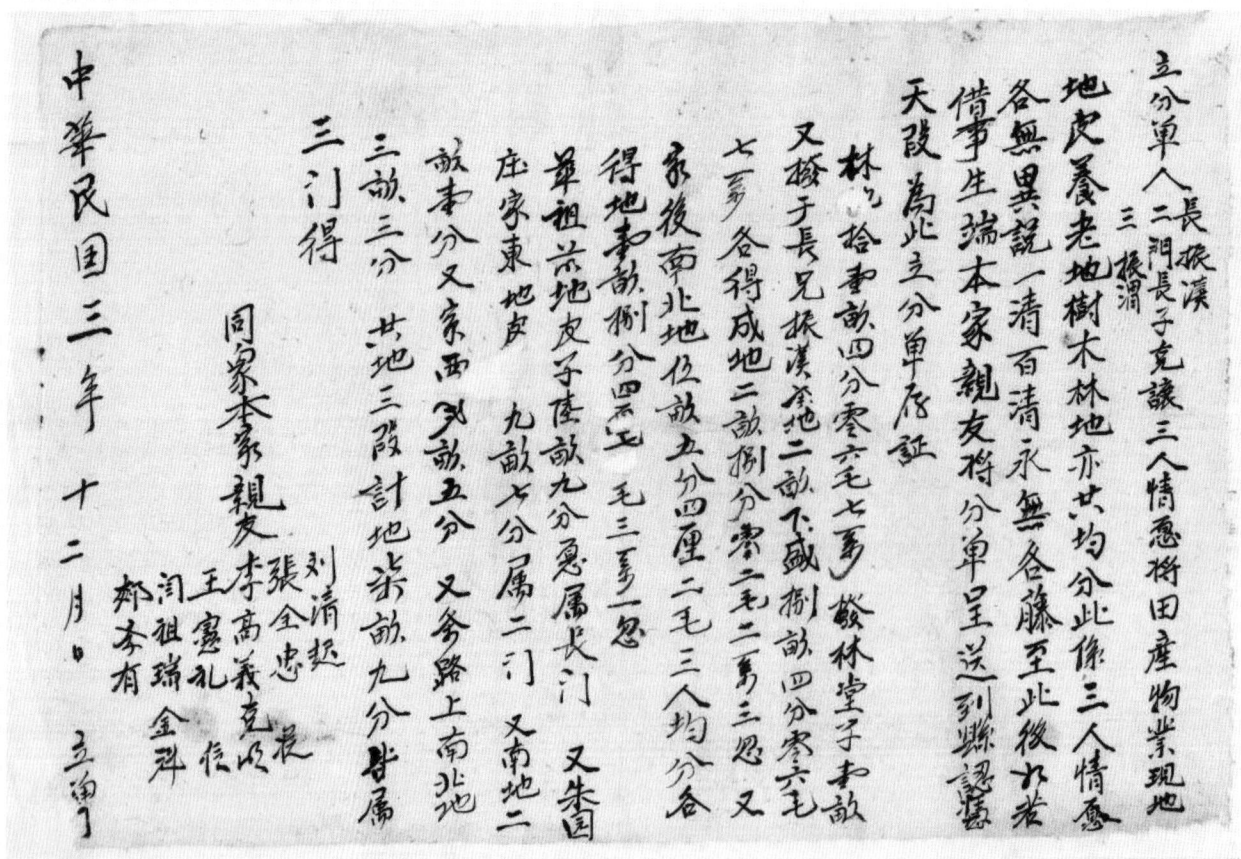

马氏三兄弟分家契约

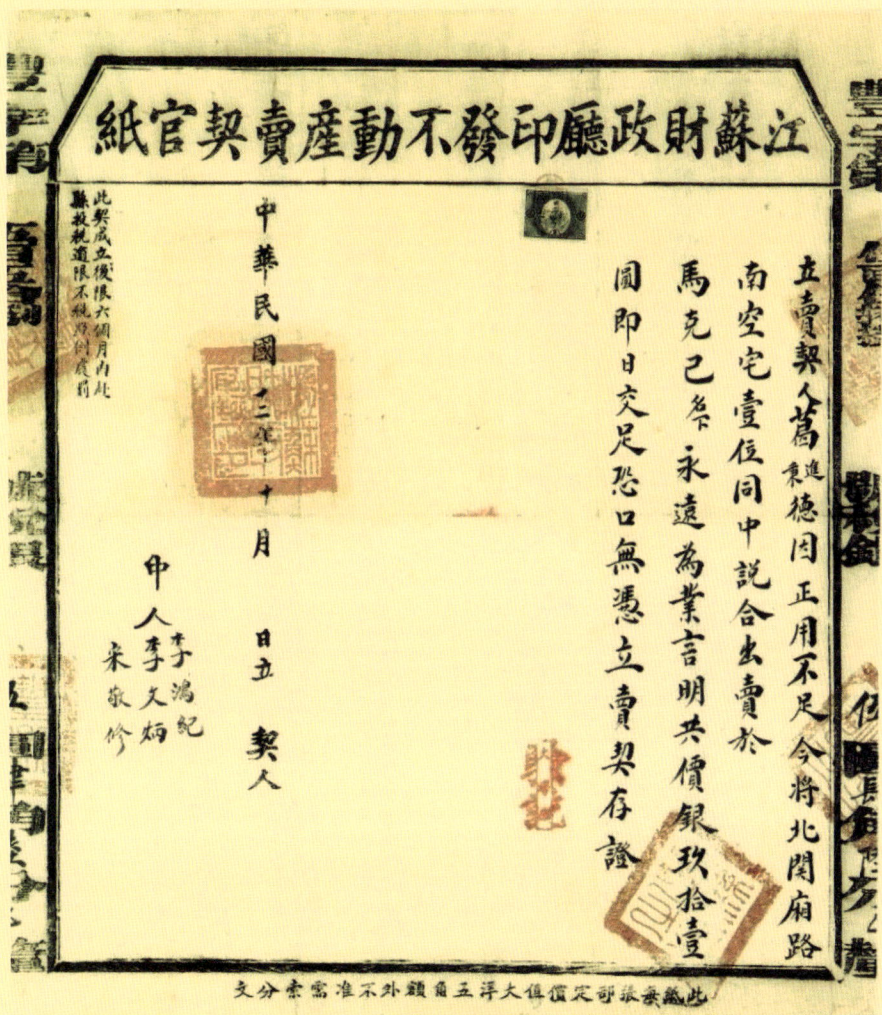

葛进德、葛秉德经公卖地契约

立当约人赵思孔因无钱用令将自己南北宅基一位计地弍畝
出当于娇甥王心善名下居住叁拾年为满同中言明
其价大钱伍百千文当日交足恐后无凭立约存正
经本村评议中叅陸斗
同中人赵思贤
心宽
心玉
民国弍拾陸年正月廿八日立

赵思孔典当契约

王心善买地契约

王薛氏分书

保管单位： 徐州市档案馆

档案概况：

该档案是清光绪年间王薛氏就家产分配所立的分关（分家析产）契约。清光绪二十七年（1901），出于日后家产难以分配的担心，王薛氏在众亲友族人的见证下，将家业分配给三子一女，并就赡养和身后事宜做出安排。该分书是徐州市档案馆保存的两件清代分家契约中较为完好的一件，大到祖业房产，小到家用器物，一一具细，距今已有百余年的历史，对研究近代家庭关系的发展、演变具有一定的参考价值。

全文：

立分书人王门薛氏所生三子天福、天洲、天奉，一女，恐日后家产难分，今同众亲友族人将家业等件亲自过目，分势以清，恐后生长短不齐之故，家业物件列于后。

计开：

房宅壹所，作钱壹百五拾千文。

碱靛行生财，作钱四拾千文。

染坊生财，作钱捌拾千文。

家用器物等。

天洲：

草堂屋叁间，条几一张，椅子一对，坐柜壹个，竹算盘壹个。

西草厨房壹间，小手秤一杆，寿字贡器壹堂五件，木锅盖□贰副，□口袋壹条，现钱五拾千文。

天福：

草东屋叁间，草□□壹□间，过道公走，染坊生财，器物全。

天奉：

草南屋叁间，草□□□间，大秤贰杆，八仙桌一张，碱靛行事业全。

母亲寿终之时报钱公送。今每家按月各派大钱伍百文零用。

同众亲友族人

光绪二十七年新正月中□立分单

王薛氏分书（40cm×47cm）

江宁布政使司总理清赋督垦局司照

保管单位：徐州市档案馆

档案概况：

清光绪年间，江宁布政使司委派大员前往徐州设立湖滩总局，会同徐州道府清查徐州府宿迁县骆马湖滩地情况。鉴于"该滩地高低不一，一遇水患，筑堰决堤于潴蓄"，决定"仍循旧章，按年完纳租钱……凡湖民认垦滩地，自应发给执照"。

据宿迁县造册呈请，清光绪三十二年（1906）三月、清光绪三十三年（1907）十月，江宁布政使司总理清赋督垦局分别向顺五图业户颁发了司照。徐州市档案馆共保管3件，其中藏士保2件，藏西成1件。司照文书制式统一，除个别字体剥落，印制基本清晰，事由具体，内容翔实，地界、征租银数、姓名、时间随文填写，客观反映了当时的招垦史实，对研究清中后期清赋和垦荒制度具有一定的史料参考价值。

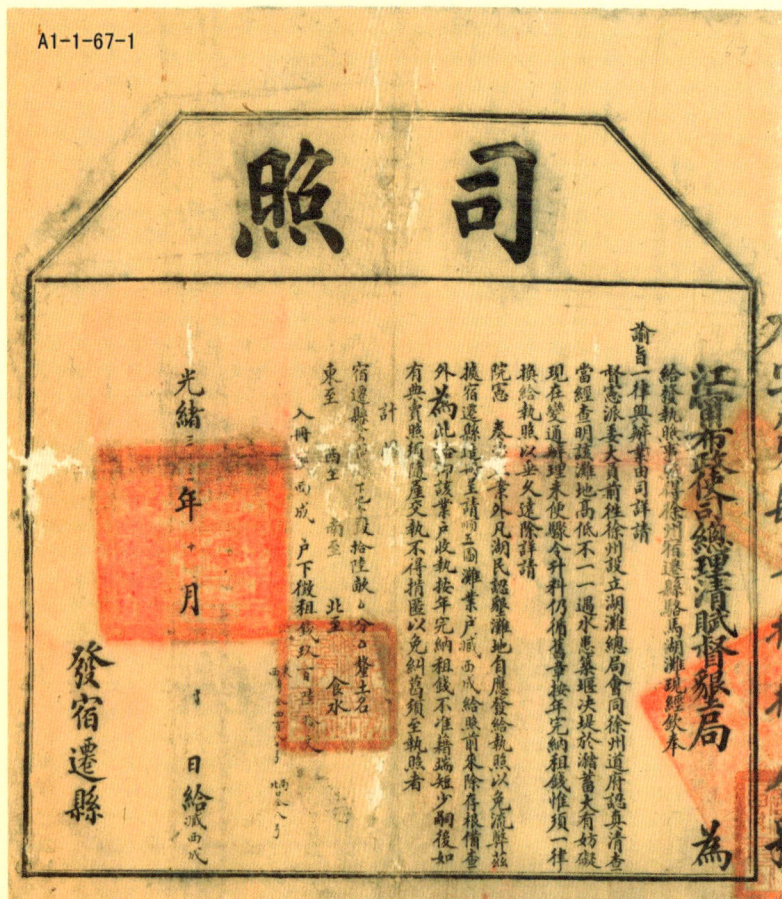

清光绪三十三年（1907）十月，江宁布政使司总理清赋督垦局司照为顺五图新滩业户藏西成颁发的司照（42cm×47cm）

全文：

江宁布政使司总理清赋督垦局为给发执照事：照得徐州宿迁县骆马湖滩现经钦奉谕旨一律兴办，业由司详情：

督宪派委大员前往徐州设立湖滩总局，会同徐州道府认真清查。当经查明，该滩地高低不一，一遇水患，筑堰决堤于潴蓄，大有妨碍现在变通办理，未便骤令升科，仍循旧章，按年完纳租钱，唯须一律换给执照，以垂久远。除详情院宪奏咨立案外，凡湖民认垦滩地，自应发给执照，以免流弊。兹据宿迁县造册呈请，顺王图滩业户臧西成给照前来，除存根备查外，为此给仰该业户收执，按年完纳租钱，不准借端短少，嗣后如有典卖，照须随产交执，不得捏匿，以免纠葛，须至执照者。

计□（开）：

宿迁县骆马湖新滩下地壹段拾陆亩分厘土名。

东至　西至　南至　北至　食水。

入册臧西成，户下征租钱玖百陆拾文。

东西身仝四百八十弓，南北口仝八弓。

光绪三十三年十月□日给臧西成

相关知识：

清政府镇压太平天国后，开始整顿田赋，力图恢复原有的征收数额。采取的措施主要有两种：一是清赋，即"清户口""清地籍""清地亩"。二是垦辟和放荒，扩大田赋征收。至清同治末（19世纪 70 年代中期），江苏、浙江、安徽等省一般都设立了招垦的专门机构，订立章程，查勘荒地，并向自愿垦荒者发放垦荒地领单、验单，后改为司照。

调解马氏宗族纠纷甘结状

保管单位：徐州市档案馆

档案概况：

　　此件档案为清光绪三十四年（1908）宿迁县臧海珊等人为调解马氏宗族纠纷而上呈的甘结状。内容大致为：马汪氏呈控马如泉牵涉马如苣等一案，由于马汪氏之夫马如苣与马如泉本属近房，后经宗族内部调解，嫌疑尽释，马汪氏愿带子归宗，马氏宗族则给予其一定经济补偿。虽调解完毕，但仍须报官具结。此档案印证了官方一贯的息讼传统，反映了宗族在民事调解中的地位和作用，为研究清代民事纠纷提供了真实案例。

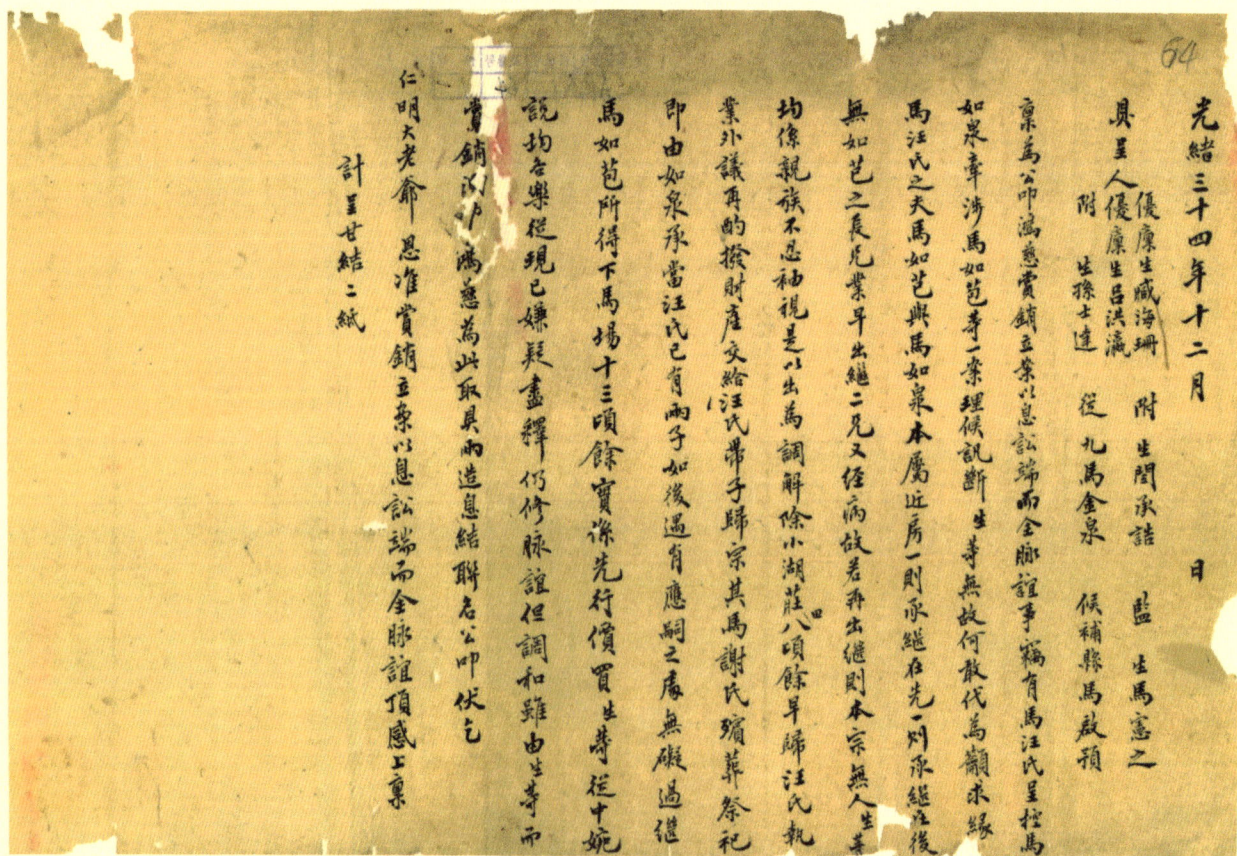

清光绪三十四年（1908），臧海珊等人为调解马氏宗族纠纷所呈甘结状（47cm×26cm）

全文：

光绪三十四年十二月　　　日

具呈人：

优廪生　　臧海珊

优廪生　　吕洪瀛

附　生　　孙士达

附　生　　闫承浩

从　九　　马金泉

监　生　　马宪之

候补县　　马启预

禀：为公叩鸿慈赏销立案，以息讼端而全脉谊事。窃有马汪氏呈控马如泉牵涉马如苣等一案，理候讯断。生等无故何敢代为吁求，缘马汪氏之夫马如苣与马如泉本属近房，一则承继在先，一则承继在后。无如苣之长兄业早出继，二兄又经病故。若再出继，则本宗无人。生等均系亲族，不忍袖视，是以出为调解。除小湖庄田八顷余早归汪氏执业外，议再酌拨财产交给汪氏带子归宗，其马谢氏殡葬祭祀即由如泉承当。汪氏已有两子，如后遇有应嗣之处，无碍过继。马如苣所得下马场十三顷余实系先行价买，生等从中婉说，均各乐从。现已嫌疑尽释，仍修脉谊，但调和虽由生等，而赏销□叩鸿慈，为此取具两造息结，联名公叩，伏乞仁明大老爷恩准赏销立案，以息讼端而全脉谊。顶感上禀。

计呈甘结二纸。

皇权封赠 贤守惠政

　　封赠制度是古代皇帝对官员的直系亲属授予封典的制度，为皇帝笼络官员为其效力的手段，也是官员光宗耀祖的一种荣典。诰（敕）命是皇帝封赠官员的专用文书。"皇权不下县"，治理天下更多是倚仗地方官员的力量，地方官员的贤能与否对于地方治理至关重要。桂中行在光绪年间四任徐州知府，修堤筑埝，消除水患，课农劝士，盗贼衰息，民以"青天"呼之，为后世传颂的楷模。

清道光八年敕命

保管单位：睢宁县档案馆

档案概况：

清道光八年（1828），因江南江防河营外委效用王裕恪尽职守，功绩卓著，道光皇帝赃赠其父王文佐为修武佐校尉，赃封其母关氏为九品太孺人。该敕命为中黄色锦缎，织有提花云纹，汉文行款从右至左，满文行款从左到右，是睢宁县档案馆保存年代最为久远的档案，对研究清代封赠制度具有较高的史料价值。

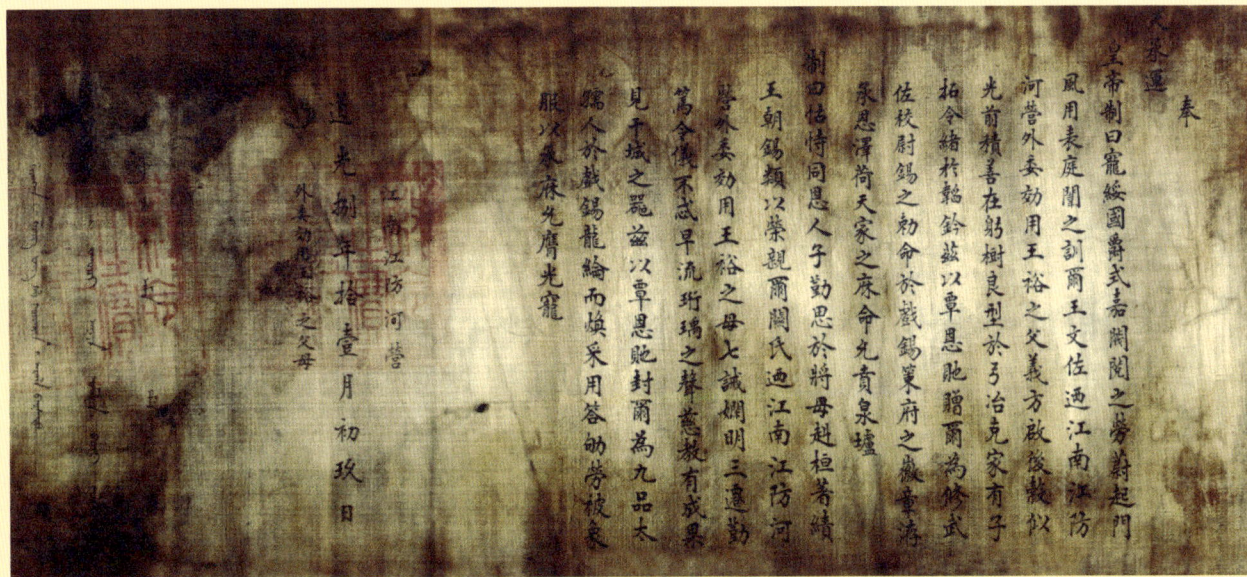

清道光八年（1828）敕命局部

清道光八年（1828）敕命（150cm×27cm）

全文：

奉天承运皇帝，制曰：宠绥国爵，式嘉阀阅之劳；蔚起门风，用表庭闱之训。尔王文佐，乃江南江防河营外委效用王裕之父。义方启后，穀似光前。积善在躬，树良型于弓冶；克家有子，拓令绪于韬钤。兹以覃恩，貤赠尔为修武佐校尉，锡之敕命。於戏，锡策府之徽章，洊承恩泽；荷天家之庥命，允贲泉垆。

制曰：怙恃同恩，人子勤思于将母；赳桓著绩，王朝锡类以荣亲。尔关氏，乃江南江防河营外委效用王裕之母，七诫娴明，三迁勤笃。令仪不忒，早流珩瑀之声；慈教有成，果见千城之器。兹以覃恩，貤封尔为九品太孺人。於戏，锡龙纶而焕采，用答劬劳；被象服以承庥，允膺光宠。

江南江防河营

道光八年十一月初九日

外委效用王裕之父母

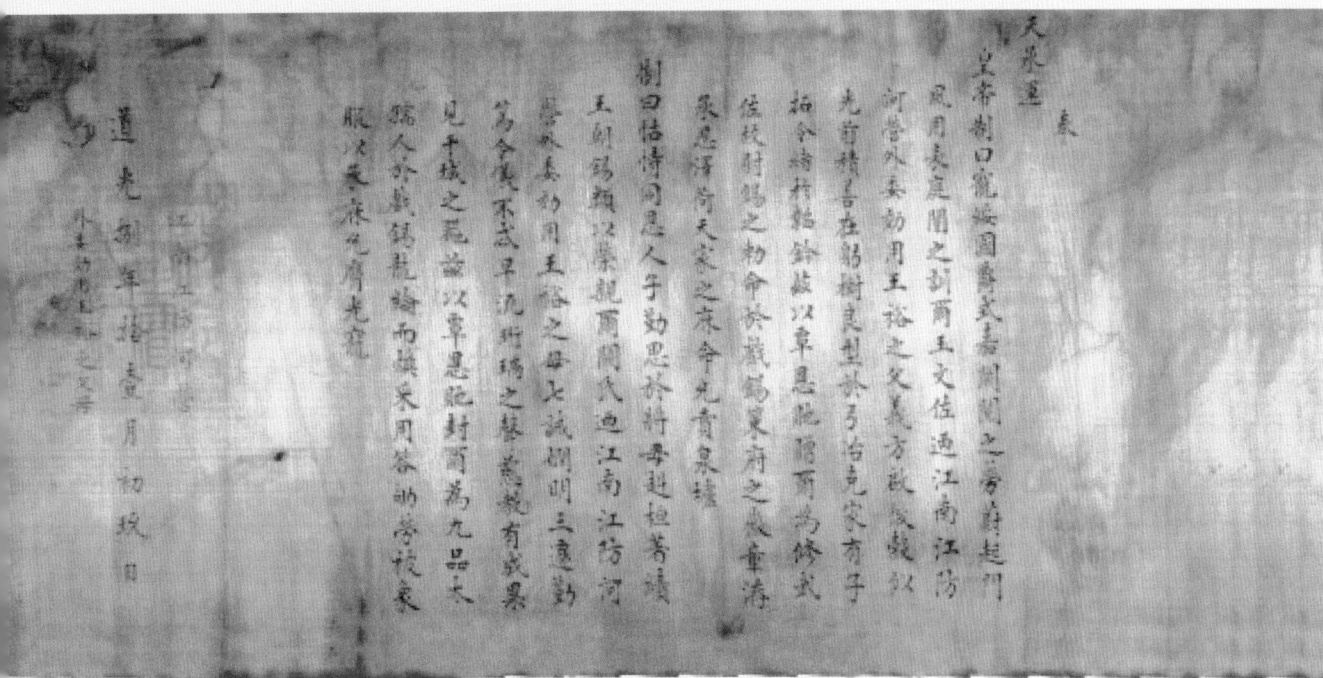

相关知识:

清制,对一品至五品官员的封赠,以"诰命"授予,对六品以下官员的封赠,以"敕命"授予。以封典给祖父母、父母和妻子,已故的称"赠",在世的称"封"。

清道光十五年敕命

保管单位：新沂市档案馆

档案概况：

清道光十五年（1835）敕命是新沂市档案馆保存年代最为久远的档案，中黄色锦缎，织有提花云纹，汉文行款从右至左，满文行款从左到右。主要内容为清道光年间（1821—1850），石清选任山东兖州镇标台庄营得胜闸汛千总，因戍守期间恪尽职守，功绩卓著，道光皇帝赐赠其父石见成为武略骑尉，赐封其母姜氏为太安人。

1990年，新沂市新店乡石金声先生临终之际，念及"此文物虽属家珍，然保存意义之巨，收藏技术之善，私家诚不如公家，故晓大义以全家"，将此敕命无偿捐赠国家，交由新沂市档案馆永久收藏，"以表举家老少一片微薄之爱国赤忱"。

此敕命自道光十五年（1835）保存至今，不仅具有收藏价值，而且对于研究清代的官员奖惩制度具有重要价值。

清道光十五年（1835）敕命（250cm×30cm）

全文：

奉天承运皇帝，制曰：宠绥国爵，式嘉阀阅之劳；蔚起门风，用表庭闱之训。尔石见成，乃山东兖州镇标台庄营得胜闸汛千总石清选之父。义方启后，穀似光前。积善在躬，树良型于弓冶；克家有子，拓令绪于韬钤。兹以覃恩，赠尔为武略骑尉，锡之敕命。於戏，锡策府之徽章，浡承恩泽；荷天家之麻命，允贲泉垆。

制曰：怙恃同恩，人子勤思于将母；赳桓着绩，王朝锡类以荣亲。尔姜氏，乃山东兖州镇标台庄营得胜闸汛千总石清选之母。七诫娴明，三迁勤笃，令仪不忒，早流珩瑀之声；慈教有成，果见干成之器。兹以覃恩，封尔为太安人。於戏，锡龙纶而焕采，用答劬劳；被象服以承休，允膺光宠。

山东兖州镇标台庄营得胜闸汛千总

道光拾伍年拾月初拾日

石清选之父母

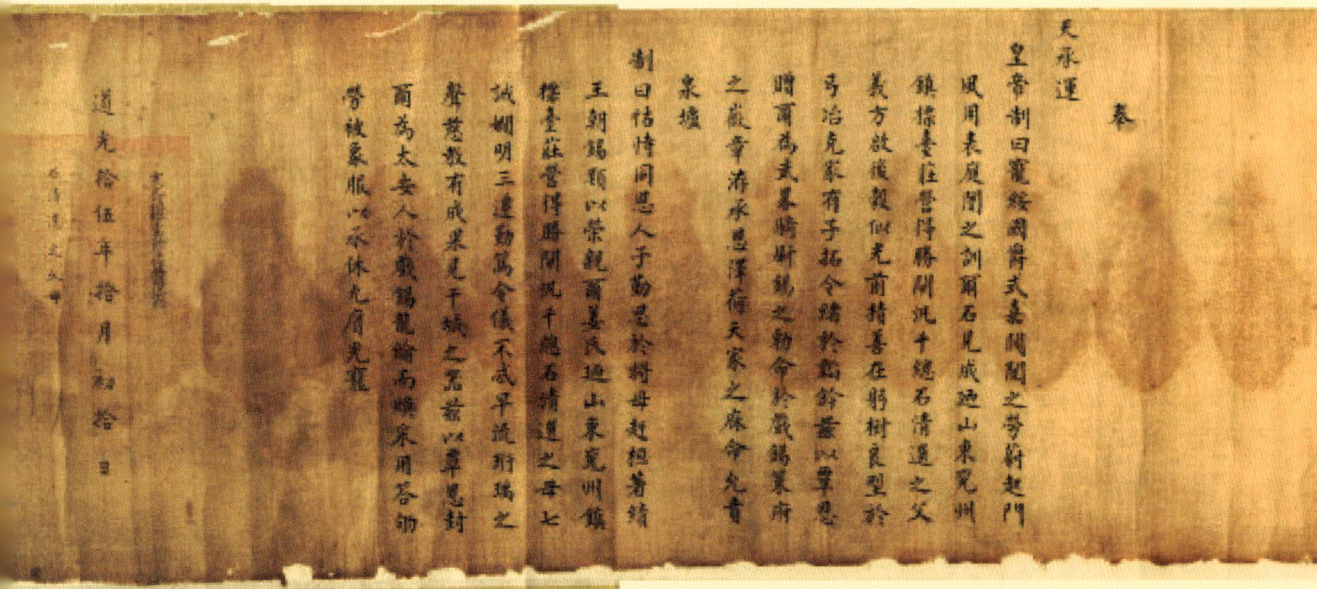

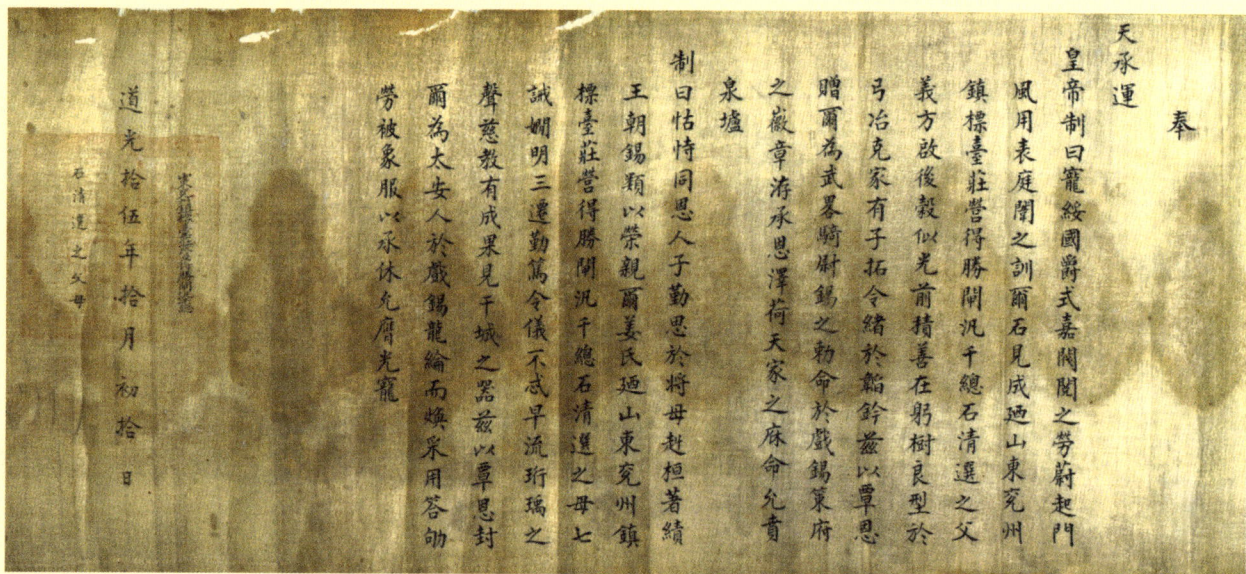

清道光十五年（1835）敕命局部

清徐州知府桂中行手迹

保管单位：徐州市档案馆

档案概况：

清光绪十二年（1886）立夏后三日，桂中行临《泰山都尉孔君碑》30字，求正于利宾先生。该书法作品内容为"遂举孝廉，除郎中都昌长，只传五教，尊贤养老。躬忠恕以及人，兼禹汤之罪己"，作品后盖有桂中行2枚红色印章。

相关知识：

汉泰山都尉孔宙碑，汉延熹七年（164）立，15行，行28字，存山东曲阜孔庙。东汉时期，泰山周围动乱未平，擢孔宙（孔子第十九代孙）为泰山都尉，令其治理。孔宙以文治之，旬月而平。为怀念其政绩，门生故吏勒铭颂其德。该碑自欧阳修《集古录》收载之后，历代均有著录，对后世影响较大。

桂中行（？—1895），字履真，江西临川人。光绪年间（1875—1908）四任徐州知府，并一度兼任徐州道台。治徐十二年，修堤筑埝，消除水患，课农劝士，盗贼衰息，民以"青天"呼之。桂中行多才多艺，工书画，善八分书，尤能画兰。

利宾，即王韬（1828—1897），初名王利宾，江苏苏州人，是中国近代著名改良派思想家。

清徐州知府桂中行手迹（155cm×39cm）

《徐州诗征》

保管单位： 徐州市档案馆

档案概况：

《徐州诗征》是徐州第一部诗歌总集，清徐州知府桂中行主编，始编于光绪十三年（1887），光绪十六年（1890）成稿，光绪十七年（1891）刊成行世。《徐州诗征》凡 8 卷，为木刻本，卷首冠桂中行序文一则。收录范围以是否徐州籍人为取舍，时限上起明末，下迄清光绪年间，诗集以人为单位，总计辑录 254 位诗人作品，每人作品前皆有小传，内容包括作者字号、科班出身、生平事迹和著作成就。

《徐州诗征》是对徐州地区诗歌创作的一次大征集，许多作品精华以及作者简历赖以传世，不仅对保存文献起到巨大作用，更具有重要的史料研究价值。

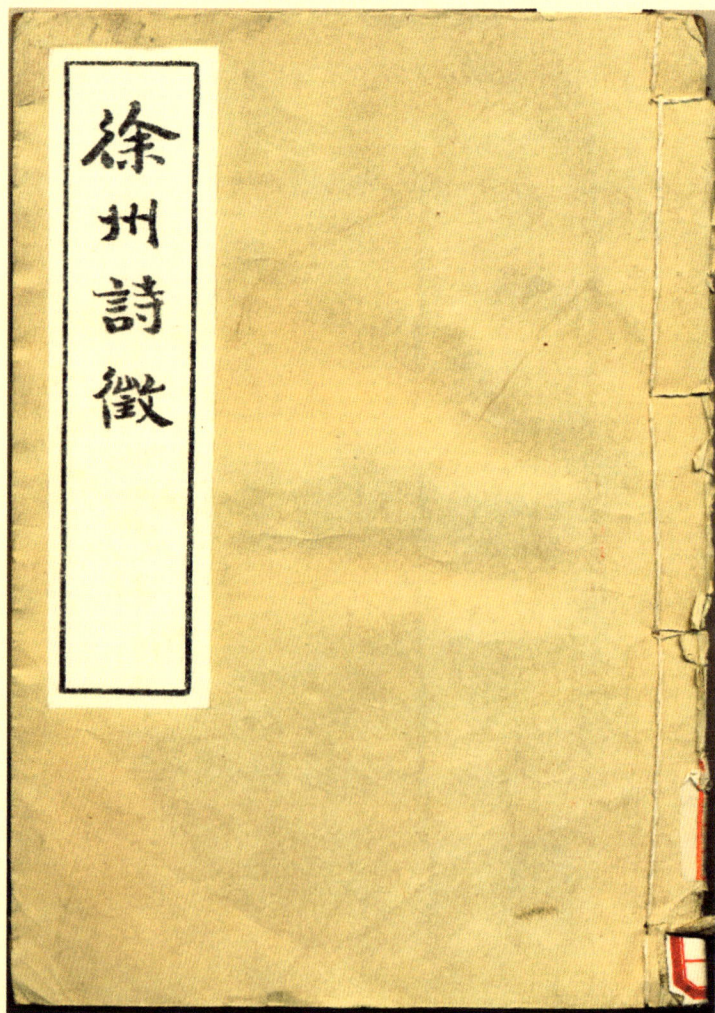

《徐州诗征》封面

徐州詩徵卷五

蔡桂　以下沛

桂字春宇明萬厯閞舉人戶部雲南清吏司郎中著
有五宜亭詩草
季子曰知曰先君子留心經濟篇什之業絕口不談
謂非所急晚歲懸車杯斝之餘矢筆而戒不事追琢
組繢或病其易曰吾自適吾志豈遠登李杜壇近
拔七子曦哉

寄周民部
不耐風塵役投簪返故廬我耽中聖酒忽枉故人書民力
中原竭軍儲邅徼虛廟堂方側席翹首望巾車

史奉常枉過紀事
還山脫世網臨水濯塵纓何意當春夕論心對友生乍聞

徐州詩徵卷五沛一　一

《徐州诗征》节选

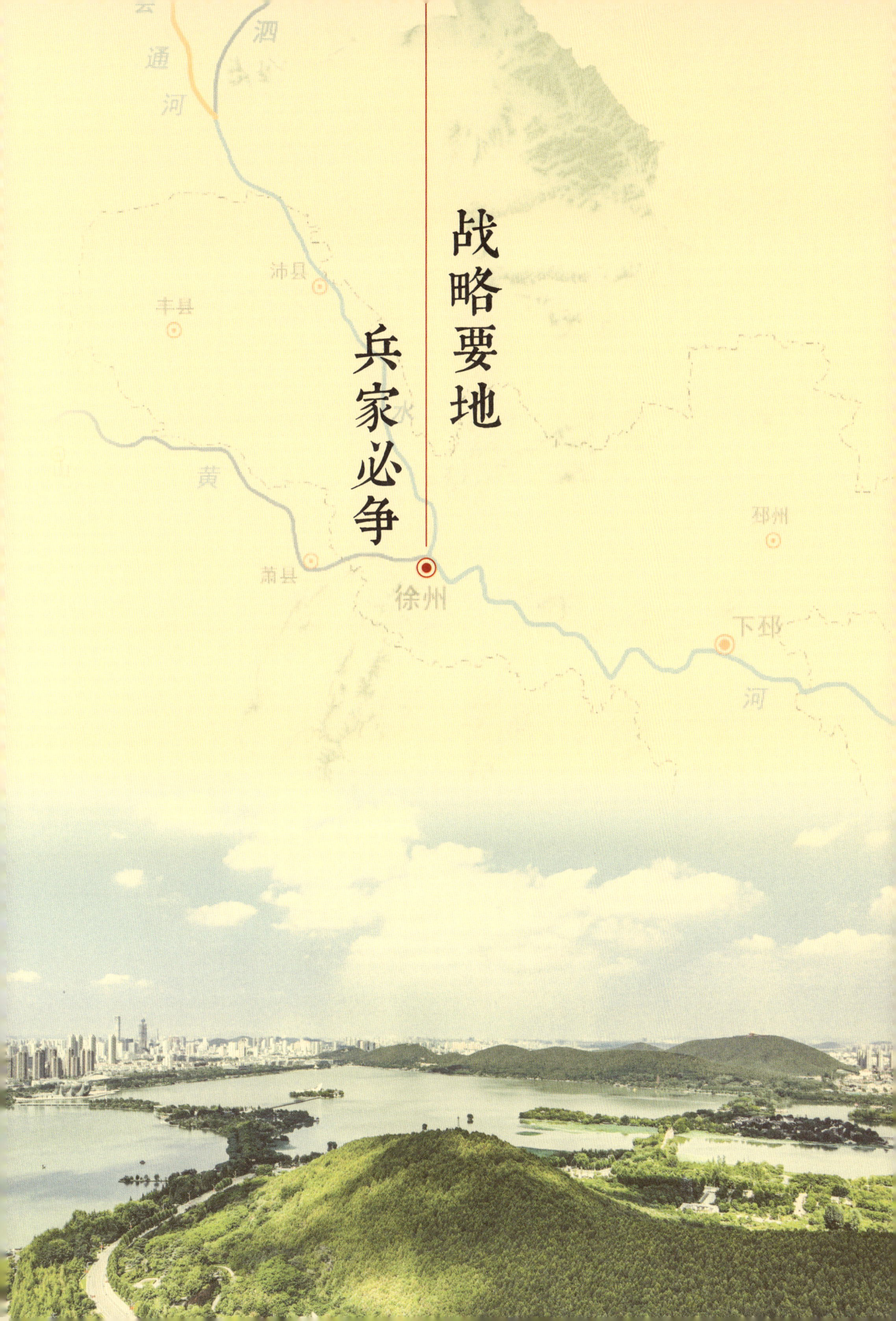

战略要地
兵家必争

云通河
泗水
丰县
沛县
黄
萧县
徐州
邳州
下邳
河

辛亥风云 司法革新

　　徐州素有北国锁钥、南国屏藩之称，古人认为"彭城之得失，辄关南北之盛衰"。随着津浦、陇海两大铁路的开通，通过铁路调兵遣将，四通八达。从辛亥革命、北伐战争，到抗日战争、解放战争，都在徐州留下浓重印记。同时，新政的建立和铁路的开通，西方观念和制度不断引入，传统观念和制度纷纷解体，延续几千年的行政兼理司法制度，逐步变革为司法与行政分离。

韩席筹徐州辛亥革命和张勋复辟回忆手稿

保管单位：徐州市档案馆

档案概况：

1962 年，辛亥革命的亲历者韩席筹和其弟韩范山应市政协之邀，回忆徐州辛亥革命、张勋复辟的情况，撰写了《徐州光复前后》《张勋复辟时在徐州的概况》两篇回忆文章，是研究徐州辛亥革命的重要史料，被市政协《徐州文史资料》刊发。韩席筹（1885—1969），国学家，曾任云龙中学校长，江苏省政协委员、民盟江苏省委员。

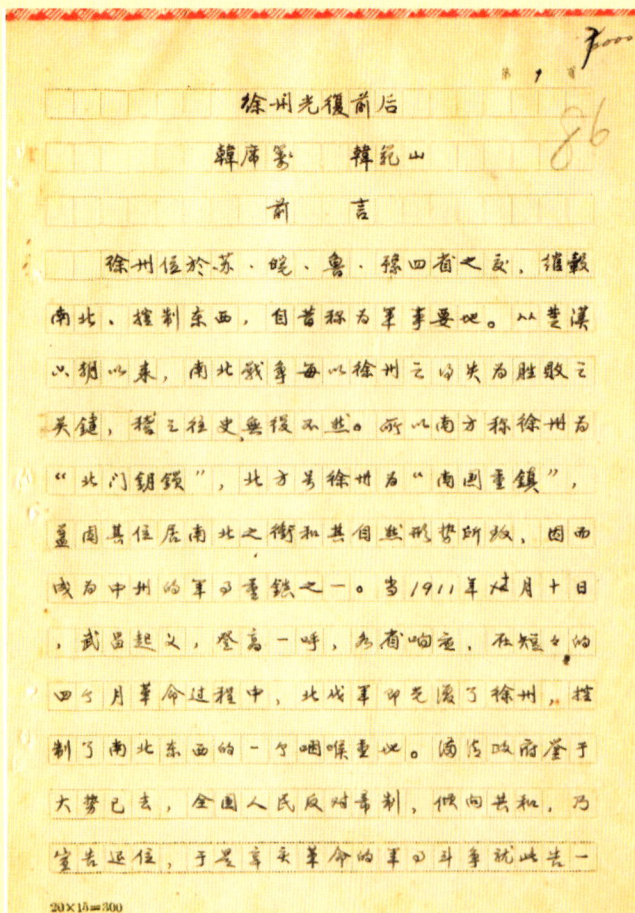

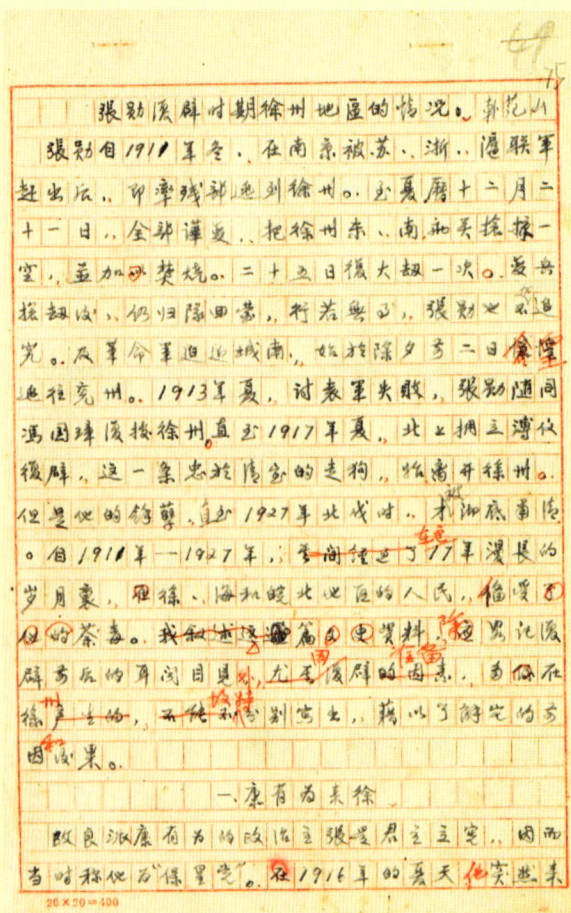

辛亥革命和张勋复辟回忆手稿

　　20世纪初，帝制与共和的较量在中国大地上反复上演，特别是兵家必争之地徐州，革命、复辟像过山车一样此消彼长。由于年代久远，这方面的档案十分罕见。韩席筹和其弟韩范山的两篇回忆文章，从军事、政治、经济三方面展开，凸显徐州在辛亥革命中的重要地位。现将军事部分概括如下，以便读者更好地了解这段错综复杂的历史：

　　1911年10月武昌起义后，清将张勋撤至徐州。1912年1月，南京临时政府派出林震、葛应龙、陈干率三路大军北伐，张勋败走，徐州光复，直接促成了南北议和，清帝退位。以苏鲁两省交界的韩庄运河为界，北方由北洋军控制，南方由革命军控制。

　　1913年3月，宋教仁遇刺，南北关系骤然紧张。7月，讨袁二次革命爆发。徐州处于革命军控制地区最北端，冷遹指挥有限的兵力应战，终因寡不敌众，张勋卷土重来。

　　1916—1917年，张勋先后在徐州召开4次督军团会议，积极筹划复辟活动。康有为应邀至徐，在文庙主持祭孔活动，为复辟进行舆论宣传。1917年6月，张勋以调解府院之争为名，进京拥溥仪复位，失败后逃往荷兰使馆。

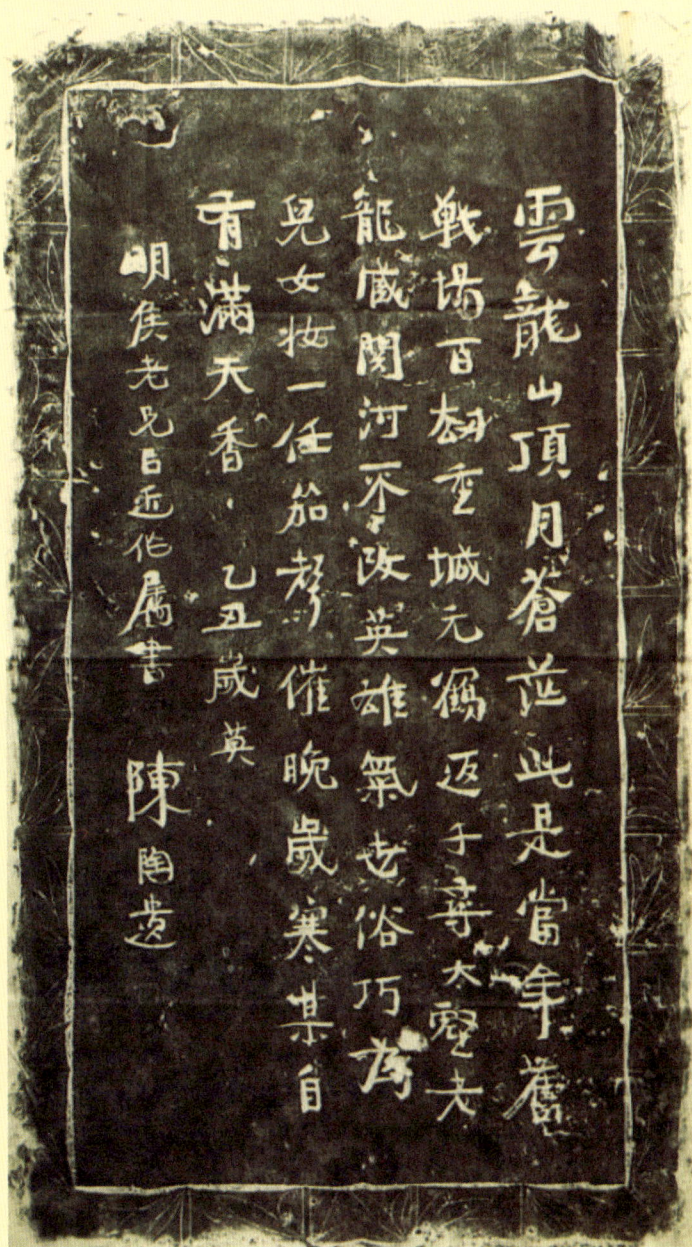

革命军将领陈干（字明侯）的诗碑《重登云龙山》：

云龙山顶月苍茫，此是当年旧战场。
百劫重城元鹤返，千寻大壑老龙藏。
关河不改英雄气，世俗巧为儿女妆。
一任笳声催晚岁，寒梅自有满天香。

徐州文庙，1916 年张勋、康有为在此祭孔

讨伐冯阎纪念章

保管单位：徐州市档案馆

档案概况：

讨伐冯阎纪念章为铜质，2010 年在徐海道署西南工地发现，由于长期埋于地下褪色较重。纪念章上部为黄埔军校校旗，中部有子弹和枪支图案，下部为"讨伐冯阎纪念章"和"1D"字样。D 代表师，1930 年中原大战时，徐海道署是蒋介石亲信刘峙的第一师的师部所在地。纪念章反映出从 1927 年北伐战争到 1930 年中原大战，蒋介石和冯玉祥、阎锡山由合作走向决裂的历史。

讨伐冯阎纪念章（直径 4cm）

相关知识：

1927 年北伐军占领徐州后，蒋介石邀请冯玉祥至徐，召开"徐州会议"，双方达成了共同北伐的协议，此前蒋介石与阎锡山达成相同的协议。在会后北洋军强力反攻徐州、1928 年日军出兵济南制造"五三惨案"的情况下，阎锡山的晋军、冯玉祥的西北军都给予蒋介石很大支持，保证了继续北伐统一中国。1929 年蒋介石召开以裁军为目的的编遣会议，引起冯玉祥、阎锡山不满，导致了 1930 年的中原大战。冯玉祥、阎锡山挥师东进徐州，蒋介石坐镇徐州指挥重兵西进中原，冯玉祥、阎锡山战败下野。

1927 年"徐州会议"旧址，今徐州花园饭店

民国时期军校同学录

保管单位：徐州市档案馆

档案概况：

民国时期军校同学录形成于1932—1936年，共计6卷，包含西北陆军军官学校第一、二期同学录，中央陆军军官学校训练班第一期同学录，宪兵学校丙级队学生队第六七八期学生同学录等，不仅收录了学员的基本信息（姓名、别名、年龄、籍贯等），还收录了校训、校歌、题词、学校场景照片、学生生活和训练照片以及《党员守则二十条》《中华民国陆海空军军人诚训十条》《校史》等内容。

西北陆军军官学校第一、二期同学录序

民国时期丰县司法档案

保管单位：丰县档案馆

档案概况：

丰县档案馆现存民国司法档案，为民国时期丰县司法处及监所档案，共有 150 卷，约 9000 页。所反映的主要内容为 1912 年至 1948 年丰县司法处及监所的民事和刑事案件材料、各类人犯花名册、司法人数统计报表、各类月报表、旬报表、四柱清册、司法印纸领用申请、经费收支报表、司法文书、监狱修建改造方案、薪俸领用单据、县政府向有关商行饭店所打的欠条、县政府向省有关部门各类呈文等。所用纸张大部分为黄色筒子纸，手书竖排楷体或草体占大部分，后期少部分油印，所用表格为油印或铅印，各时期政府、司法处、监所用印较为清晰，县知事、县长、看守所长等签名或印章清晰。该档案是民国时期丰县司法行政的原始记录，对研究当时司法体制机制、司法行政行为具有重要价值。

委任翟培衔、魏大成为丰县
审判长、检察长的指令

全文：

委任翟培衔、魏大成为丰县审检两长。江苏都督府指令第四十五〇九十三号提法司第七百四一号。

总务科主办
中华民国军政府江苏都督印

全文：

第六目第四三号七元六角六分

勘验唐树棠家被盗一案用费列左

人力车贰辆支洋叁元陆角

法警五名支津贴洋贰元

早上支伙食洋壹元捌角

茶水洋贰角六分

共计支洋柒元陆角陆分

会计处公函

司法科

十一月一日

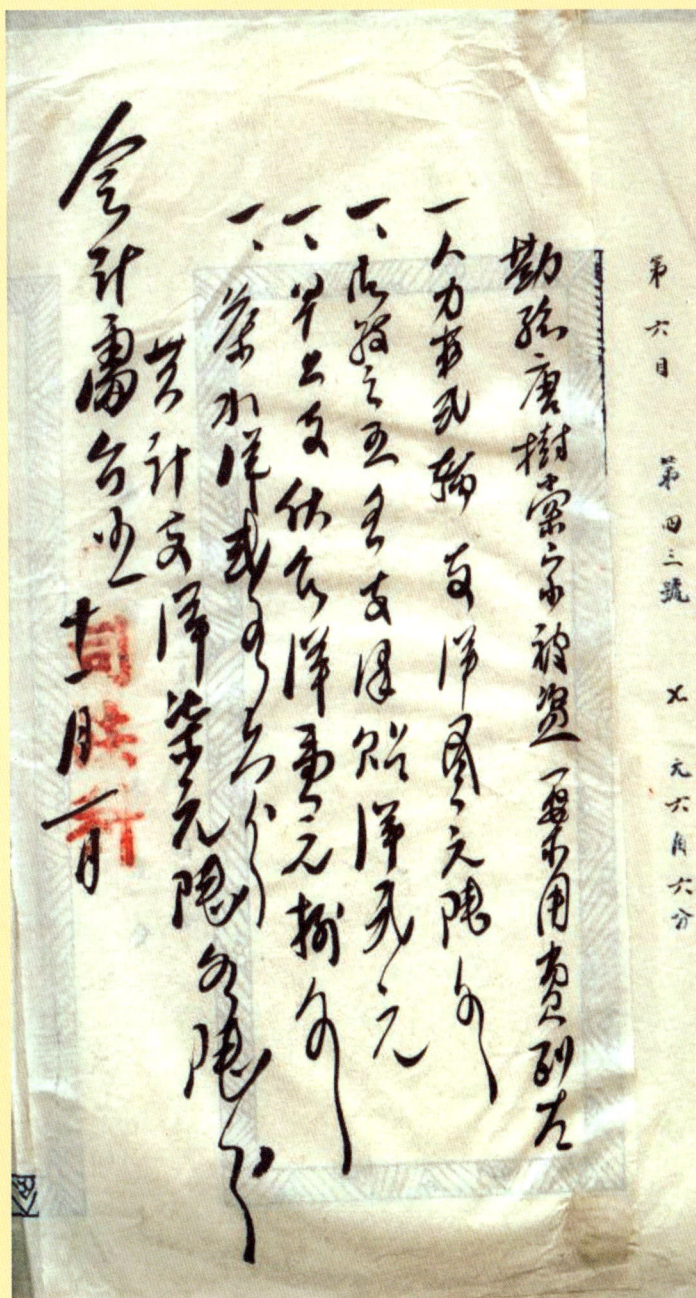

勘验费用

監獄月報表二　十八年一月份

罪名別	男/女	舊管	新受	計	此監月末在監人數
盜匪	男	三	三		三
	女				
強盜	男	一四	一四		一四
	女				
姦	男				
	女				
殺	男	一	一		一
	女				
賍物	男	四	四		四
	女	一	一		一
販賣鴉片	男	一	一		一
	女	一	一		一
傷害	男	二	二		二
	女				
吸食鴉片	男	八	九		九
	女	一			
合計	男	廿七	三五		三三
	女	二	二		二
	男	八			

備考

謹按十七年六月份新收軍事男犯丁名未到本表本月份新收吸食鴉片男犯八名期滿開釋販賣鴉片男犯一名傷害男犯一名合併登明

考

丰县监狱月报表

右

呈

贵厅长请烦查照施行须至呈者

呈报　都督并分别移照外相应备文呈报为此呈请

二颖文曰丰县地方审判应之印丰县地方检察应之印谨于是日启用涂

莘应著兹已就绪择於十月十五号正式开庭受理民刑诉讼并刊木质印信

江苏都督程　委任组织丰县地方审检两应等因遵经抵丰督饬工匠改

丰县审判厅使用呈文

丰县县长呈报启用新印文

相关知识：

　　唐宋时期，生产力发展，逐步形成了一套记账、算账的古代会计结算法，即"四柱结算法"，亦称"四柱清册"。所谓"四柱"是指旧管（相当于"上期结存"）、新收（相当于"本期收入"）、开除（相当于"本期支出"）、实在（相当于"本期结存"）四个部分。

王范矩委任状

保管单位： 徐州市档案馆

档案概况：

民国二十四年（1935）司法行政部任命王范矩为江苏高等法院书记员并颁发委任状。该状为统一制式，主体部分的文字围以黄底花纹边框，四角分别缀有中华民国国徽，状纸上端为民国国旗和国民党党旗簇拥着的孙中山先生头像，头像两侧文字为1925年3月孙中山先生病逝前所立的总理遗嘱。委任状正文中提到的"试署"即试用性质的任命，常用来表示某人在试用期内担任某职务。

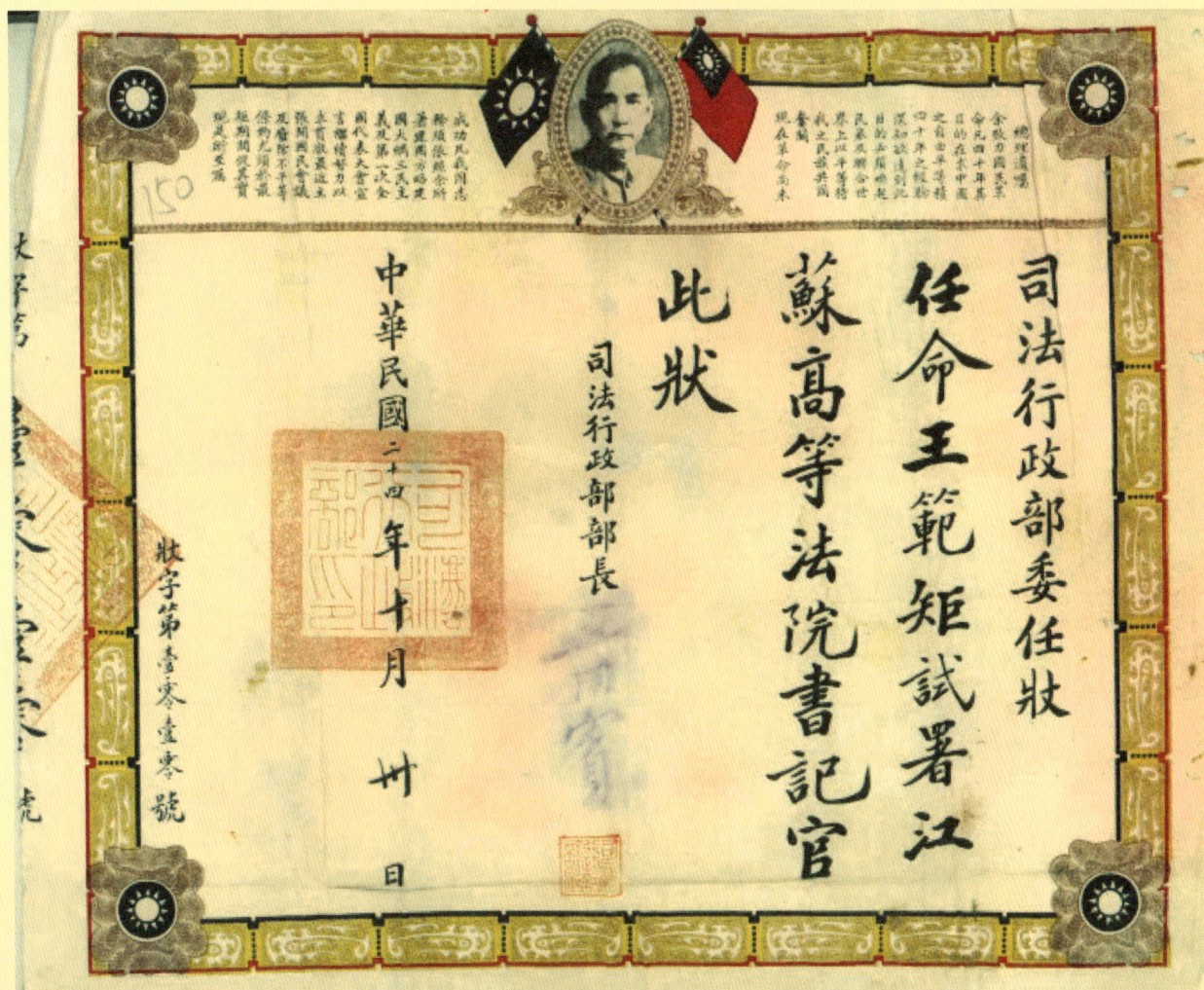

王范矩委任状

徐州地方法院系统图、平面图

保管单位：徐州市档案馆

档案概况：

在民国时期，随着法制建设的推进，地方法院作为基层司法机构在全国范围内陆续设立，徐州也相应地成立了地方法院，负责处理各类司法案件。

1940年形成的徐州地方法院系统图、徐州地方法院平面图相关档案，展现了徐州地方法院的组织结构、层级关系以及建筑布局。其中，徐州地方法院系统图中设有"院长"和"首席检察官"，可以看出民国时期司法方面实行审检合一制度。这种制度下，法院不仅负责审判案件，还承担检察职能，即对犯罪行为的侦查、起诉和监督，这与现代司法体系中审判与检察分离的原则有所不同。

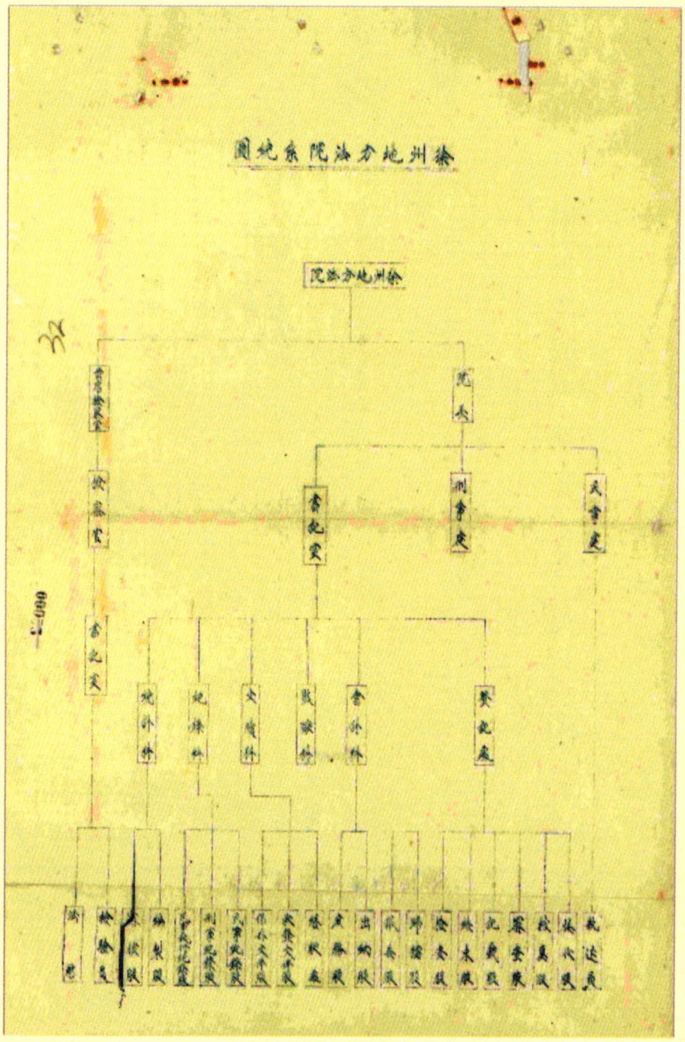

徐州地方法院系统图

徐州地方法院平面图

铜山县公署颁发的住户执照

保管单位： 徐州市泉山区档案馆

档案概况：

1926年，铜山县公署给孙庄圩范山村住户范广仁颁发住户执照，内容包括户主姓名、户主年岁、职业、男女人口、雇工、枪械及其来历等。住户执照的颁发是铜山县公署在对住户职业确认的基础上，加强民政管理、维护社会秩序的重要举措。作为历史文物，此执照为研究民国时期铜山县历史沿革提供了珍贵的资料。

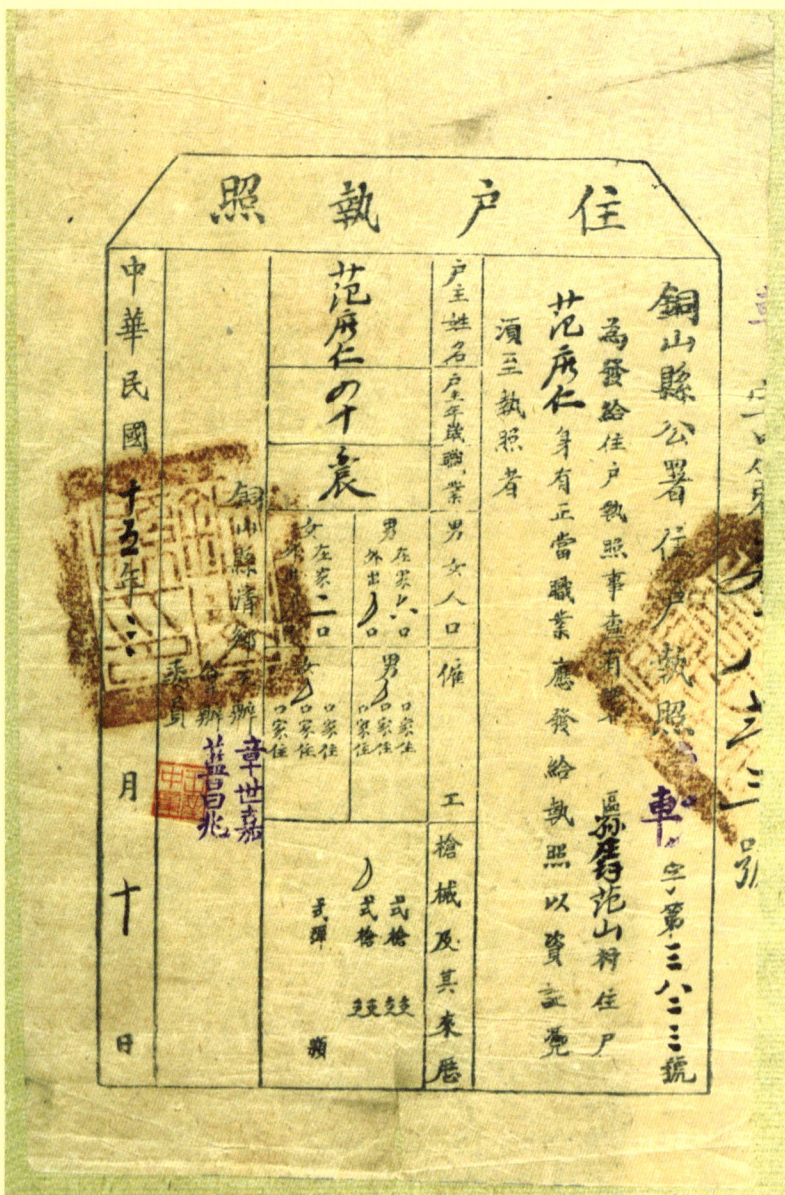

住户执照

相关知识：

辛亥革命后，江苏省进行了行政区划的重大调整。根据1913年民国政府颁布的《划一现行各省地方行政官厅组织令》，江苏省废除了府（州、厅）级区划，改为省、道、县三级管理体制，铜山县此时归徐海道管辖，县级行政管理机关始称铜山县公署，下辖全县六市十二乡。1928年北伐战争后（国民政府时期），改铜山县公署为铜山县政府。该执照印证了1926年北伐战争前（北洋政府时期），铜山县公署办理公务的史实。

全面抗战　同仇敌忾

　　1931年"九一八事变"后，徐州的国防战备逐步启动。1937年"七七事变"后，在中国共产党倡导的抗日民族统一战线旗帜下，国共再次合作。1938年的徐州会战，取得台儿庄战役的胜利，增强了中国人民抗战的信心。徐州沦陷之后，国共双方的抗日武装在徐州周边坚持抵抗斗争，直至1945年抗战胜利。

铜山防空指挥部袖章

保管单位： 徐州市档案馆

档案概况：

1933年，国民政府驻徐中央陆军第三军设防空司令部，这是徐州历史上首次开展防空指挥工作。"七七事变"后，日军大举入侵。为防日机袭扰，江苏省第九行政督察专员公署按国民政府要求，成立铜山防空指挥部，由徐州警备司令任指挥，警察局长任副指挥，履行指挥徐州军民开展防空袭斗争的实战职能。

此件档案为铜山防空指挥部人员的身份标识。袖章上部印有"铜山防空指挥部"，其上盖有"徐州防护团钤记"。下部印有代表人道主义标志的红十字，袖章底部手写编号66。

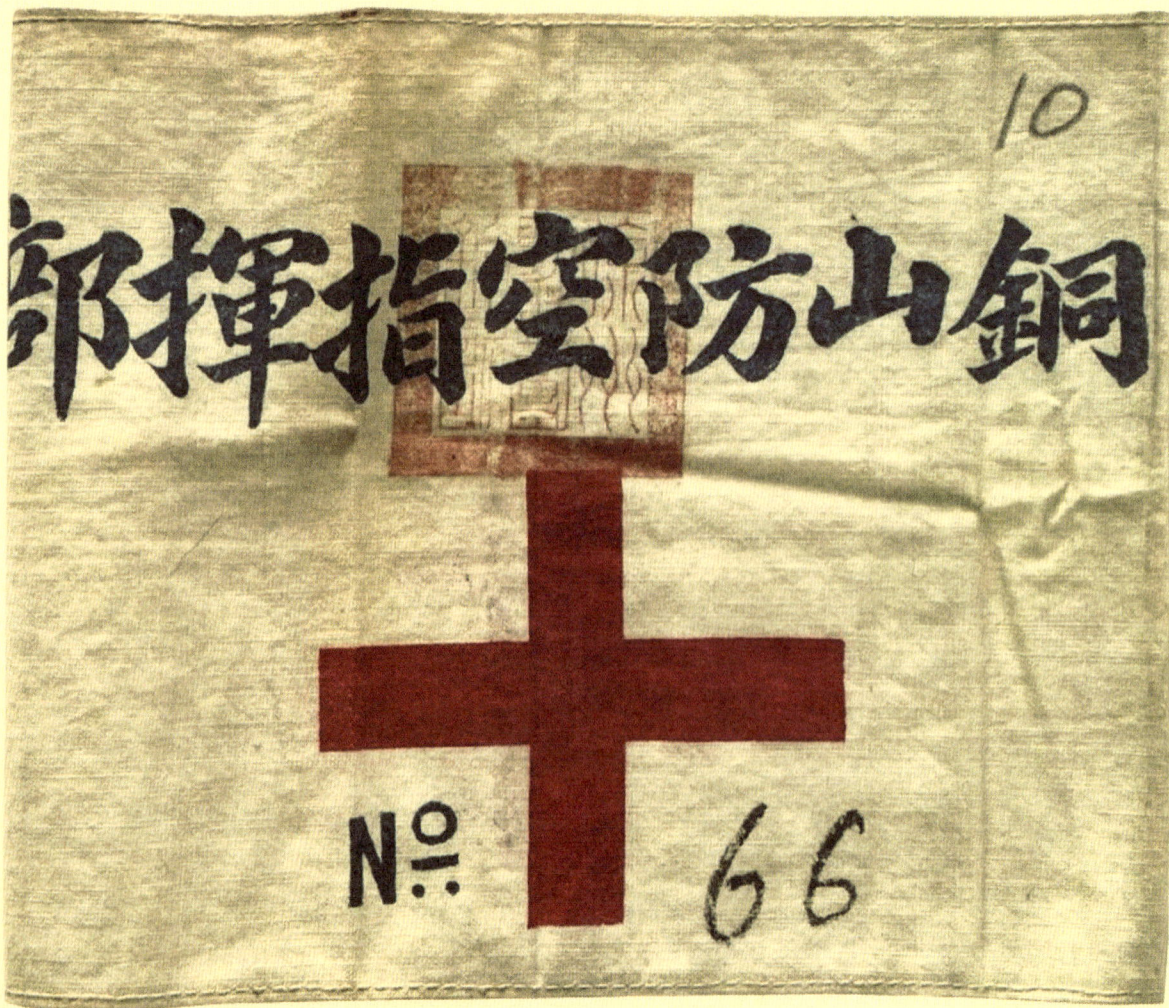

铜山防空指挥部袖章

徐州大同街钟鼓楼在抗战时曾设有防空监视哨

第五战区抗敌青年军团军用证明书

保管单位：徐州市档案馆

档案概况：

本件档案为 1938 年 7 月，第五战区抗敌青年军团派遣中士军需朱心五由潢川经信阳、武汉至桂林，出具的军用证明书。该证明书为统一制式，分两个部分。第一部分主要包括证明书派遣人姓名、派遣事由、有效期间、落款、日期和印章等。落款处盖有兼团长李宗仁、副团长张任民蓝色印章和第五战区抗敌青年军团的红色印章。第二部分为《军用证明书条例》，详细规定了军用证明书领取、使用的条件和注意事项。此份军用证明书对研究第五战区抗战青年团建立及遣散情况具有一定的史料价值。

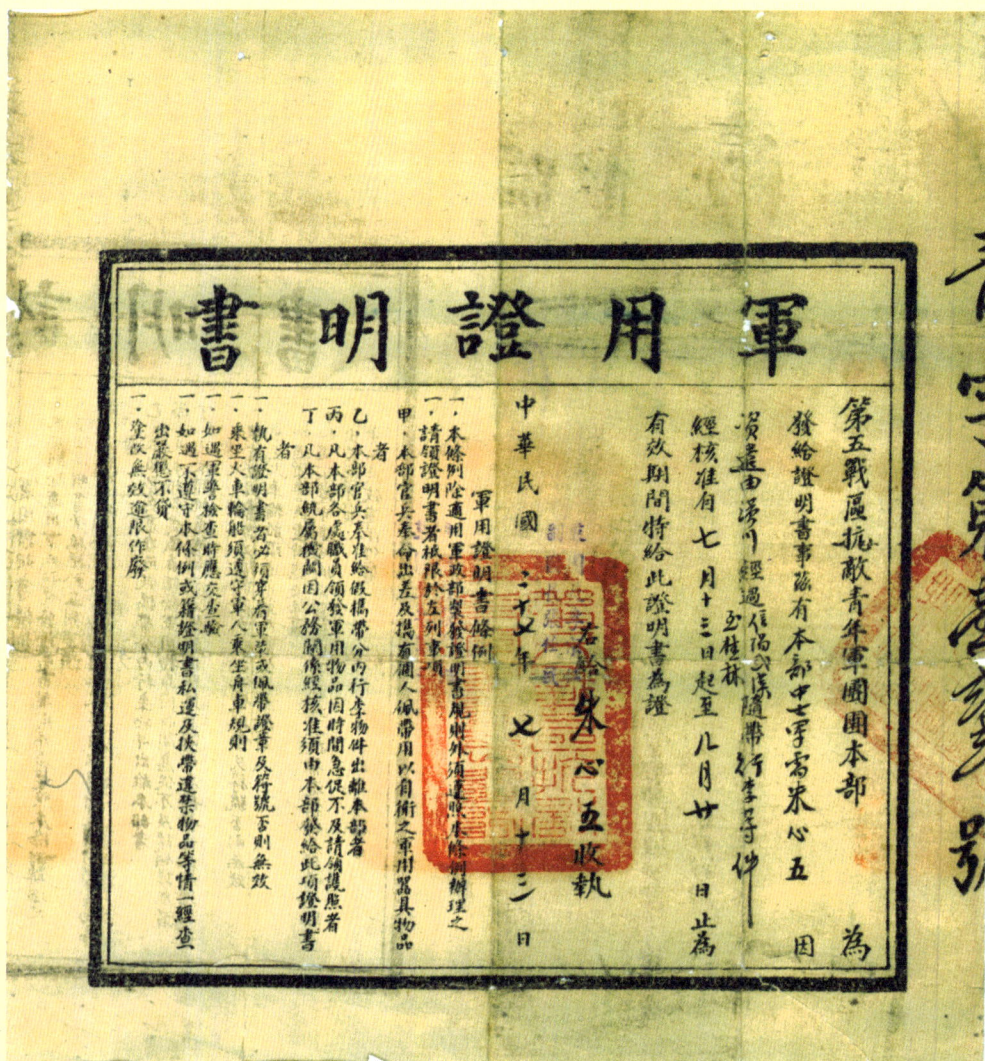

第五战区抗敌青年军团军用证明书

全文：

军用证明书

第五战区抗敌青年团团本部

为发给证明书事兹有本部中士军需朱心五，资遣由潢川经过信阳、武汉至桂林，随带行李等件。经核准自七月十三日起至八月廿日止为有效期间，特给此证明书为证。

右给朱心五收执

中华民国二十七年七月十三日

军用证明书条例

本条例除适用军政部制发证明书规则外须遵照本条例办理之。

请领证明书者只限于左列事项：

甲、本部官兵奉命出差及携有个人佩带用以自卫之军用器具物品者；

乙、本部官兵奉准给假携带分内行李物件出离本部者；

丙、凡本部各处职员领发军用物品因时间急促不及请领护照者；

丁、凡本部统属机关因公务关系经核准须由本部发给此项证明书者。

执有证明书者必须穿着军装或佩戴证章及符号，否则无效。

乘坐火车轮船须遵守军人乘坐舟车规则。

如遇军警检查时应交查验。

如遇不遵守本条例或借证明书私运及挟带违禁物品等情一经查出严惩不贷。

涂改无效，逾限作废。

相关知识：

1937年10月，李宗仁任第五战区司令长官，驻守徐州，率部抵抗日军侵略。应徐州青年抗日团体的要求，李宗仁在徐州中学举办了第五战区抗日训练班，培训学生300人，其中不少是各地流亡到徐州的青年。第二期抗日青年训练班陆续招收5000人，更名为第五战区抗敌青年军团，李宗仁亲自兼任团长，教员中有不少是共产党员和进步人士，如匡亚明、臧克家、刘汉川、郑培心等。该团在当时颇有名气，李宗仁曾自豪地说："蒋介石有中央干训团，共产党有抗大，我有青年军团。"1938年1月全团离开徐州，开往河南潢川县城受训。5月，徐州沦陷，第五战区迁至湖北老河口，青年团团员奔赴各地抗战。

《抗敌周刊》之《血战台儿庄》

保管单位：徐州市档案馆（资料）

档案概况：

台儿庄战役是继平型关大捷等战役后，中国人民取得的又一次胜利。本次战役击败了日本华北方面军的两大主力——矶谷师团和板垣师团。《抗敌周刊》第十一、十二期合刊上的一篇文章《血战台儿庄》，全面分析了本次战役的战况和战术应用，总结了台儿庄战役取得胜利的原因。《血战台儿庄》作者为著名记者范长江。1938 年 4 月 3 日，范长江从汉口乘火车前往徐州，采访了第五战区司令长官李宗仁与国民政府军事委员会副参谋总长白崇禧，又赶到台儿庄前线采访了第 2 集团军总司令孙连仲、第 31 师师长池峰城，连续采写多篇通讯，详细报道了台儿庄战役具体经过和官兵浴血奋战的感人故事。

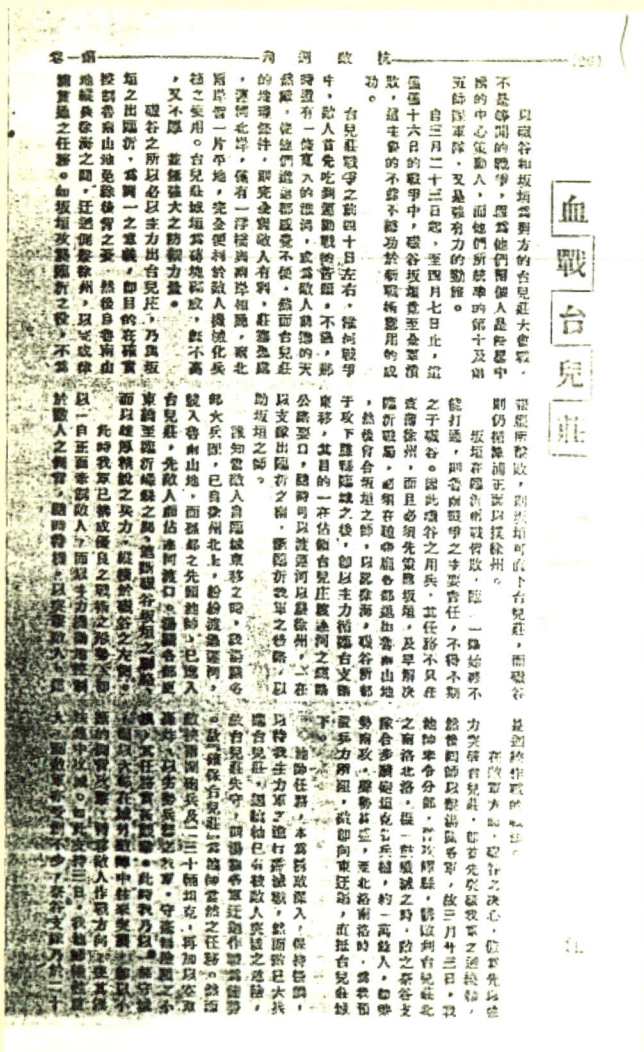

全文（节选）：

以矶谷和板垣为对方的台儿庄大会战，不是等闲的战争，因为他们两个人是侵略中国的中心策动人，而他们所统帅的第十及第五师团军队，又是强有力的劲旅。

自三月二十三日起，至四月七日止，这仅仅十六日的战争中，矶谷板垣竟至全军溃败，这主要的不得不归功于新战术应用的成功。

……

《抗敌周刊》之《血战台儿庄》

台儿庄战役期间李宗仁密电选

保管单位： 徐州市档案馆（复印件）

原件保管单位： 中国第二历史档案馆

档案概况：

1937年底，日军占领南京、济南以后，企图沿津浦线南北夹击，会师徐州，以便沟通南北战场，再沿陇海路西进，夺取郑州、武汉，实现其速战速决的目的。李宗仁为第五战区司令长官，指挥中国军队同日本侵略者在以徐州为中心的津浦路南北的广大地域上，展开了一场大会战。徐州会战共有三个阶段，第二阶段即台儿庄战役。1938年4月台儿庄战役的胜利，坚定了全国人民抗战必胜的信心。

1938年第五战区司令长官李宗仁致蒋介石、何应钦、白崇禧、徐永昌等的密电，反映了临沂、滕县、峄县、台儿庄等地的战斗概况和参战官兵爱国抗日、英勇顽强的战斗业绩。

全文（节选）：

3月5日

即二小时到。武昌。委员长蒋钧鉴：0517密。据天津确报，敌放弃直接打通津浦线之计划，由鲁南及济宁双方会攻徐州。现在敌板垣师团由莒县向临沂压迫，情势显然。庞（炳勋）军五团苦战经周，损失颇巨。兹拟移张自忠军于临沂接庞军之防，庞军则东向日照移动，兼可侧击莒县之侧背。是否有当，请即示遵。职李宗仁。05.13。印。

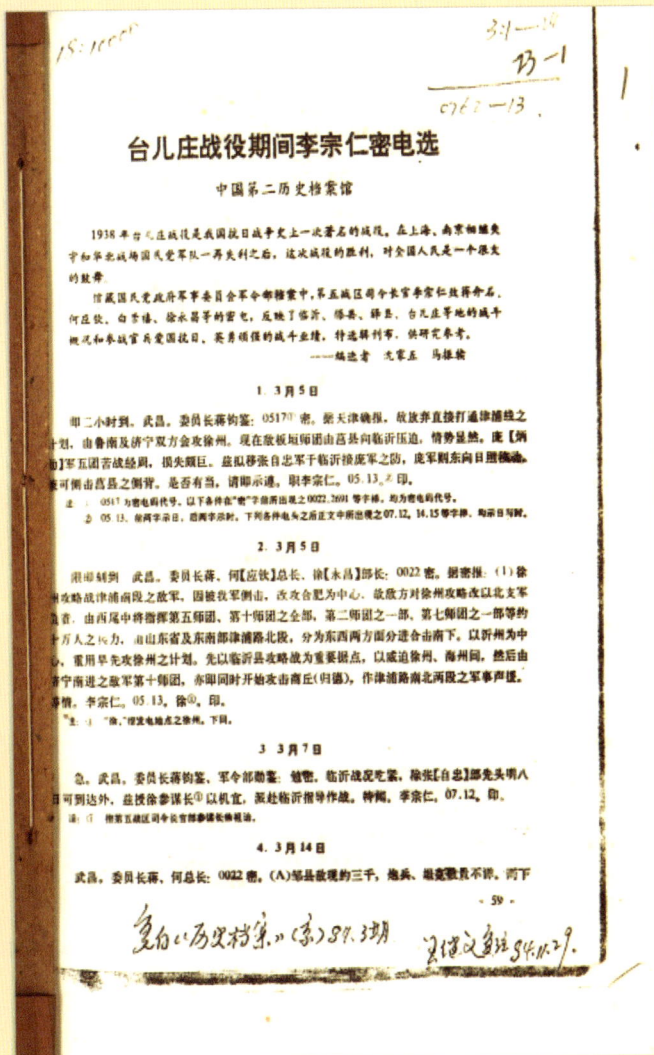

台儿庄战役期间李宗仁
密电选（节选）

《中国抗战画史》中的徐州会战

保管单位：徐州市档案馆（资料）

档案概况：

市档案馆馆藏的《中国抗战画史》是1947年由上海联合画报出版社出版的，编著者是抗战中的战地记者曹聚仁、舒宗侨。该书为16开本，全书40万字、1200张照片、60幅地图，共450页，收录了大量珍贵的文字、图片资料，真实记录了中华民族的伟大抗战史实。

该书在第四章中，分三节详细记录了1938年中国军队参加徐州会战的情况：1."津浦沿线作战"。血战淮河、滕县，粉碎日军沿津浦线南北夹击，会师徐州，再沿陇海线西进中原的企图。2."鲁南防御战"。取得临沂战役、台儿庄战役的胜利，坚定了国人抗战必胜的信心。3."陇海沿线作战"。主动放弃徐州，突破日军包围，向西转移；在郑州花园口决堤，虽然阻止了日军西进，但形成大片黄泛区。

书中收录了李宗仁手绘的徐州会战地图。津浦铁路上有两下店、滕县、临城（今薛城）、韩庄、徐州等城镇，连接津浦、陇海两条铁路的支线上有枣庄、峄县、台儿庄等城镇，另有微山湖、大运河、鲁南山区等地形地貌。

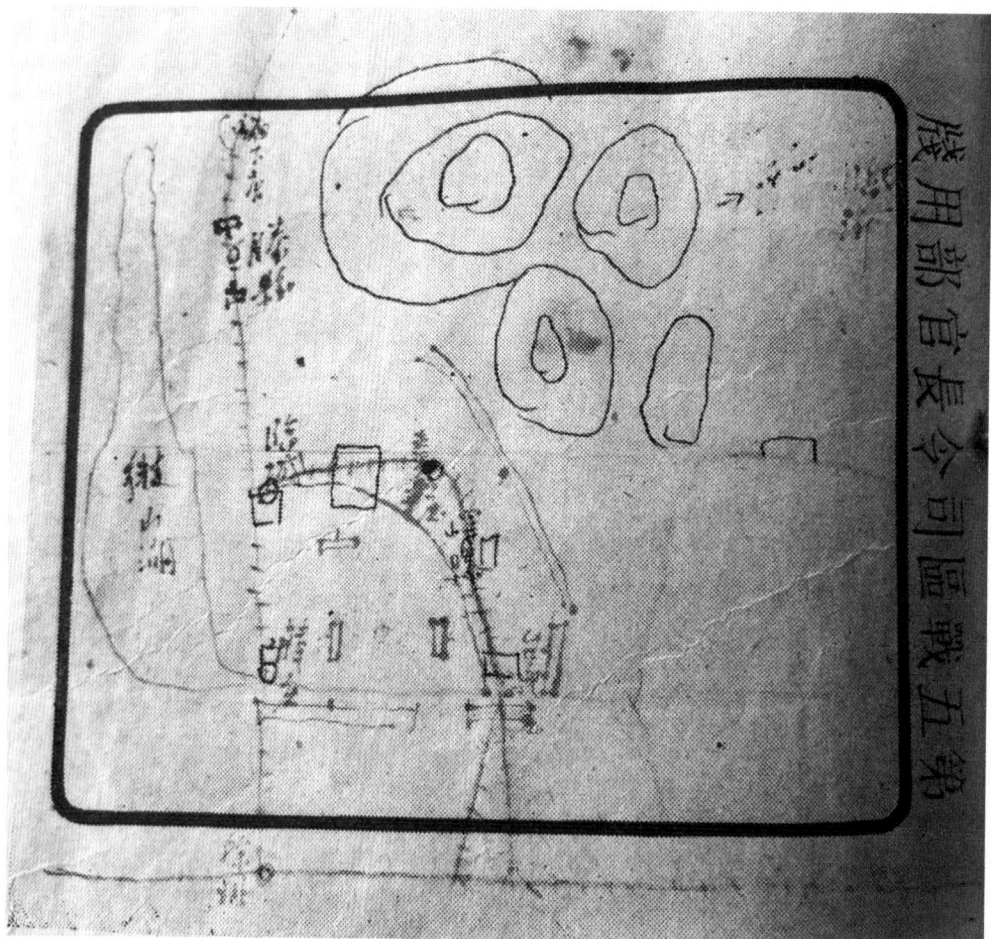

台儿庄作战时
李宗仁手绘的地形图

书中收录的第五战区司令长官部照片

第五战区司令长官部旧址，今文亭街徐海道署旧址

黄体润日记

保管单位：丰县档案馆

档案概况：

黄体润，1898 年生，字玉山，江苏丰县人，曾任国民党丰县代理县长、县党部书记长、苏鲁豫皖第二挺进军第九纵队少将司令、江苏萧县（今属安徽）县长等职。淮海战役后，辗转去台湾。

黄体润日记记载了 1933 年至 1948 年间，丰县地方党政军务、抗日战争、国共合作，以及生产、救灾、教育、治安等方面的主要活动，反映了政治、经济、军事、文化等多方面重要变革。

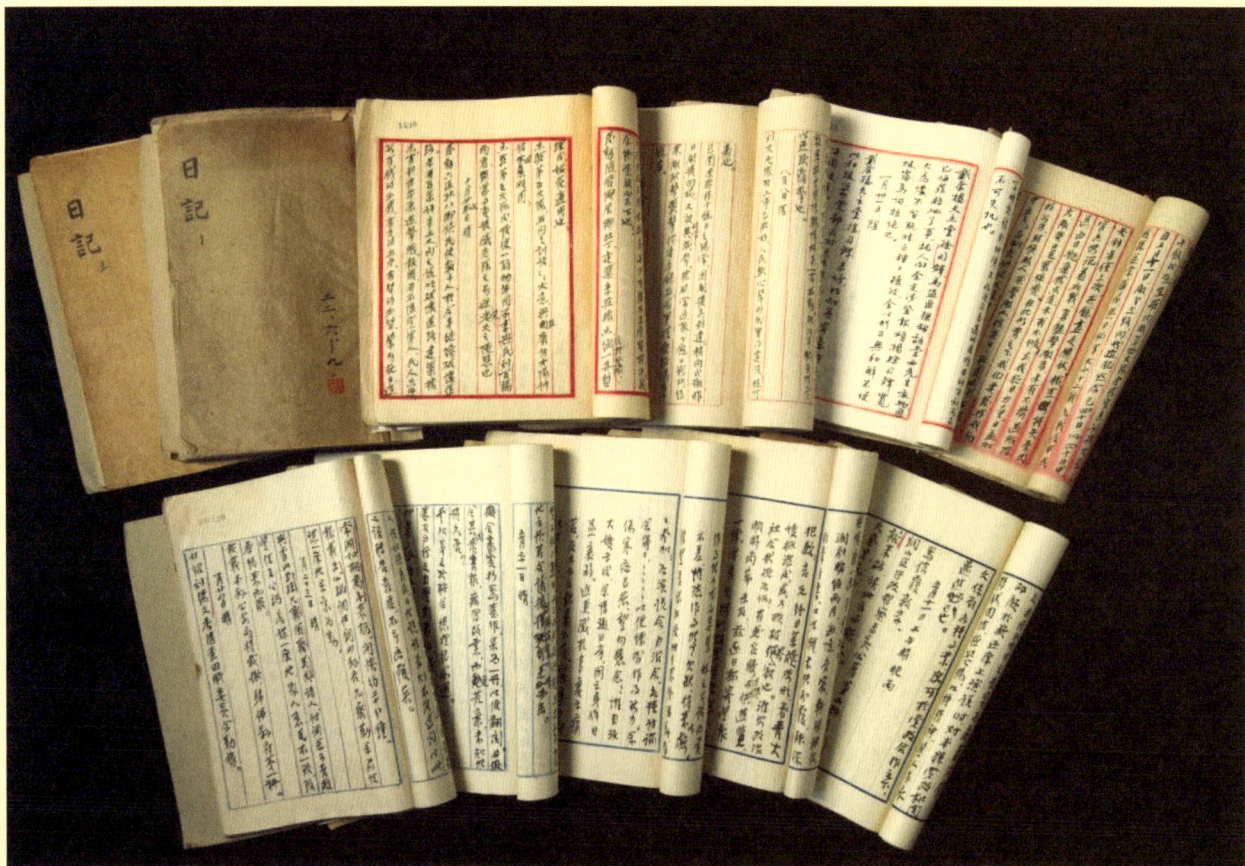

黄体润日记

第九战区司令长官司令部训令

保管单位： 徐州市档案馆

档案概况：

该件档案是第九战区司令长官司令部颁发给郭尘的嘉奖令。训令内容为："无线电补充连第十班中尉班长郭尘，查该员在本部服务以来，卓著劳绩，着给予'精忠救国'金质奖章一座，仰即祗领此令，附第291号奖章一座"。颁发日期为民国三十四年（1945）三月九日，行文字号为培人字第2471号，末具第九战区司令长官薛岳署名，盖有第九战区司令长官关防，并有校对朱亦宾、监印陈子荣署名。该嘉奖令对研究第九战区抗战历史具有重要的史料价值，是国民党在抗日正面战场浴血奋战的缩影。

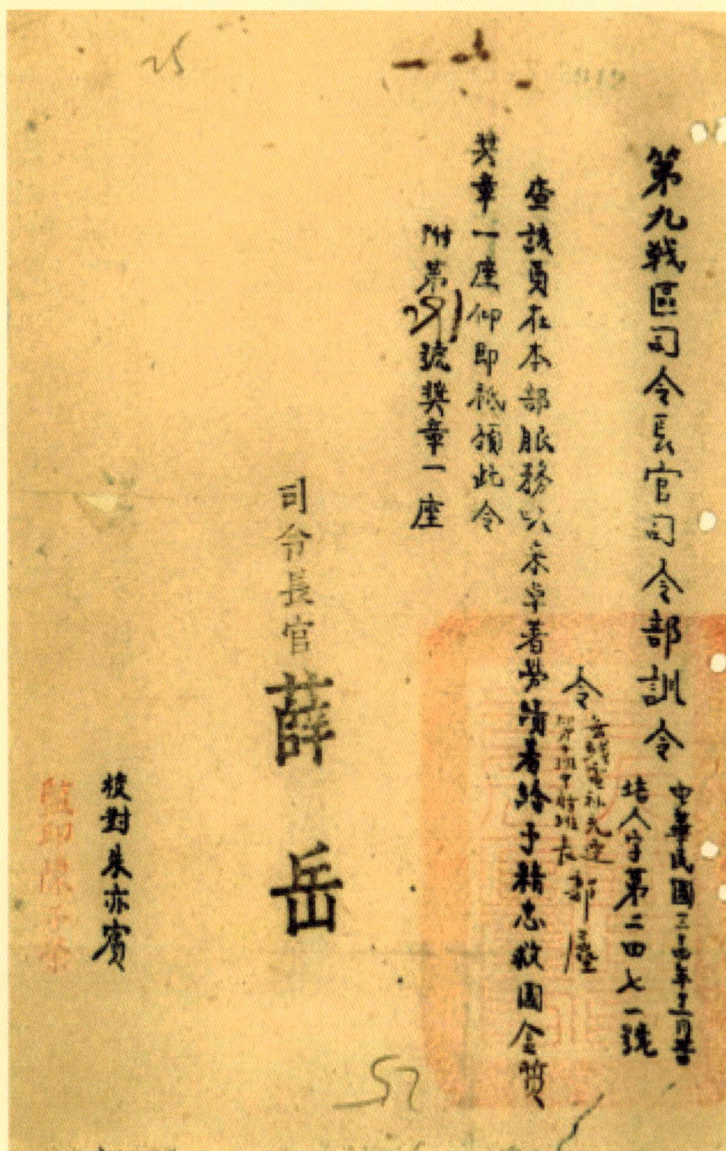

第九战区司令长官司令部给予郭尘"精忠救国"金质奖章的训令

国民政府军官委任状

保管单位： 徐州市档案馆

档案概况：

徐州市档案馆馆藏军官委任状（令）共 19 件，其中将官 1 件，校官 8 件，尉官 10 件。国民政府陆军第一百七十九师司令部委任状为民国二十七年（1938）七月，国民政府陆军第一百七十九师任命王寿山为该师第二十五旅少校副官，由师长吉星文签章。该状为统一制式，纸质厚实，右侧骑缝处为委任状编号。国民政府陆军第三十三集团军总司令部委任令为民国二十八年（1939）六月，陆军第三十三集团军总司令部任命王寿山为陆军第三十七师第一百零九团少校团附，由总司令张自忠和副总司令冯治安、周喦签章。

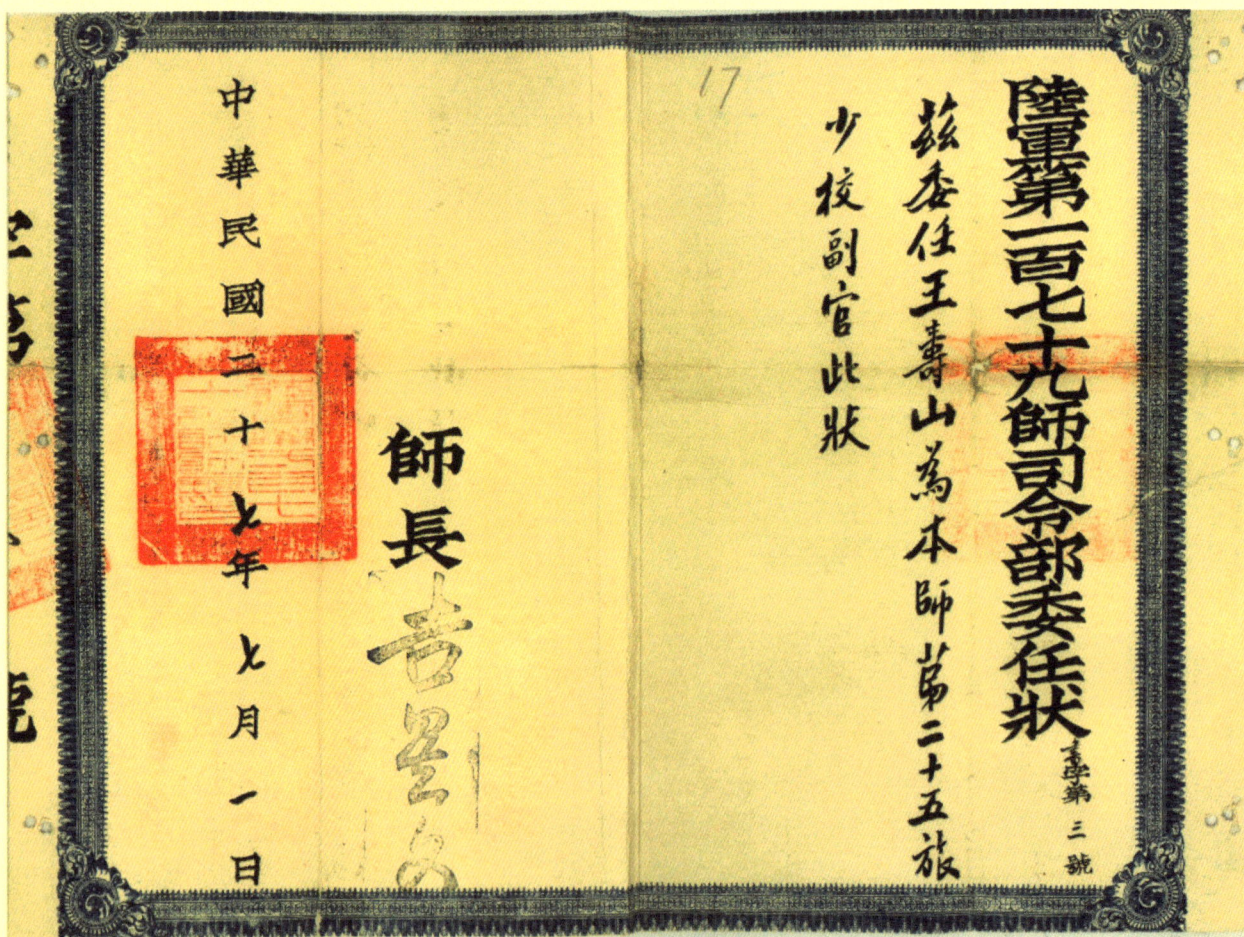

国民政府陆军第一百七十九师司令部委任状

委任令

第三十三集团军总司令部委任令 委字第 1240 号

兹委王寿山为陆军第三十七师
第一百零九团少校团附此令

总司令 张自忠

副总司令 冯治安 周嵒

中华民国二十八年六月一日

国民政府陆军第三十三集团军总司令部委任令

彭长清毕业生学籍登记证

保管单位： 徐州市档案馆

档案概况：

彭长清，江苏省徐州人，国民党中央陆军军官学校第八分校毕业。本件档案形成于1941年，由国民党中央各军事学校毕业生调查处制作，为统一制式，共分为四个部分。第一部分为陆海空军军人读训和誓词。第二部分为中央各军事学校毕业生调查处颁发毕业生学籍登记证规则，对该证的颁发原因、条件和注意事项进行了说明。第三部分为毕业生具体学籍信息，包括姓名、年龄、籍贯、校别、期（班）别、科（系）别、队（连）别、照片、编号等。第四部分为工作注记。落款处盖有中央各军事学校毕业生调查处的红色印章，并注明发证日期。该学籍登记证对研究民国时期军事学校学籍管理具有一定史料价值。

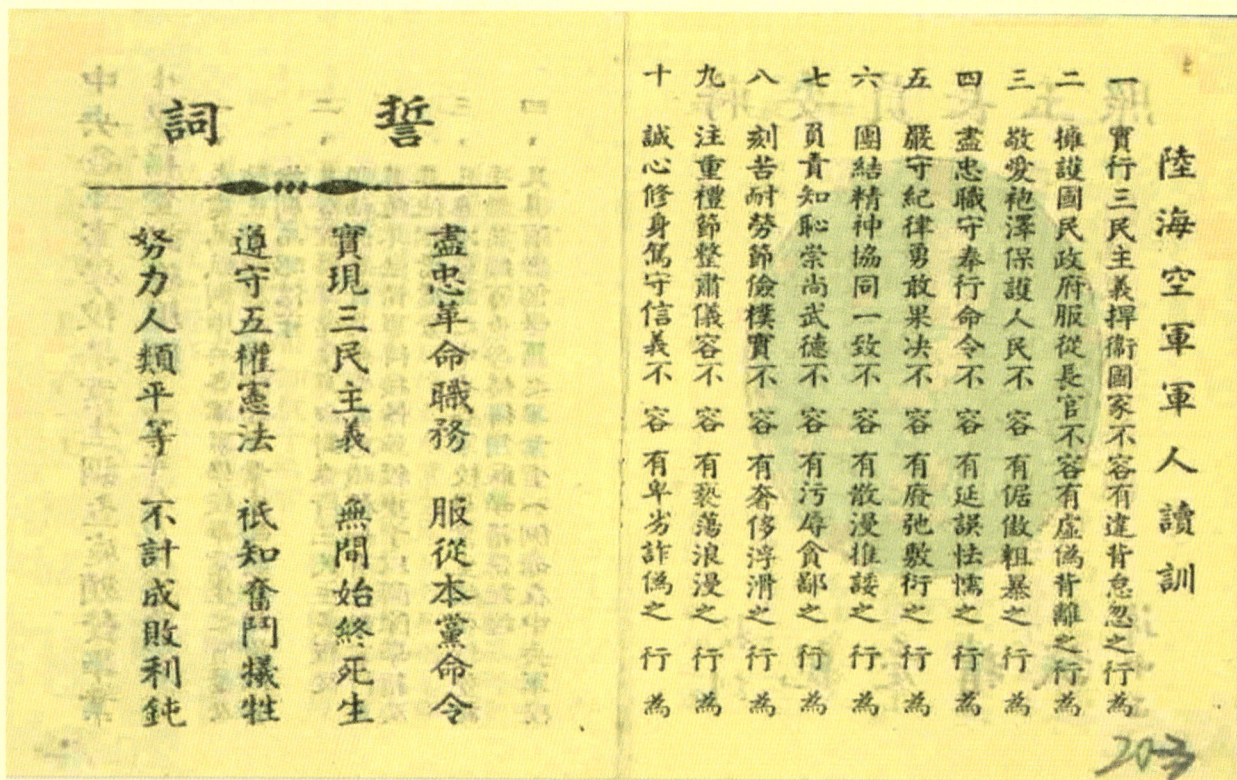

国民党中央各军事学校毕业生调查处制发彭长清学籍登记证

中央各軍事學校畢業生調查處頒發畢業生學籍登記證規則 二八年八月第三次修正

一、本處為甄別中央各軍事學校畢業生之質量及防止弊端起見特頒發畢業生學籍登記證以資識別而昭信守

二、凡領登記之畢業生應絕對奉行三民主義服從領袖蔣委員長命令盡忠職務如有反動言行或其他不法情事得按情節輕重予以開除學籍及其他相當處分

三、凡奉准登記之中央各軍事學校畢業生經優行登記手續並經審查合格得領取學籍登記證

四、凡具有數個學籍之畢業生（例如在中央軍校

統一意志

團結精神

字 000973 號

姓名　彭長清

年齡　二一歲

籍貫　江蘇省銅山縣

校別　中央陸軍軍官學校第八分校

期（班）別　第十七期第十六總隊

科（系）別　步科

隊（建）別　第五隊

五、凡領有學籍登記證之本處通訊組織報到聽候編組並覆行其應盡之義務

某期畢業後復在高等教育班畢業又在陸軍大學畢業之類）祗能選定一個學籍登記不得重領登記證

六、學籍登記證為畢業生唯一之信物不得塗改假借其否則一經查出即嚴予處分

七、畢業生對於學籍登記證務須加意保存倘因故遺失須按照規定申請補發否則一經查覺即停止其應享之權利

八、凡受開除學籍處分之畢業生學籍登記證應即繳銷

九、本規則經核准公佈施行

国民党中央各军事学校毕业生调查处制发彭长清学籍登记证

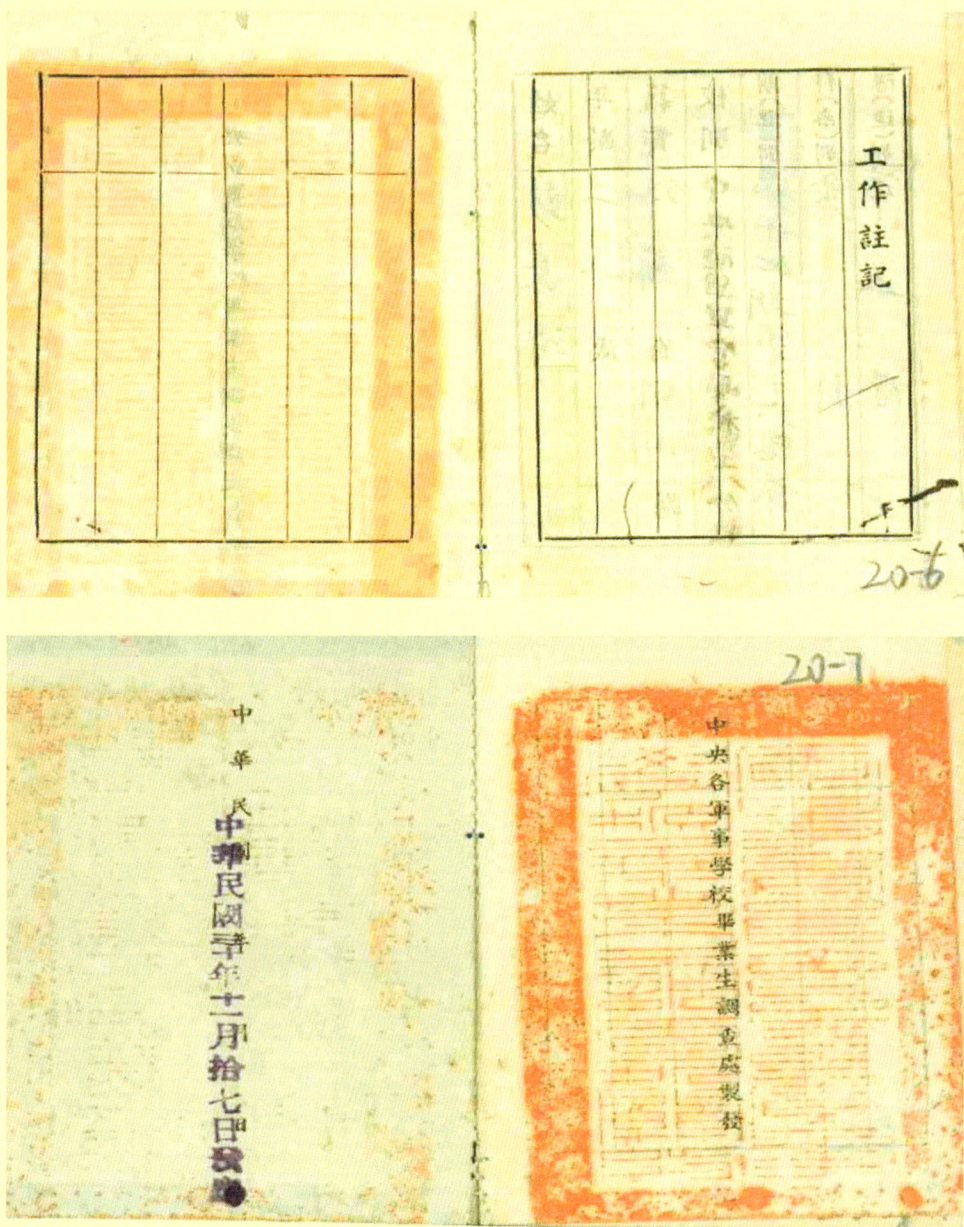

国民党中央各军事学校毕业生调查处制发彭长清学籍登记证

相关知识：

中央陆军军官学校第八分校系抗战时期设立，前身为国民党第五战区干部训练团，1940年1月改为第八分校，隶属中央陆军军官学校。分校主任康泽（后由徐祖诒、罗列继任），副主任沈发藻（后由罗列继任）。校址设在湖北省均县草店镇，1945年迁到湖北省房县，办学时间自1940年3月至1945年10月。开办学生队有：第十七期第十六总队、第十八期第十六总队及通讯兵科第六大队等，共毕业学生2331人；开办军训班有：第九期第二总队、第十期第五总队及独立第七大队、第十一期第七总队、补训独立第六大队、第十八期第十七总队等，共毕业学生4554人，培养了一批军队基层干部。

军政部军医学校军医预备团医科第六期纪念册

保管单位： 徐州市档案馆
档案概况：

国民党军政部军医学校军医预备团医科第六期纪念册形成于民国三十年（1941），共28页，包括校训、合影、教职员名录、毕业生名册、毕业赠言等内容。民国二十六年（1937）八月国民党陆军军医学校呈准军委会设立"军政部军医预备团"，隶属于军政部军医署，民国二十八年（1939）二月改隶军医学校，成为其短期训练机构，以招训军医、司药速成学生为主，并先后成立第一、二分团于陕西西安、湖南邵阳，以广育人才。该纪念册客观记录了国民党军医学校办学情况。

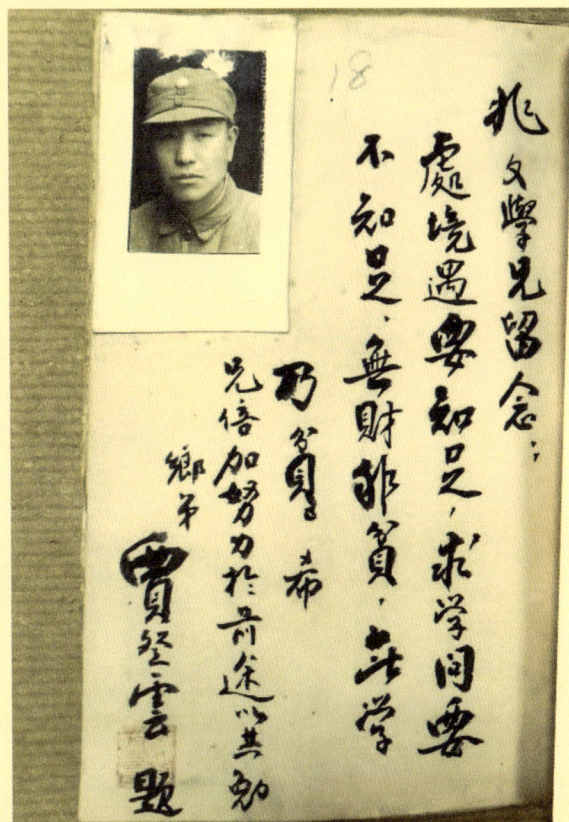

军政部军医学校军医预备团医科第六期纪念册

江苏省警官学校毕业同学录

保管单位：徐州市档案馆

档案概况：

国民党江苏省警官学校的前身为省水陆公安教导团，创建于1928年，次年改称江苏省警官学校。

徐州市档案馆馆藏的江苏省警官学校毕业同学录共4册，收录了同学录序、校训、毕业训词、学生名录、教职员名录和大量校景、校舍、设备、教学活动及毕业生照片等珍贵图片资料。其中江苏省警官学校历届毕业同学录一册形成于1946年，由该校校友会整理编印，收录了该校自建校起，教职员和各班毕业同学名录以及校训、誓词、学校章程、组织条例等。该系列同学录时间跨度较大，反映了民国时期江苏警察教育和办学变化。

指纹分析用具、自行车训练照片

依托人梯操演

石鼓操演

依托人梯、石鼓操演照片

铁杠、木马操演照片

二之演操越超城木

三之演操越超城木

木城超越操演照片

徐州沦陷　殖民掠夺

　　1938 年 5 月徐州沦陷后，日军开始扶持傀儡组织，成立徐州（铜山）治安"维持会"。1939 年解散维持会，成立"三公署"（徐州市公署、铜山县公署、苏北行政专员公署）。1942 年成立"苏淮特别区行政长官公署"，1944 年升格为"淮海省政府"，以加强对淮海地区的奴役和剥削。与此同时，日本向徐州大量移民，发行战时贮蓄债券和特别国库债券，以攫取原料，垄断市场，进行经济侵略，达到"以战养战"目的，徐州人民饱受日本帝国主义铁蹄蹂躏之苦。

伪淮海省政府训令

保管单位：徐州市档案馆

档案概况：

1944年，伪中央政治委员会第131次会议决定撤销"苏淮特别区行政公署"，成立"淮海省政府"，任命郝鹏举为省长，省会为徐州，统辖23个市县，面积5万平方公里，人口约1300万。

1944年2月1日，伪淮海省政府训令（政一字第7号）颁布："先就苏淮地域设省，省名定为淮海省，原设之苏淮特别区行政公署于省政府成立之日起撤销，并特任郝鹏举为淮海省省长……定于二月一日成立淮海省政府，开始办公……"。文末并具"淮海省政府"印及省长郝鹏举印。

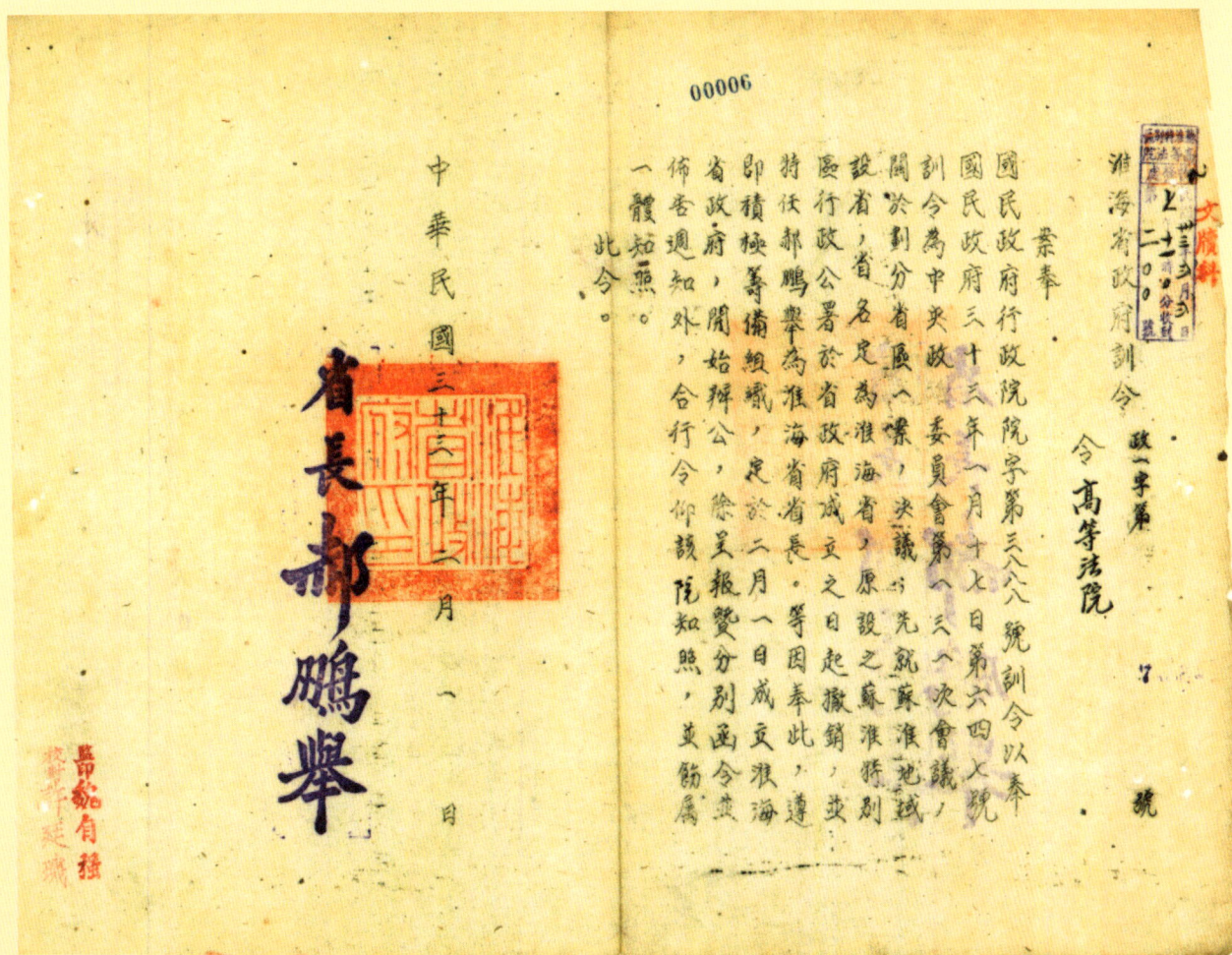

伪淮海省政府训令（政一字第7号）

伪淮海宣传联盟规约

保管单位：徐州市档案馆

档案概况：

1944 年，伪淮海省政府为了加强与各宣传机关的联系，制定了《淮海宣传联盟规约》，提出要强化宣传网、统一宣传口径。《淮海宣传联盟规约》共计 8 页，包含 27 条内容，附有理事长、理事构成人员职务表，联盟组织系统表和书记长郝鹏举签署的联盟成立大会择日举行的函。

为了与各宣传机关取得密切联系，伪政府制定了《淮海宣传联盟规约》，提出要强化宣传网、统一宣传口径。联盟的理事成员单位包括"日本领事馆、淮海省政府、徐州市政府、徐州铁路局、同盟通信社、徐州日报社、徐州广播电台、中央通讯社徐州分社"等。

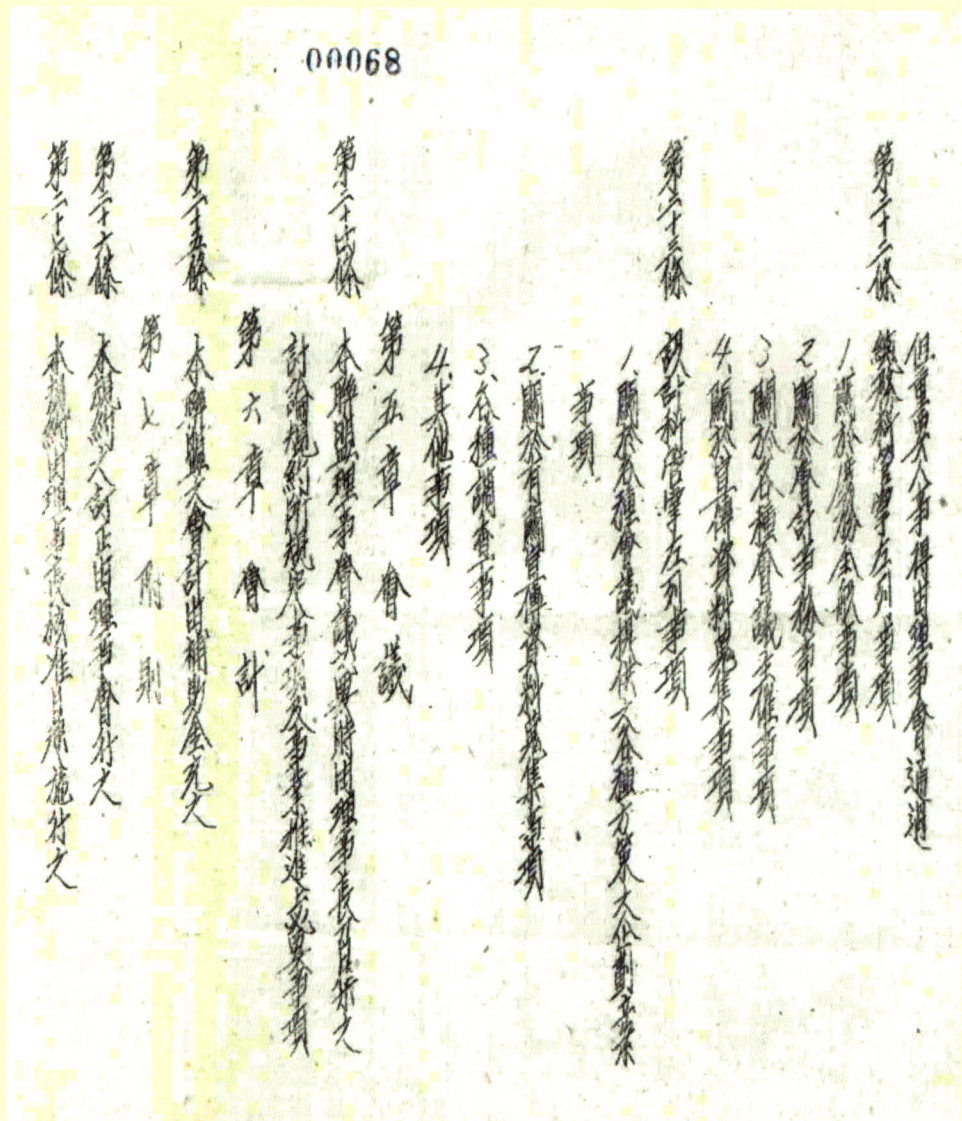

日本领事馆旧址，今老东门街区

伪苏淮特别区高等法院成立档案

保管单位：徐州市档案馆

档案概况：

伪苏淮特别区高等法院成立档案包括伪苏淮特别区高等法院筹备、成立及相关人员任命、履历等系列文件。

民国三十一年（1942）七月一日，"苏淮特别区高等法院兼徐州地方法院布告"颁布，伪苏淮特别区高等法院宣告成立，郑簴为院长，王桂攀为首席检察官。该部分档案作为伪苏淮特别区高等法院成立的真实记录，具有重要的历史研究价值。

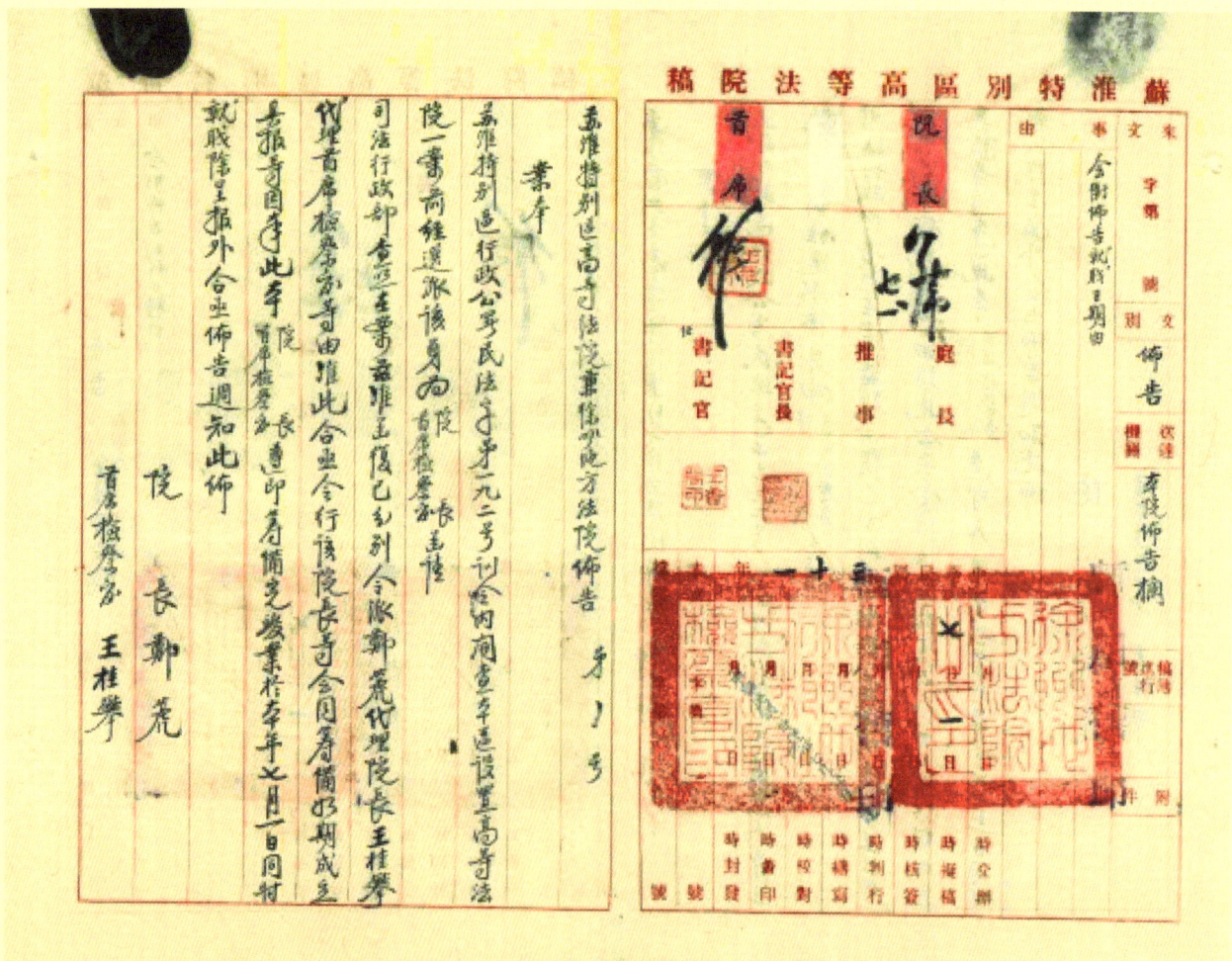

伪苏淮特别区高等法院兼徐州地方法院布告（第 1 号）颁布

蘇淮特別區高等法院職員履歷表　　　中華法院　　年　月　日編製

姓名　鄭簴　尹起

年歲　六十三歲

籍貫　福建閩侯

住址　南京英士路七號

現任　蘇淮特別區高等法院……　民國三十二年七月一日

命任　簡任　　民國三十二年六月十日

學歷　前清優貢日本東京法政大學畢業

經歷

徐州地方法院院長　　福州城內北大路

光緒三十二年十月任福建法政學堂教員三十三年三月起先後任安徽法政學堂教員安徽高等巡警學堂教員安徽撫署文案安徽憲政調查局股長民國元年一月起先後任福建都督府法制局編纂福建高等審判廳庭長福建第一屆中共司法會議議員民國八年三月任江蘇江寧地方審判廳推事民國九年調任江寧高等審判廳推事民國十五年調任江蘇江寧地方審判廳廳長民國十六年調任江蘇高等法院推事民國十八年調任江蘇高等法院庭長旋調任江蘇高等法院庭長民國二十一年調任最高法院推事兼律師懲戒委員會委員民國二十七年九月任司法行政部民事司司長民國三十一年育調任今職

伪苏淮特别区高等法院院长郑簴履历表

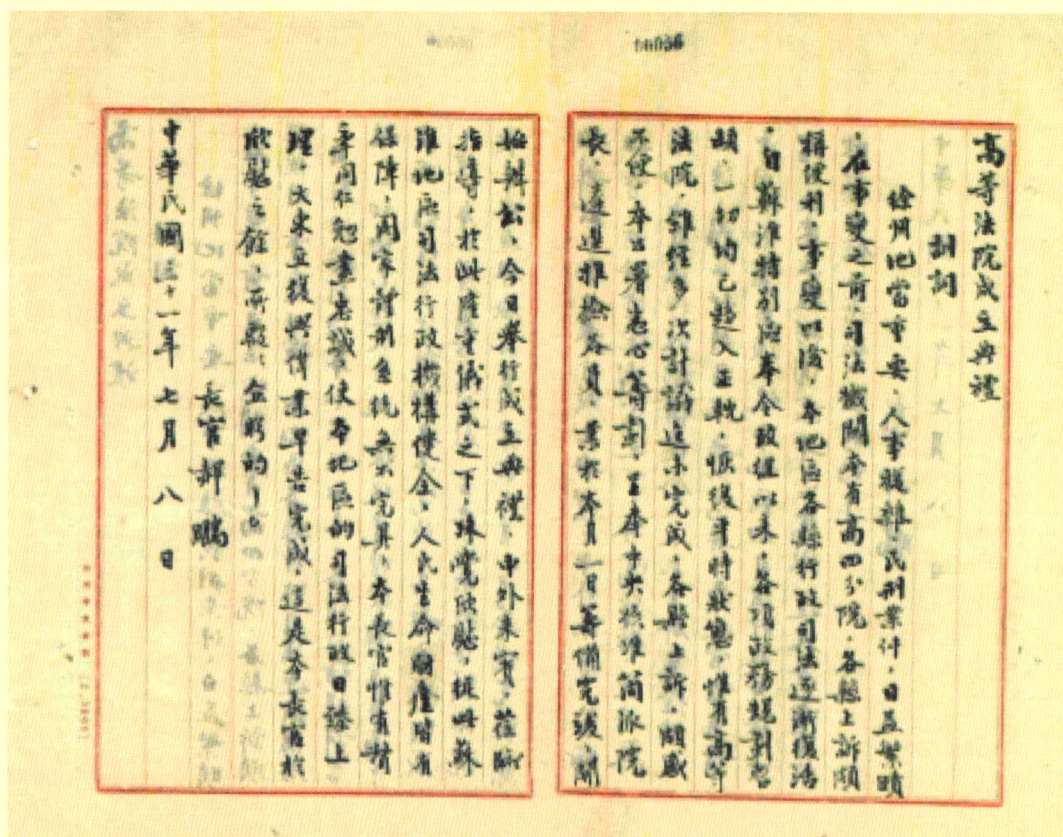

伪苏淮特别区高等法院成立典礼训词

伪苏淮特区青年代表队参加全国青少年团第一次总检阅摄影纪念

保管单位：徐州市档案馆

档案概况：

1943 年 2 月，伪中央政治会议决定成立中国青少年团。1945 年抗日战争胜利后，伪中国青少年团解散。

该社团由伪中国青年团和伪中国童子军合并而成。下设青年队与少年队，以总团部为最高组织，其下依次为省或特别市团部、县或市团部、校或区团部，凡校内学生及校外年龄在 10 岁至 25 岁之间经过选拔的青少年，均需入队训练。训练科目有精神教育、行动规律、军事训练、劳动服务等，其训练内容旨在灌输法西斯思想，培养效忠伪政权的青少年。该照片为 1943 年 4 月 1 日伪全国青少年团第一次总检阅"苏淮特区"青年代表队参加检阅摄影纪念，对于研究汪伪统治下伪中国青少年团有一定史料价值。

民国三十二年（1943）四月一日，伪全国青少年团第一次总检阅"苏淮特区"青年代表队参加检阅摄影纪念

株式会社日本劝业银行战时贮蓄债券

保管单位：徐州市档案馆

档案概况：

株式会社日本劝业银行战时贮蓄债券发行时间为 1943 年 6 月、8 月、10 月、12 月不等，徐州市档案馆保存有 67 件。债券为竖版，正上方印有"贮蓄债券"四字和株式会社日本劝业银行徽记（繁体汉字"劝"字的艺术写法），右上方迎光可见一圆形水印，为防伪标记。债券中部印有"战时贮蓄债券"字样、债券面值、编号和日文说明等。据日文说明：该债券根据临时资金调整法规定发行，收入归大藏省运用，面值"金七圆五拾钱"，发行价格"金五圆"。日文说明左侧图章为日本劝业银行"总裁之印"，右侧图章印有"大东亚战争"字样及富士山、樱花图案。下方附有"证券保管证"和"证券保管请求书"。债券背面印有债券发行目的、用途及承兑方法和日期。

日本军国主义为支撑战线绵长的侵略战争，开始实行"以战养战"的政策。从 1940 年至 1945 年间，发行了众多的军票和战时贮蓄债券，强迫被占领地的企业和百姓购买。该批日本劝业银行战时贮蓄债券数量较多，是反映日本侵华罪行的有力物证。

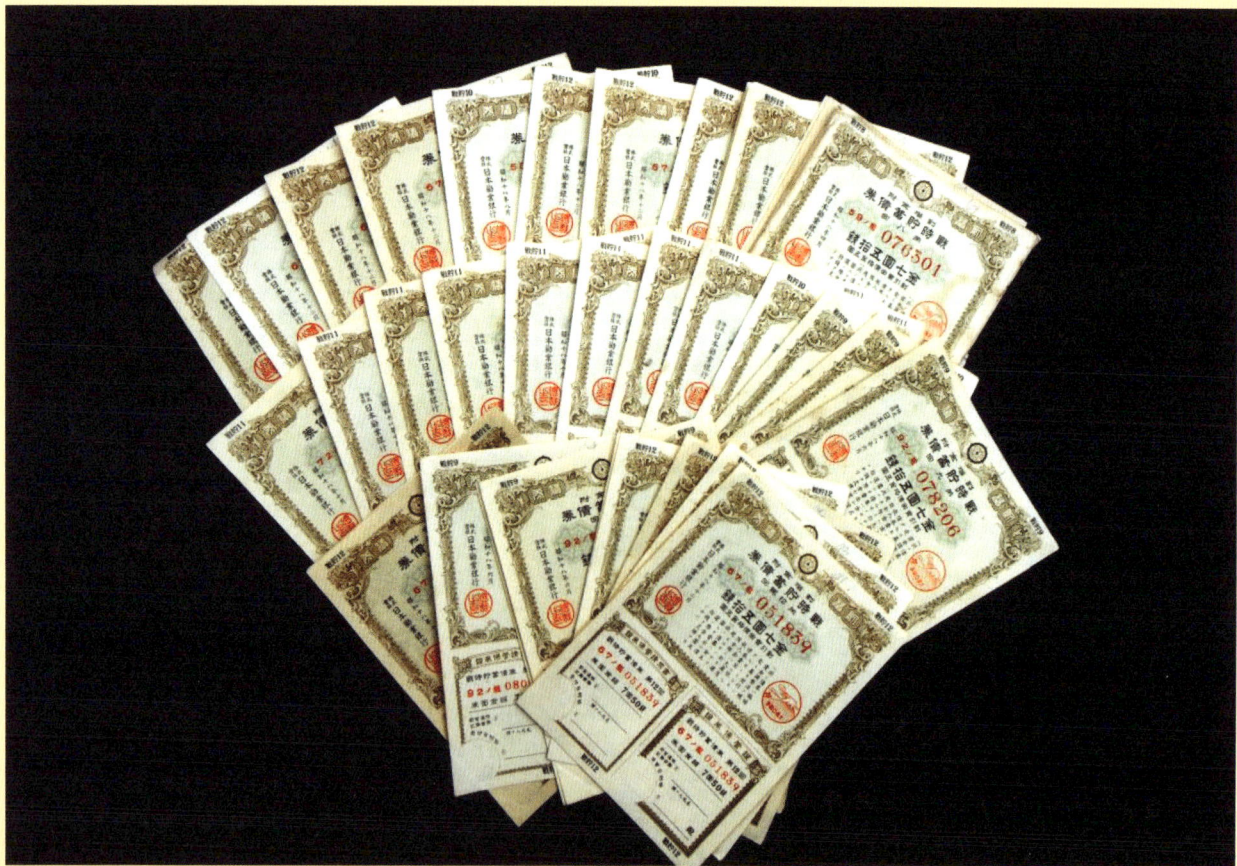

株式会社日本劝业银行战时贮蓄债券（单件 13cm×17cm）

株式会社日本劝业银行战时贮蓄债券正面

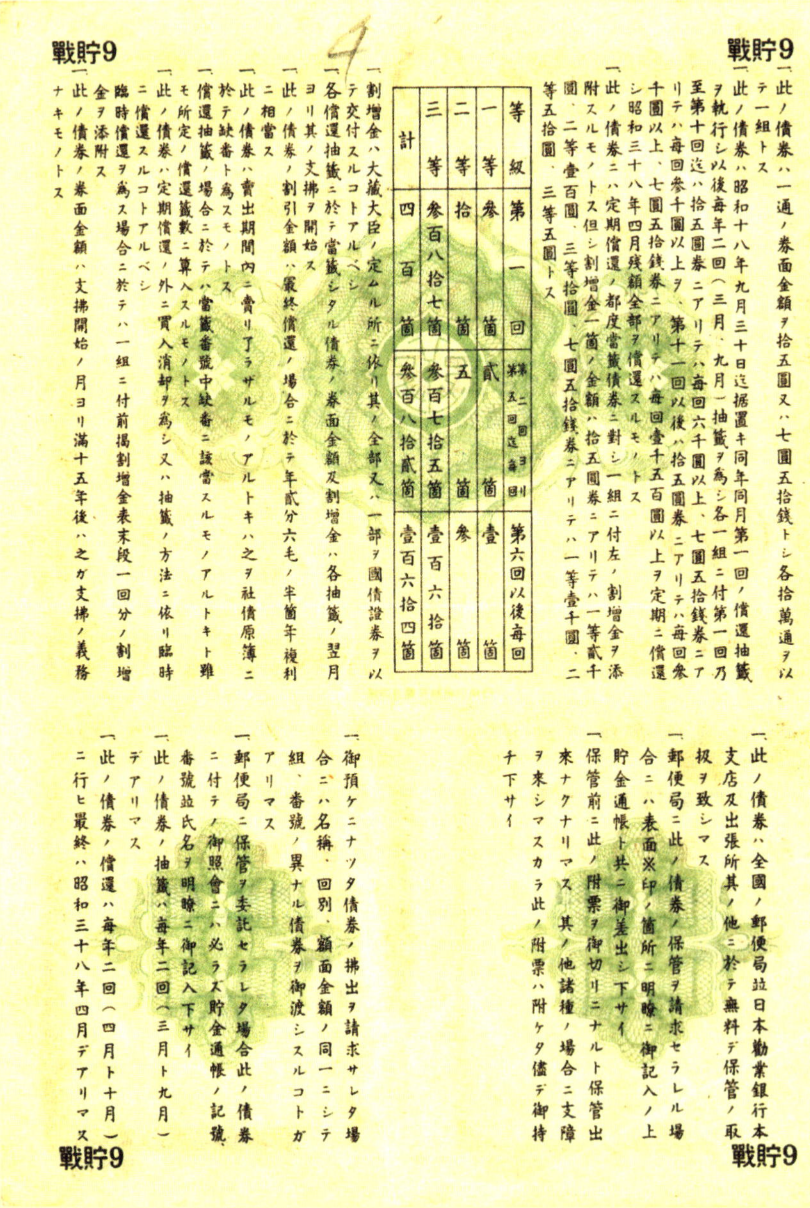

戰貯9

一、此ノ債券ハ一通ノ券面金額ヲ拾五圓又ハ七圓五拾錢トシ各拾萬通ヲ以テ一組トス

一、此ノ債券ハ昭和十八年九月三十日迄据置キ同年同月第一回ノ償還抽籤ヲ執行シ以後毎年二回（三月、九月）抽籤ヲ為シ各一組ニ付第一回乃至第十回迄ハ拾五圓券ニアリテハ毎回六千圓以上、七圓五拾錢券ニアリテハ毎回参千圓以上ヲ、第十一回以後ハ拾五圓券ニアリテハ毎回壹千五百圓以上ヲ定期ニ償還シ昭和三十八年四月残額全部ヲ償還スルモノトス

一、此ノ債券ニハ定期償還ノ都度當籤債券ニ對シ一組ニ付左ノ割増金ヲ添附スルモノトス但シ割増金一箇ノ金額ハ拾五圓券ニアリテハ一等貳千圓、二等壹百圓、三等拾圓、七圓五拾錢券ニアリテハ一等壹千圓、二等五拾圓、三等五圓トス

等級	第一回	第二回ヨリ第五回迄毎回	第六回以後毎回
一等	参箇	貳箇	壹箇
二等	拾箇	五箇	参箇
三等	参百八拾七箇	参百七拾五箇	壹百六拾箇
計	四百箇	参百八拾貳箇	壹百六拾四箇

一、割増金ハ大藏大臣ノ定ムル所ニ依リ其ノ全部又ハ一部ヲ國債證券ヲ以テ交付スルコトアルベシ

一、各償還抽籤ニ於テ當籤シタル債券ノ券面金額及割増金ハ各抽籤ノ翌月ヨリ其ノ支拂ヲ開始ス

一、此ノ債券ノ割引金額ハ最終償還ノ場合ニ於テ年貳分六毛ノ半箇年複利ニ相當ス

一、此ノ債券ハ賣出期間内ニ賣リ了ラザルモノアルトキハ之ヲ社債原簿ニ於テ缺番ト為スモノトス

一、償還抽籤ノ場合ニ於テハ當籤番號中缺番ニ該當スルモノアルトキト雖モ所定ノ償還籤數ニ算入スルモノトス

一、此ノ債券ハ定期償還ノ外ニ買入消却ヲ為シ又ハ抽籤ノ方法ニ依リ臨時ニ償還スルコトアルベシ

臨時償還ヲ為ス場合ニ於テハ一組ニ付前掲割増金表末段一回分ノ割増金ヲ添附ス

一、此ノ債券ノ券面金額ハ支拂開始ノ月ヨリ滿十五年後ハ之ガ支拂ノ義務ナキモノトス

戰貯9

一、此ノ債券ハ全國ノ郵便局竝日本勸業銀行本支店及出張所其ノ他ニ於テ無料デ保管ノ取扱ヲ致シマス

一、郵便局ニ此ノ債券ノ保管ヲ請求セラレル場合ニハ表面※印ノ箇所ニ明瞭ニ御記入ノ上貯金通帳ト共ニ御差出シ下サイ

一、保管前ニ此ノ附票ヲ御切リニナルト保管出來ナクナリマス　其ノ他諸種ノ場合ニ支障ヲ來シマスカラ此ノ附票ハ附ケタ儘デ御持チ下サイ

一、御預ケニナツタ債券ノ拂出ヲ請求サレタ場合ニハ名稱、回別、額面金額ノ同一ニシテ組、番號ノ異ナル債券ヲ御渡シスルコトガアリマス

一、郵便局ニ保管ヲ委託セラレタ場合此ノ債券ニ付テノ御照會ニハ必ラズ貯金通帳ノ記號、番號竝氏名ヲ明瞭ニ御記入下サイ

一、此ノ債券ノ抽籤ハ毎年二回（三月ト九月）デアリマス

一、此ノ債券ノ償還ハ毎年二回（四月ト十月）ニ行ヒ最終ハ昭和三十八年四月デアリマス

戰貯9

株式会社日本劝业银行战时贮蓄债券背面

"大东亚战争"特别国库债券

保管单位: 徐州市档案馆

档案概况:

　　"大东亚战争"特别国库债券发行时间为 1944 年 12 月 8 日,徐州市档案馆保存有 67 张。债券为竖版,面值"壹佰圆",三分半利。正面最上方印有:"大日本帝国政府大东亚战争特别国库债券壹佰圆"字样,下方的日文说明部分为承兑方法和承兑日期,旁落"大藏大臣"及印章,印章左侧图案为位于日本东京皇居广场上的"军神"楠木正成铜像。债券下方附有三分半利的 18 枚兑现息票和 1 枚本金偿还票。

　　日本发动侵华战争期间发行了大量的战争债券,采用强制手段让中国企业、商户认购。债券印有大藏大臣印章和日本"军神"雕像,充分证明了战时日本政府实行"以战养战"政策和对华进行经济侵略的罪行,日本军国主义的穷兵黩武昭然若揭。

"大东亚战争"特别国库债券（单件 21cm×30cm）

"大东亚战争"特别国库债券正面

"大东亚战争"特别国库债券背面

伪徐州市市长卸任移交文书

保管单位：徐州市档案馆

档案概况：

徐州市档案馆馆藏伪政府时期，卸任徐州市长苏格念移交新任市长的文书及契约书清册，共计3册。该档案形成于1943年11月，包括伪徐州市政府咨函及市营住宅和建筑物赁、贷、借契约书（中日文）等。

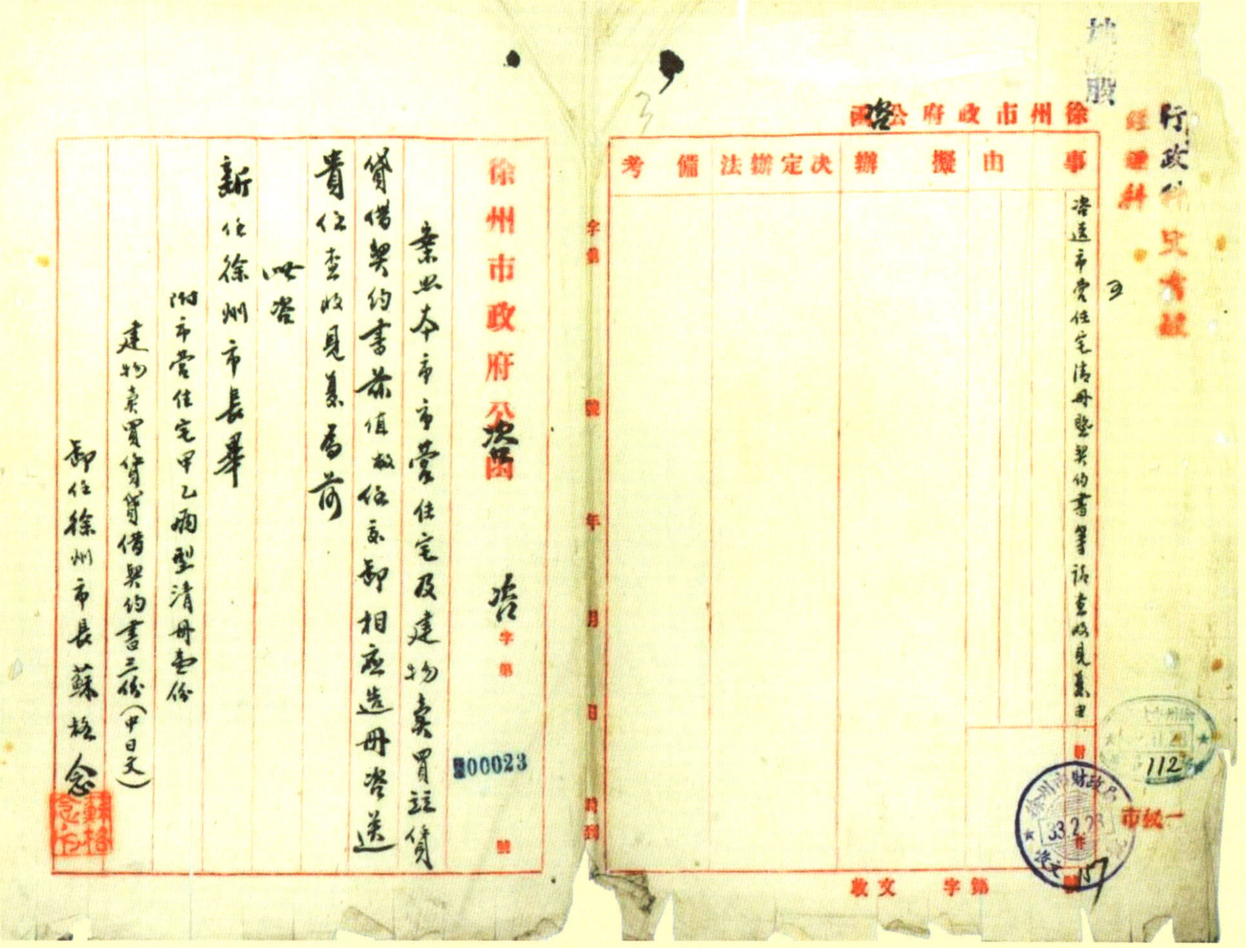

伪徐州市政府咨函

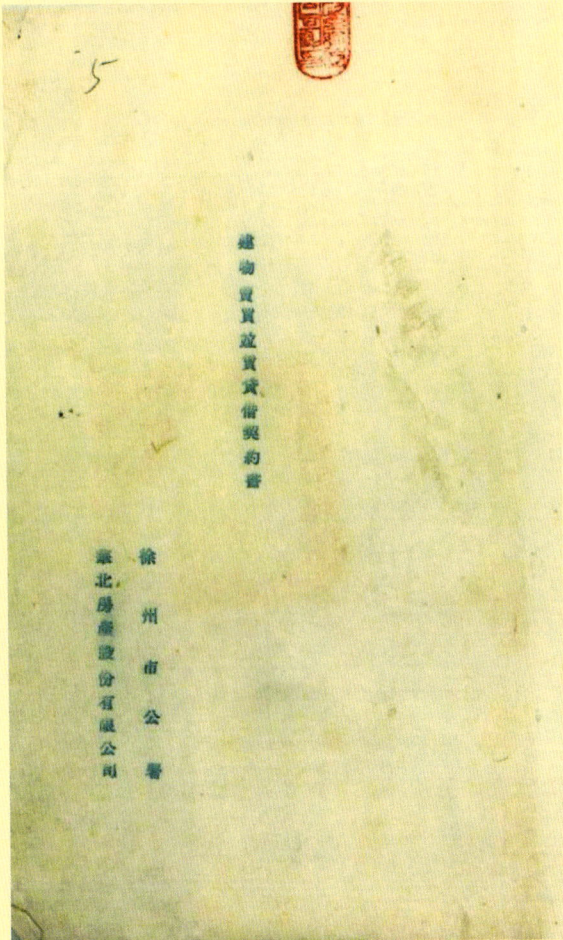

建物賣買竝賣貸借契約書

徐　州　市　公　署
蘇北勝産波份有限公司

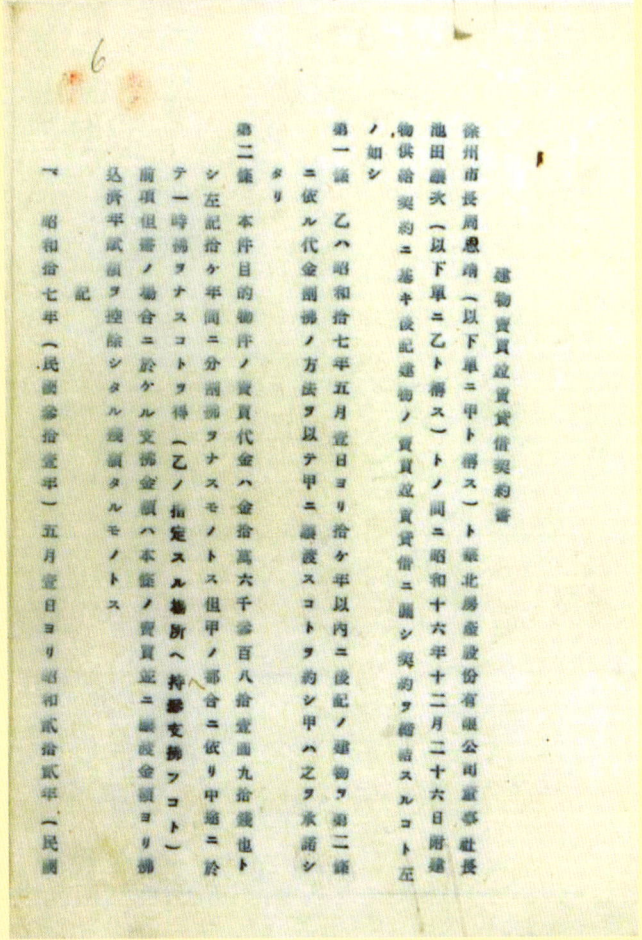

建物賣買竝賣貸借契約書

徐州市長周恩靖（以下單ニ甲ト得ス）ト蘇北勝産波有限公司董事社長
池田駿次（以下單ニ乙ト得ス）トノ間ニ昭和十六年十二月二十六日附建
物供給契約ニ基キ後記建物ノ賣買竝賣貸借ニ關シ契約ヲ締結スルコト左
ノ如シ

第一條　乙ハ昭和十七年五月壹日ヨリ拾ヶ年以内ニ後記ノ建物ヲ第二條
ニ依ル代金剛拂ノ方法ヲ以テ甲ニ讓渡スコトヲ約シ甲ハ之ヲ承諾シ
タリ

第二條　本件目的ノ物件ノ賣買代金ハ金拾萬六千參百八拾壹圓九拾錢也ト
シ左記拾ヶ年間ニ分割剛拂ヲナスモノトス但甲ノ都合ニ依リ中途ニ於
テ一時拂ヲナスコトヲ得（乙ノ指定スル場所ヘ持參支拂フコト）
前項但書ノ場合ニ於ケル支拂金額ハ本年ノ賣買竝賣貸借金額ヨリ拂
込濟平壹顏ヲ控除シタル現顏タルモノトス

記

昭和十七年（民國參拾壹年）五月壹日ヨリ昭和貳拾貳年（民國

建物卖买并赁贷借契约书

119

接收敌产　审判战犯

　　1945 年 8 月，日本宣布无条件投降，中国划分 16 个受降区，徐州为第 9 受降区，李品仙为受降主官，在徐州接受日军投降。之后徐州的敌伪资产接管、投降日军和日本侨民遣送、战犯审判、人员财产损失善后处理等工作陆续展开。

徐州陆军总医院卫生材料移交接收清册

保管单位：徐州市档案馆

档案概况：

徐州陆军总医院卫生材料移交接收清册档案形成于 1946 年 11 月，移交人为联合勤务总司令部第十七后方医院院长陈位栻，接收人为联合勤务总司令部徐州总医院院长江涛声。移交接收的卫生材料包括：机械、营膳器具、炊具、副食品、消耗品、医疗器械、医学图书等。另附有接收日本陆军医院清册（包括被服、粮秣、医学丛书、卫生材料、医疗器械、牛乳等）。

相关知识：

联合勤务总司令部徐州总医院位于徐州东郊，原为日本陆军医院，是一座有上千张床位、设备齐全的大型陆军医院，抗战胜利后被国民党接收，1946 年 3 月改为联合勤务总司令部第十七后方医院，11 月又改为联合勤务总司令部徐州总医院。1948 年 12 月徐州解放，该院被山东青州的解放军华东军区第一重伤医院接管，逐步发展为今天的解放军第九十七医院。

江涛声（1910—1949），湖北荆门人。早年求学于德国柏林大学医学院，积极与中共旅德支部接触。1944 年加入中国民主同盟会，利用医学博士身份做地下工作。1946 年任徐州陆军总医院少将院长，为地下党提供重要军事情报，并为解放区购买医药物资。后被国民党察觉，被迫到济南齐鲁大学医学院工作。1949 年赴北京参加民盟中央会议，因病去世。

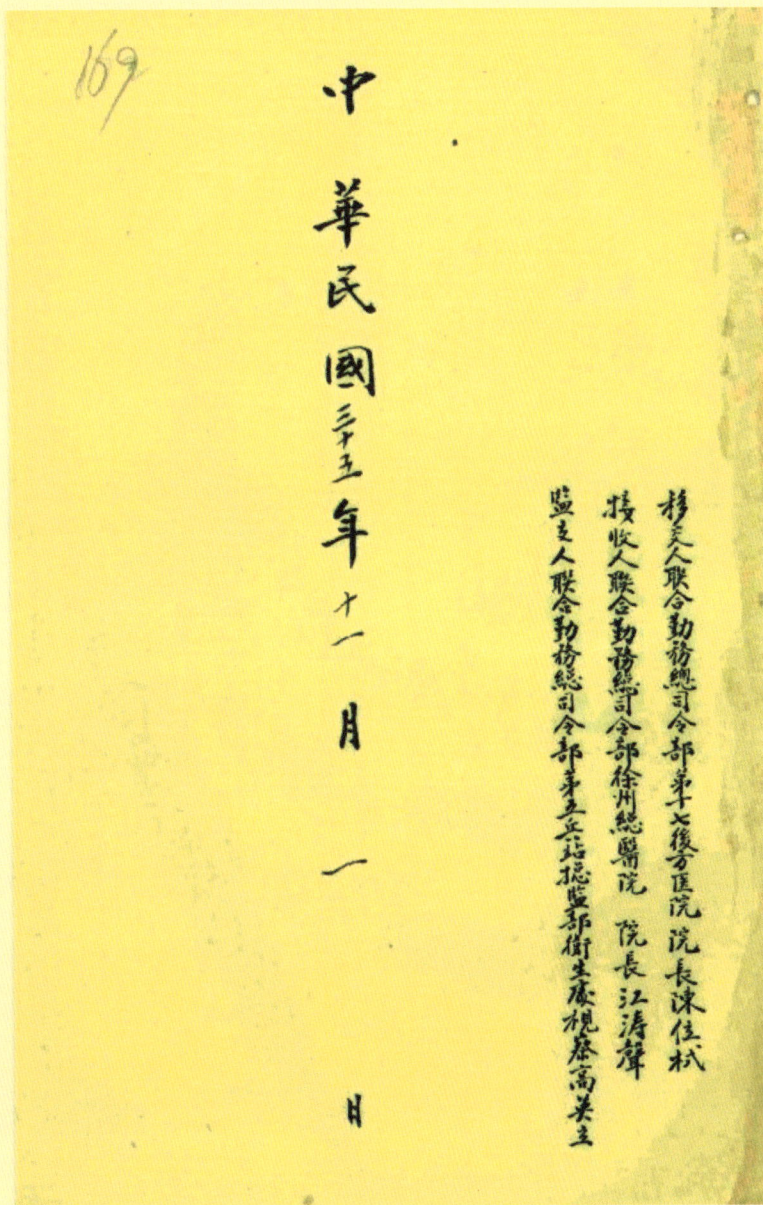

接收清册封面

敌伪资产处置档案

保管单位：徐州市档案馆

档案概况：

徐州市档案馆收藏了敌伪资产处置相关档案，其中包括：1946 年 10 月，吕传道购买标购汽车后，向敌产处申请证件及敌产处审批的函；1947 年 10 月，钱明斋呈缴地产证件影片转送查照代电；1947 年，宝兴面粉厂产权发还的相关材料；1947 年 7 月至 1949 年 9 月，中国兴业烟草公司发起人会议记录、筹备会议记录、股东会议记录及公司章程草案等。该部分档案客观记录了抗战胜利后，徐州开展敌伪资产的接收、托管、拍卖的过程和物资售价等情况。

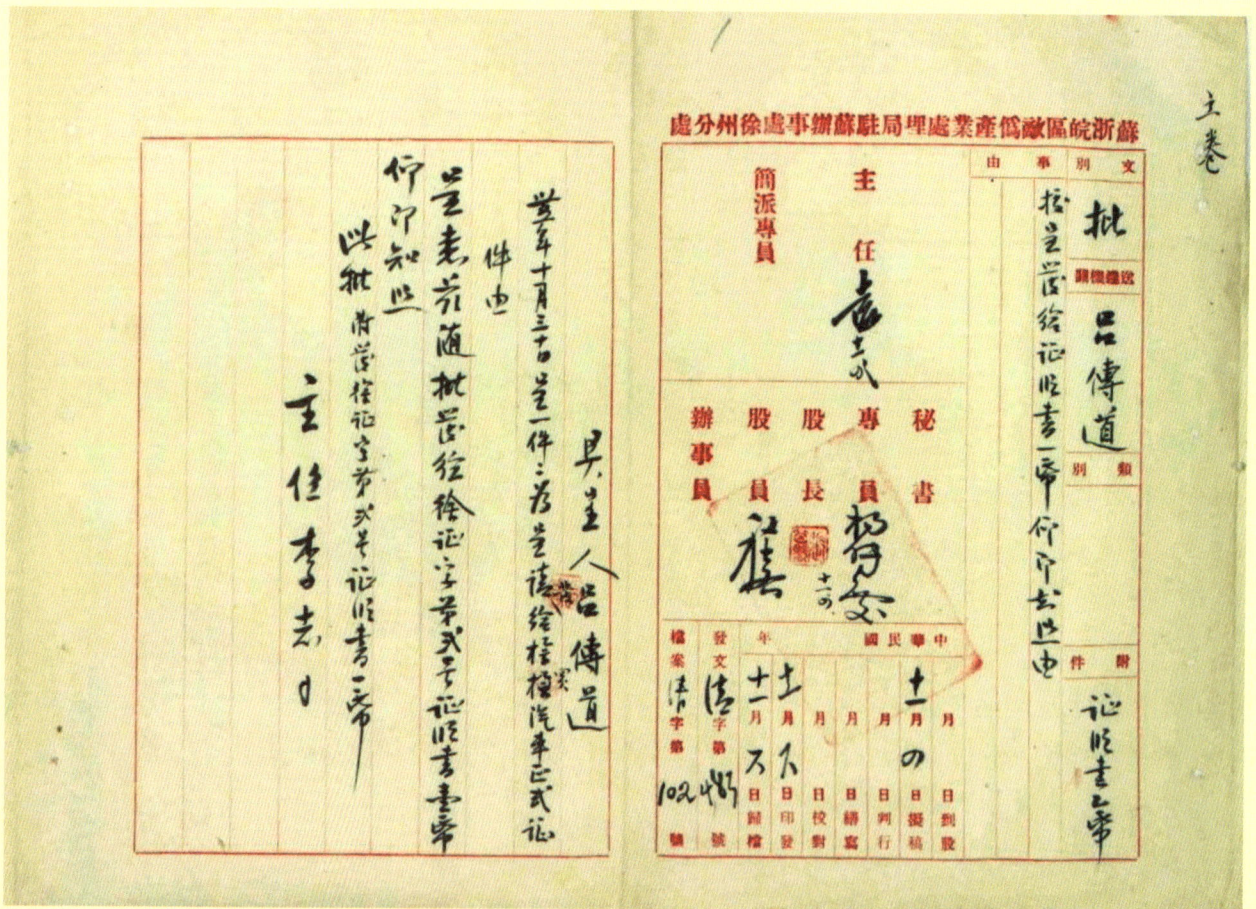

徐州敌产处理处公文

窃商於十月廿八日齊服

約處採賣物資規則以法幣肆佰伍拾壹萬元購得徐市零零

二一號豐田載貨卡車壹部已將車欵繳清將車提出所

有該車購買正式証件呈請

鑒核發給以資証明實為德便

謹呈

蘇浙皖區敵偽產業處理局徐州分局

縣東人吕傳道

在廟涌路五二號

事由　為呈請發給縣東正式証件由

擬辦

決定辦法　備考

收文　字第2016號

吕传道申请汽车证件的呈请

钱明斋呈缴地产证件影片转送查照代电

关于宝兴面粉厂房屋产权发还的通知

第六條
由本公司登錄股東名簿其用堂記戶名者
須將代表人姓名住址報告本公司備查
股票失滅時應即報告本公司掛失並自行
在本公司所在地及失滅地之通行日報公告三日
經一個月後必要新舊方可售得另保向本
公司補發新股

第七條
本公司設總公司於上海霓邱路卅四号分公司設於
徐州環城馬路二三五号必要時得經股東会之
決議設立分公司

第八條
本公司公告方法以登載指本公司所在地之日報
兩種並通⋯為之

第九條
本公司以⋯繩武趙廷傑張惠元為執行業
務股東並推⋯繩武為總經理趙廷傑為
經理張惠元為廠長

第十條
本公司所有對內對外一切事宜均須由總經
理及經理協議辦理之遇有總經理經理意
見不能一致時各即提交股東会取決之

第十一條
本公司執行業務之股東非得其他股東三同
意不得以其出資之全部或一部轉讓与他人
不執行業務之股末非得執行業務股東过半

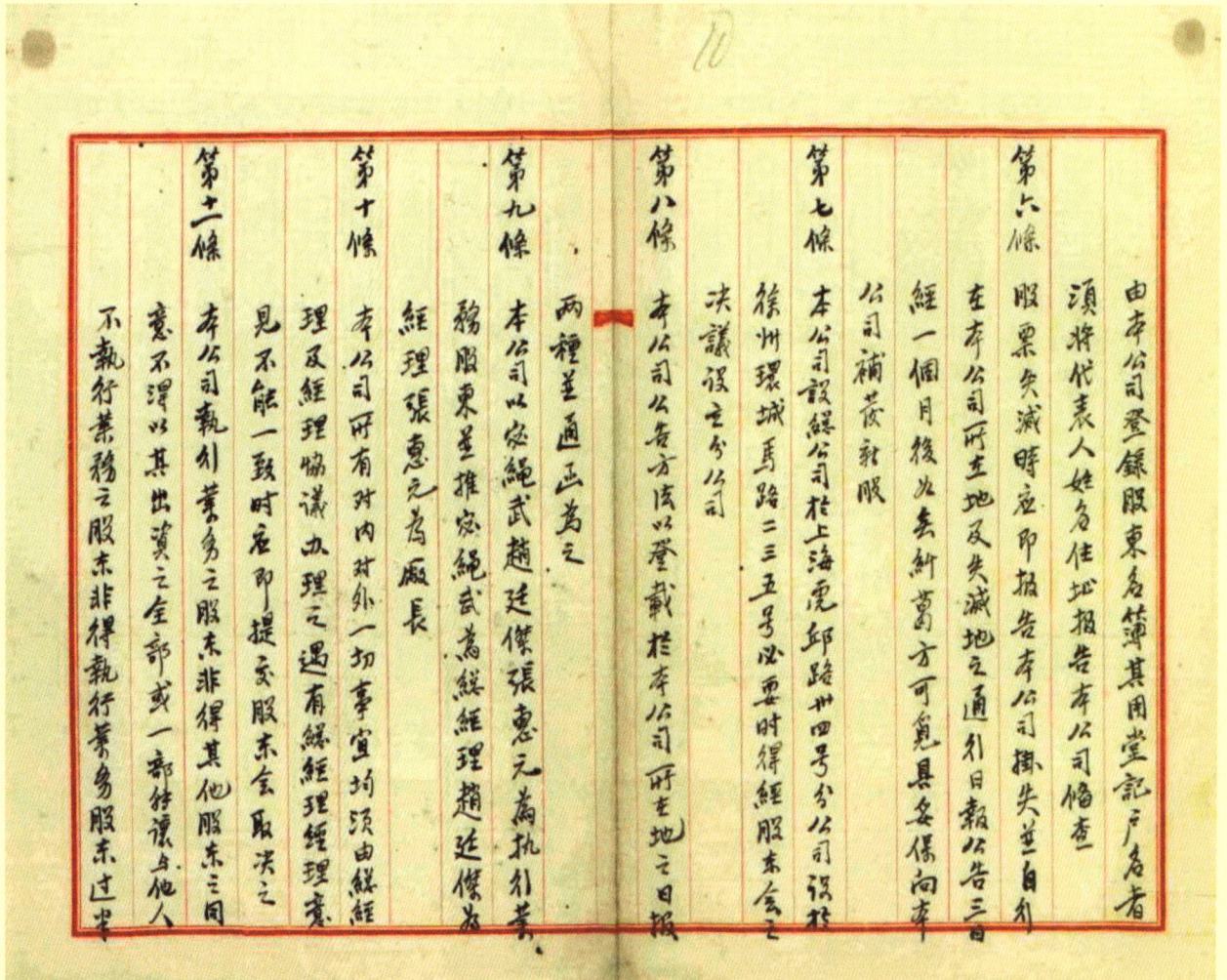

中华兴业烟草有限公司章程草案

相关知识一：

国民政府于1935年成立中央信托局，为重要的官办信托机构，主要负责抗战时期承办各军政机关、公营事业单位对外采购各种物资器材。1945年抗战胜利后，遗留大量日伪资产亟待接收，包括机构、企业、房产、物资等多方面。中央信托局在上海成立敌伪产业清理处，负责敌伪财产的接收、保管、运用和标售。10月下旬，国民政府成立了行政院收复区全国性事业接收委员会，行政院又分区设立了敌伪产业处理局。此外，为规范接收处理日伪资产的秩序，行政院公布《收复区敌伪产业处理办法》。苏浙皖区敌伪产业处理局由此成立，徐州接收工作由该局负责。

相关知识二：

1939年，日本人在徐州建起了第一家机制卷烟厂，取名为陇海烟厂。后易名为华北东亚烟草株式会社徐州工厂，简称东亚烟厂，属日本领事馆统制。1945年，随着侵华日军宣布无条件投降，东亚烟厂宣告关闭。同年10月，国民党第十战区临泉指挥所接收了东亚烟厂。1946年，经济部苏浙皖区徐海接收委员会办事处正式对东亚烟厂进行接管，并利用原有机器及原材料开工生产，改称经济部徐州制烟厂，简称经济烟厂。后原材料用尽，加之其他因素，工厂处于关闭状态。国民党苏浙皖区敌伪产业处理局于1947年决定此厂标价出售。上海商人宦绳武在报纸上得知此消息实地考察后，邀齐了八位股东承购该厂，成立中国兴业烟草公司。1948年11月，工厂关闭。

相关知识三：

宝兴面粉厂最初由杨树诚于1919年在徐州创立，1923年建成投产。1928年，杨树诚又在蚌埠投资60万银圆，建立了宝兴第二面粉厂。抗战期间，徐州和蚌埠的宝兴面粉厂先后被日军侵占，分别被改为"军管理徐州工厂"和"东亚制粉徐州宝兴工厂"。抗战胜利后，宝兴面粉厂的产权发还问题提上日程。杨树诚通过多方努力，向国民政府申请发还被日军侵占的工厂。1946年2月，国民政府军政部正式批准将徐州和蚌埠的宝兴面粉厂发还给杨树诚。

日侨日俘管理规定、留用日籍员工名册

保管单位：徐州市档案馆

档案概况：

该卷档案形成于民国三十五年（1946）至民国三十七年（1948），主要包括查封日侨房屋座谈会、房屋调整连续会议等会议记录，关于日侨日俘管理的规定等往来公文，徐州制烟厂、徐州水电厂等企业及各机关征用日籍技术人员名册等。

抗战胜利后，在徐海（苏皖）区缴械投降的日军、日本侨民将被遣送回国（不包括犯有严重罪行的战犯）。江苏省政府代电（卅五）府民三字第 3215 号规定：在日侨遣送工作中，有证据证明曾协助中国抗战的日侨以及按要求征用的日籍技术人员，可暂留中国。

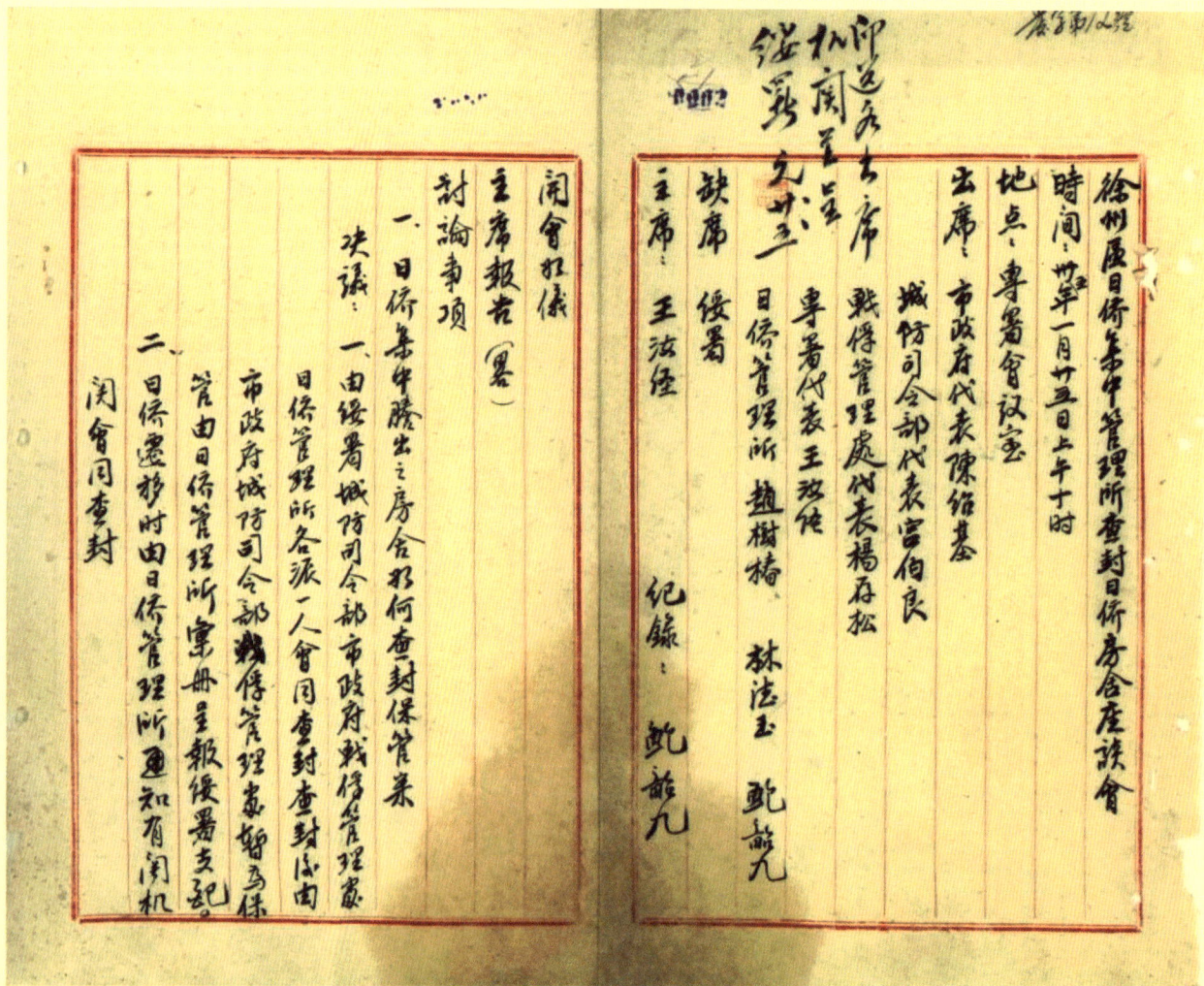

徐州区日侨集中管理所查封日侨房舍座谈会会议记录

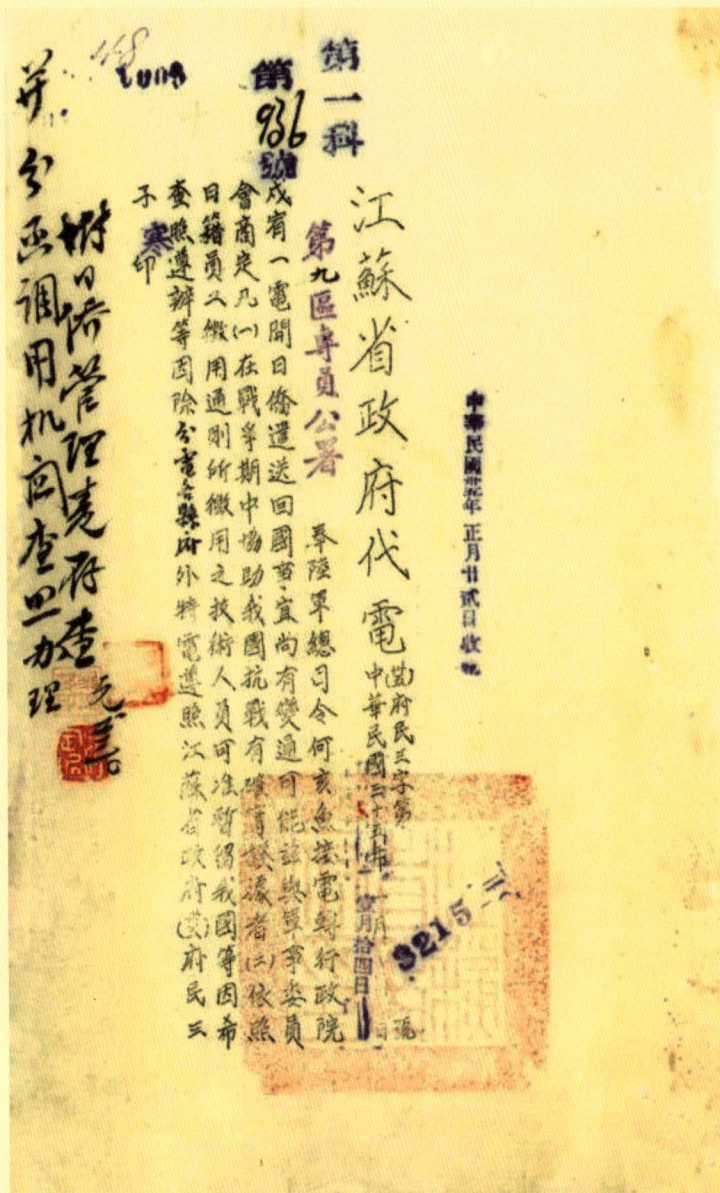

日侨遣送特殊规定

相关知识：

代电是一种旧时的公文形式，其内容简洁如同电报文稿，通过快速邮件传递，因此也被称为"快邮代电"，简称"代电"。这种公文形式在清朝时期就已经存在，民国时期广泛使用。

徐州市政府关于检送战时损失照片及填送教育人员伤亡表的训令

保管单位： 徐州市档案馆

档案概况：

该档案形成于民国三十五年（1946）十二月，为徐州市政府训令，要求私立徐州中学报送战时损失照片及填送教育人员伤亡表，时任徐州市市长骆东藩签署，秘书主任戴培之代行。

抗战期间，江苏作为遭受损失最为严重的地区之一，各个行业都遭受了严重的摧残。抗战胜利后，徐州市政府陆续开展战时损失调查与统计工作，形成了大量的原始记录，反映了日本的侵略行为给徐州带来的破坏。

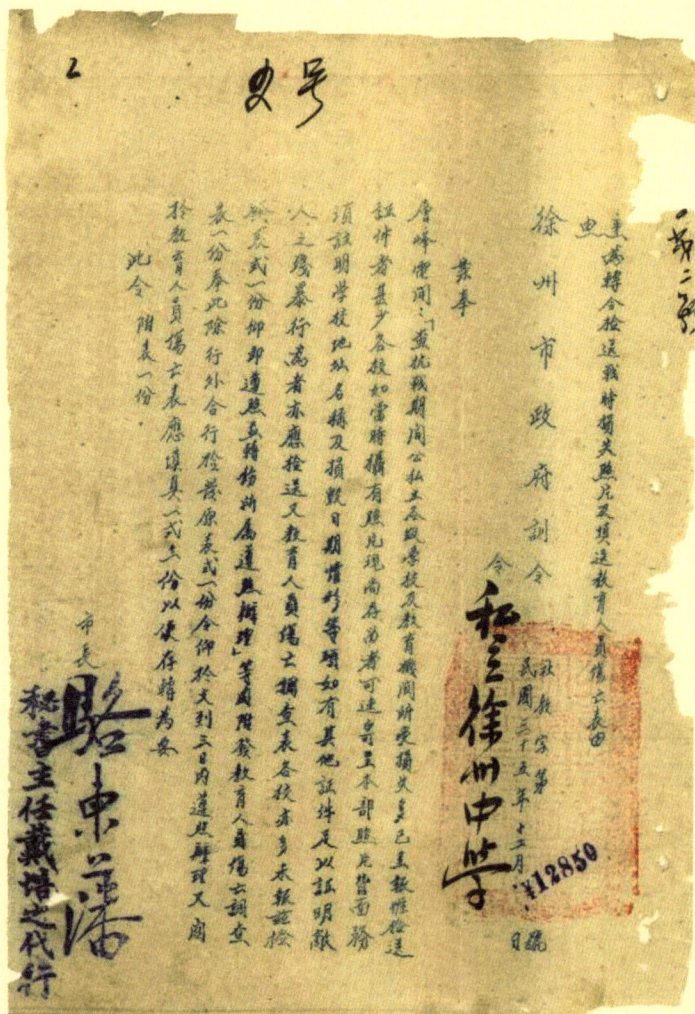

检送战时损失照片及填送教
育人员伤亡表的训令

徐州绥靖公署审判日本战犯档案

保管单位：徐州市档案馆

档案概况：

徐州是唯一一个审判过日本战犯的非省会城市。1945 年 12 月，国民党第三战区司令长官顾祝同率部进驻徐州，设立徐州绥靖公署。1946 年 2 月，徐州绥靖公署成立审判战犯军事法庭，1946 年 4 月开始对外办公正式审理案件，至 1947 年 4 月，审判战犯全部结束，历时一年。其间共审判 13 起案件，涉及 25 名战犯。经审判，8 人被判处死刑，3 人被判处无期徒刑，11 人被判处有期徒刑，3 人无罪。

徐州绥靖公署审判日本战犯档案主要包括顾祝同签发快邮代电——为我人民在作战期内曾遭日本宪兵及军民惨害甚多仰转饬径向军事法庭呈控由（法战字第 022 号）、徐州绥靖公署审判战犯判决书正本（涉及战犯计 21 人）等，共计 29 件。该部分档案是徐州绥靖公署审判战犯军事法庭成立、审判战犯的珍贵历史记录，对徐州地区抗战历史的研究具有重要的史料价值。判决书事实部分详细记述了徐州沦陷后日本侵略者残酷杀害无辜百姓、疯狂掠夺公私财物的确凿证据和残暴罪行，是揭发侵华日军所犯罪行的铁证。

全文：

徐州市政府公鉴：查在华日本宪兵及其军民于抗战期内无恶不作，我人民遭其酷刑惨杀，死亡与失踪者难以数计。现本署审判战犯军事法庭业于四月一日组织成立，在本市中正路十五号开始办公。凡我被害人或其家属以及各界人士如举出犯人姓名、地点、详细事实暨搜集犯罪证据径向该庭呈控，即予法办。除分电外希转饬广为宣导为要。

顾祝同
卯巧法战印

顾祝同签发快邮代电：《为我人民在作战期内曾遭日本宪兵及军民惨害甚多仰转饬径向军事法庭呈控由》（法战字第 022 号）

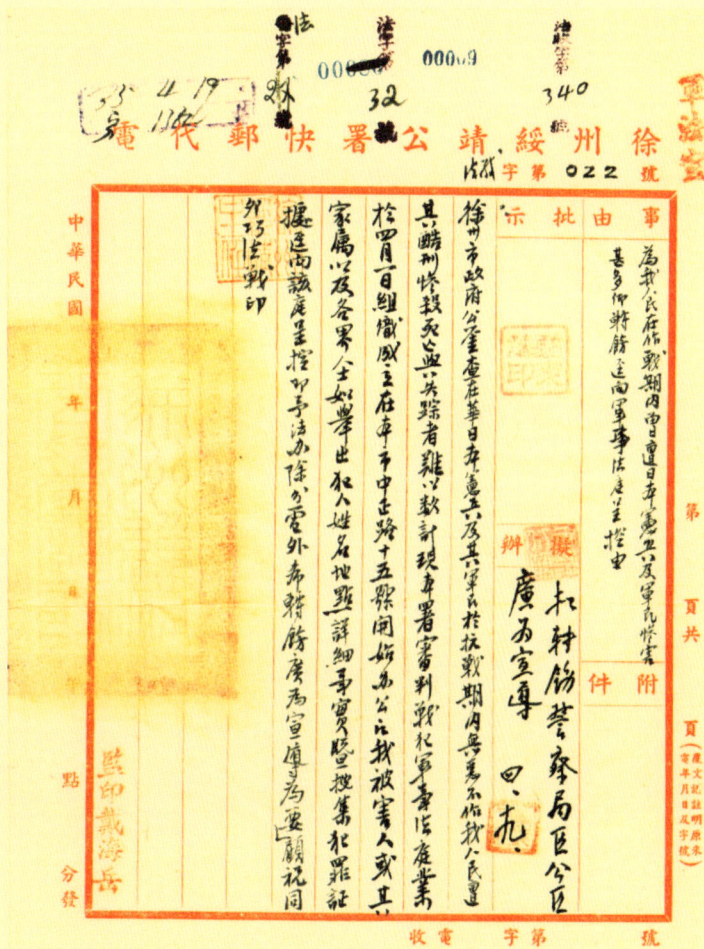

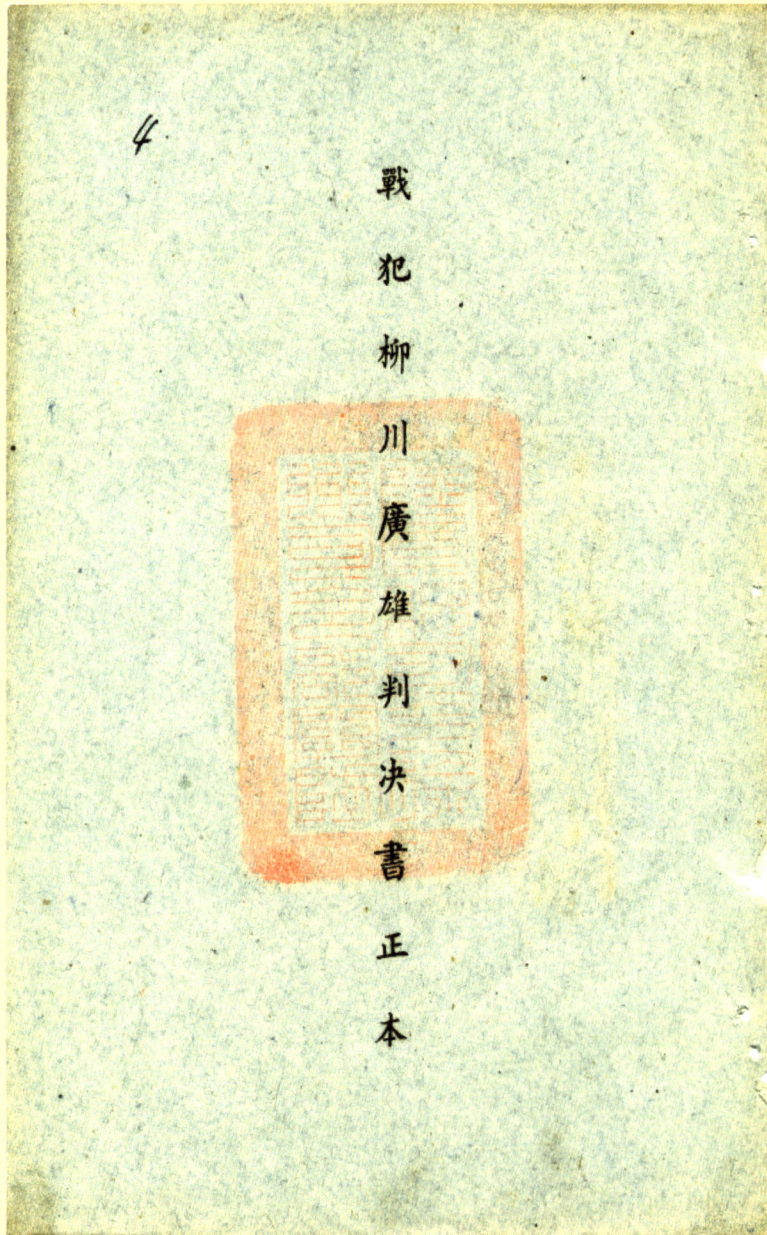

战犯柳川广雄判决书正本封面

战犯柳川广雄判决书正本

三十六年度战字第四号

公诉人：本庭军法检察官。

被告：柳川广雄，男，年三十五岁，前日本九四三二及七九九五警备队又名讨伐队翻译，住韩国庆南。

指定辩护人：张龙榜律师。

被告因战犯案件，经公讼人提起公诉，本庭判决如下：

主文

柳川广雄共同谋杀，处死刑；强奸，处死刑；执行死刑。其他部分无罪。

事实

柳川广雄在华多年，于民国二十九年入日本警备部队一三五大队（九四三二部队）第四中队担任翻译，驻扎睢宁县桃园地方。该地良民陈兰亭，于是年九月六日至桃园赶集，被柳川广雄指为侦探，拘押苦打后，即于同月九日，与不知名姓之日兵数名，将陈兰亭拖往北门外枪杀。三十一年四月初十日，该柳川广雄又与日本兵四五十人，同往桃园西北丁山搜索，途遇居民孙传禄，即施拘禁，随至其家，复由柳川广雄强奸孙传禄之妹。胜利后，经人告由徐州绥靖公署军法处拘案，移解本庭检察官侦查起诉。

理由

查被告于民国二十九年间来徐，任日本第一三五大队第四中队翻译，驻扎睢宁桃园地方，担任警备工作，已为向所自承。该处居民陈会然之父陈兰亭，以农商为业。是年九月六日（阴历八月间）赴桃园赶集，为被告拘捕，指为侦探，至同月九日晚，与不知名之日兵数名，将陈兰亭拖至北门枪杀。至民国三十一年旧历四月初十日，被告又与日兵四五十人，出发桃园西北丁山，该地居民孙传禄，亦因涉有侦探之嫌，被缚禁车上，载至其家，被告乘势将孙传禄之妹强行奸污各节，非唯睢宁县政府派员查明，具文在卷，且经被害人家属陈会然、孙传禄分别到案，一致供证属实，历历不爽。被告干儿王学金，时在桃园自卫团服务，专供驱策，被告杀害陈兰亭，为其亲见；出发丁山，亦曾参与，强奸孙传禄之妹，同去人众周知；且"日兵不懂话，柳翻译指东到东，指西到西，全听他话"等情，更经王学金到案具结详证，犯罪事实，极为显明，自属无可狡展。被告既承认二十九年即至徐州，而又空言辩称至三十二年始入日军服务，初谓因彼与王学金很好，故认之为干爷，彼此情感极洽，待王学金为不利被告之证言时，则又指为挟嫌诬陷，时反时复，随口变移，固益见其词遁。且王学金于本庭受命审判官询以魏长兰、王学友等六人是否为被告所杀时，则答称不知，审酌情形，显无丝毫挟嫌意态。迭命提举有利反证，又均支吾其辞，参互以观，胥足信为托词搪塞，了无可采。被告以一翻译，利用敌势，狐假虎威，乃竟随意残杀良民，强奸弱女，远还越军事行动之轨外。不唯出乎常情，有乖人道，且为国际公约及任何战争法规或惯例所不容，两罪犯意各别，自应合并论科。依《刑法》第五十七条第一、二、四、九各款，审酌情状，分别处以极刑，以昭炯戒。至谓被告曾

徐州绥靖公署审判战犯军事法庭判决书

杀害睢宁魏集人民魏长兰、夏彬然、郭炳新、王学友、黄兆朋、魏云瑞等六名，虽有被害人家属王作吉、夏胡氏、黄郭氏等到案指证，但经详核供述，非系出于推想，即得诸间接传闻，且无当场目击之人可供调查，与被告相处最密之王学金，亦称不知其事，该被告更矢口不承，是魏长兰等纵为日军所杀，尚难谓被告已有参与其事之证明。他若被诉放火及强占财物部分，既乏具体事实，且无相当证据，亦难据令该被告再负若何罪责。

据上论结，依《战争罪犯审判条例》第一条、第二条第二款，《刑事诉讼法》第二百九十一条前段、《刑法》第二十八条，《战争罪犯审判条例》第三条第一款、第四款，第十一条，《刑法》第五十条、第五十一条第一款，《海牙陆战法规》第四十三条、第四十六条，《刑事诉讼法》第二百九十三条第一项，判决如主文。

本件经军法检察官沈治邦莅庭执行职务。

陆军总司令徐州司令部审判战犯军事法庭

审判长　陈　珊

军法审判官　钱松森

军法审判官　钱渠轩

军法审判官　顾朴先

军法审判官　陈武略

右正本证明与原本无异

中华民国三十六年四月二十三日

书记官　毛爵智

陸軍總司令部徐州司令部審判戰犯軍事法庭判決

三十六年度戰字第四號

公　訴　人　本庭軍法檢察官

被　　　告　柳川廣雄　男，年三十五歲，前日本九四三二及七九九五等備隊又名討伐隊譯，住韓國慶南。

右指定辯護人　張龍榜律師

右被告因戰犯案件，經公訴人提起公訴，本庭判決如左：

主　文

柳川廣雄共同謀殺，處死刑；強姦，處死刑；執行死刑。

其他部分無罪。

事　實

柳川廣雄住華多年，於民國二十九年入日本醫備部隊一百三十五大隊（九四三二部隊）第四中隊擔任翻譯，駐紮睢寧縣桃園地方。該地良民陳蘭亭，於是年九月六日至桃園趕集，被柳川廣雄指爲偵探，拘押苦打後，即於同月九日，與不知名之日兵數名，將陳蘭亭拖往北門外槍殺。三十一年四月初十日，該柳川廣雄又與日兵四五十人，同往桃園西北丁山搜索，途遇居民孫傳祿，即施拘禁，隨至其家，復由柳川廣雄強姦孫傳祿之妹。勝利後，經人告由徐州綏靖公署軍法處拘案，移解本庭檢察官偵查起訴。

理　由

本案被告柳川廣雄，係與臺無牽連關係之庚茂松戰犯案合併起訴，庚案早經判決，以情節繁簡不

（二）

同，分別審理，合先說明。

查被告於民國二十九年間來徐，任日本第一三五大隊第四中隊翻譯，駐紮睢寧縣桃園地方，擔任警備工作，已爲向所自承。該處居民陳會然之父陳蘭亭，以農爲業。是年九月六日（陰曆八月間）赴桃園趕集，爲被告拘捕，指爲偵探，至同月九日晚，與不知名之日兵四五十人，出發桃園西北丁山，該地門外槍殺。至民國三十一年舊曆四月初十日，被告又與日兵四五十人，同去人衆結案；且「日兵不懂話，柳川翻譯指東到東，指居民孫傳祿，亦因涉有偵探之嫌，被縛禁車上，載至其家，被告乘勢將傳祿之妹強行姦污各節，非惟唯睢寧縣政府派員查明，具文在卷；且經被害人家屬陳會然、孫傳祿分別到案，一致供證屬實，歷歷不爽。被告乾兒王學金，時在桃園自衛團服務，專供驅策，被告殺害陳蘭亭，爲其親見；出發丁山，亦曾參與，強姦孫傳祿之妹，同去人衆週知；且「日兵不懂話，柳川翻譯指東到東，指西到西，全聽他話」等情，更經王學金到案結詳證，犯罪事實，極爲顯明，自屬無可狡展。被告既承認二十九年卽至徐州，而又空言辯稱至三十二年始入日軍服務，初謂因被與王學金很好，故認之爲乾爺，固益見其詞遁。且主學金於本庭受命審判官詢以魏長蘭、王學友等六人是否爲被告所殺時，則答稱不知，審酌情形，顯無絲毫挾嫌誣陷，時反時復，隨口變移，彼此情感極洽；侍王學金爲不利被告之證言時，則又指爲挾嫌誣陷，又均支晤其辭，參互以觀，胥足信信爲殘殺良民，不惟出乎常情，利用敵勢、狐假虎威，乃竟隨意殘殺良民，強姦弱女，均遠越軍事行動之軌外。不惟出乎常情，且爲國際公約及任何戰爭法規或慣例所不容。兩罪犯意各別，自應合併論科。依刑法第五十七條第一、二、四、九各款，審酌情

戰犯柳川廣雄判決書

狀，分別處以極刑，以昭烱戒。至謂被告曾殺害眭窜飙集人民魏長蘭、夏彬然、郭炳祈、王學友、黃兆朋、魏雲瑞等六名，雖有被害人家屬王作吉、夏胡氏、黃郭氏等到案指證，但經詳核供述，非係出於推想；即得諸間接傳聞，且無當場目擊之人可供調查。與被告相處最密之王學金，亦稱不知其事，是魏長蘭等縱爲日兵所殺，倘難謂被告已有參與其事之證明。他若被訴放火及強佔財物部分，既乏具體事實，且無相當證據，亦難遽令該被告再負若何罪責。

據上論結，依戰爭罪犯審判條例第一條，第二條第二款，刑法第二十八條，戰爭罪犯審判條例第三條第一款，第四款，第十一條，第五十條，第五十一條第一款，海牙陸戰法規第四十三條、第四十六條，刑事訴訟法第二百九十三條第一項，判決如主文。

本件經軍法檢察官沈治邦蒞庭執行職務。

陸軍總司令徐州司令部審判戰犯軍事法庭

審判長 陳珊
軍法審判官 錢松森
軍法審判官 鑑渠軒
軍法審判官 顧樸先
軍法審判官 陳武略

中華民國三十六年四月二十三日

二一

右正本證明與原本無異

中華民國三十六年四月二十三日

書記官 毛爵智

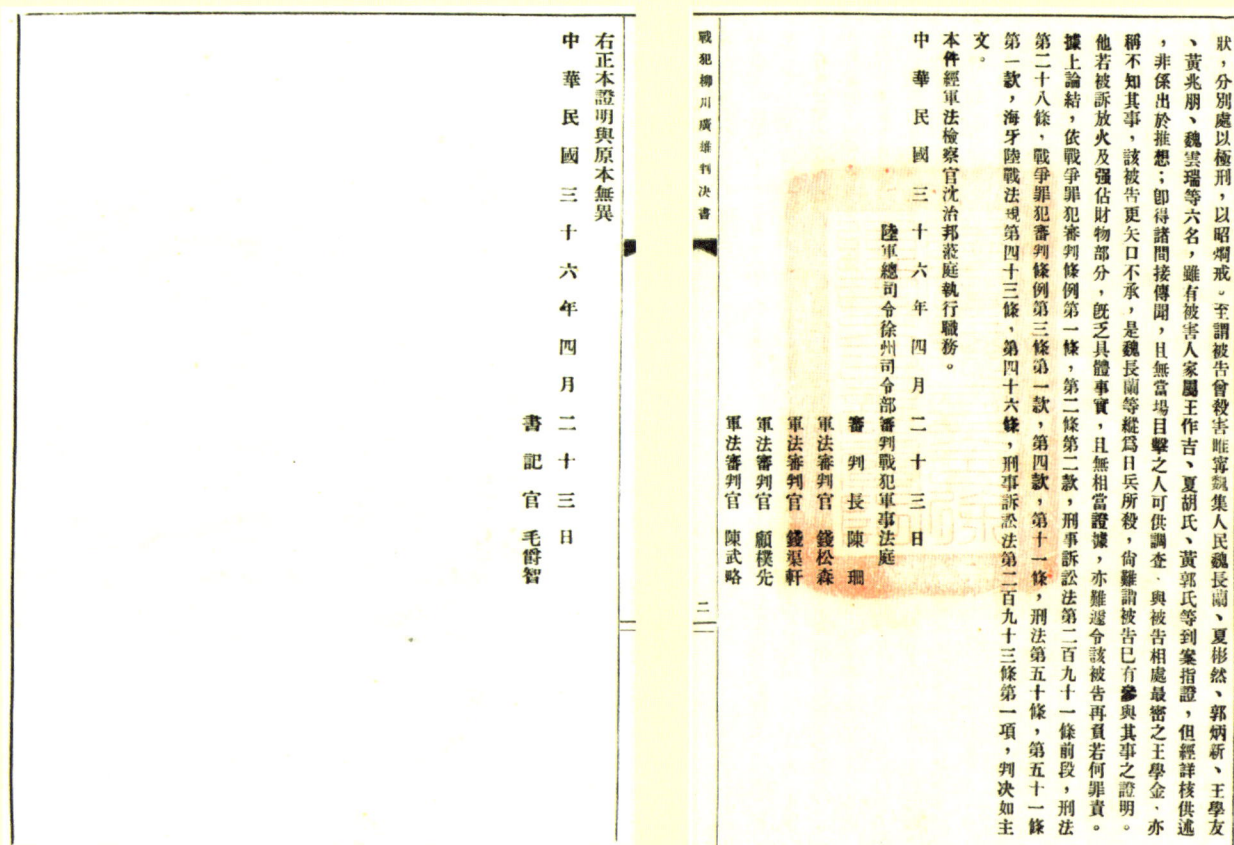

战犯柳川广雄判决书正本

相关知识：

1945年11月6日，南京国民政府成立战争罪犯处理委员会。12月中旬以后，分别在南京、上海、北平、汉口、广州、沈阳、徐州、济南、太原、台北等10个城市成立审判战犯军事法庭。除南京法庭直属国防部外，其余隶属各绥靖区，分别审判各地战犯。

徐州市划分区公所档案

保管单位： 徐州市档案馆

档案概况：

徐州市划分区公所相关档案共有 3 份，分别为"地政科关于徐州市划分五个区的意见""关于铜山县所属七地划归徐州市第一区管辖的训令"以及"徐州市政府呈请江苏省政府颁布区公所编制及经费、预算标准的公函"，记录了 1946 年 2 月时任市长骆东藩对徐州市划分为五个区公所的具体批示，解释了划分区公所的理由，阐述了第一区与铜山县行政边界的重新划分。该部分档案是对徐州市区公所设立的详细记录，对研究民国时期徐州地区行政规划具有史料价值。

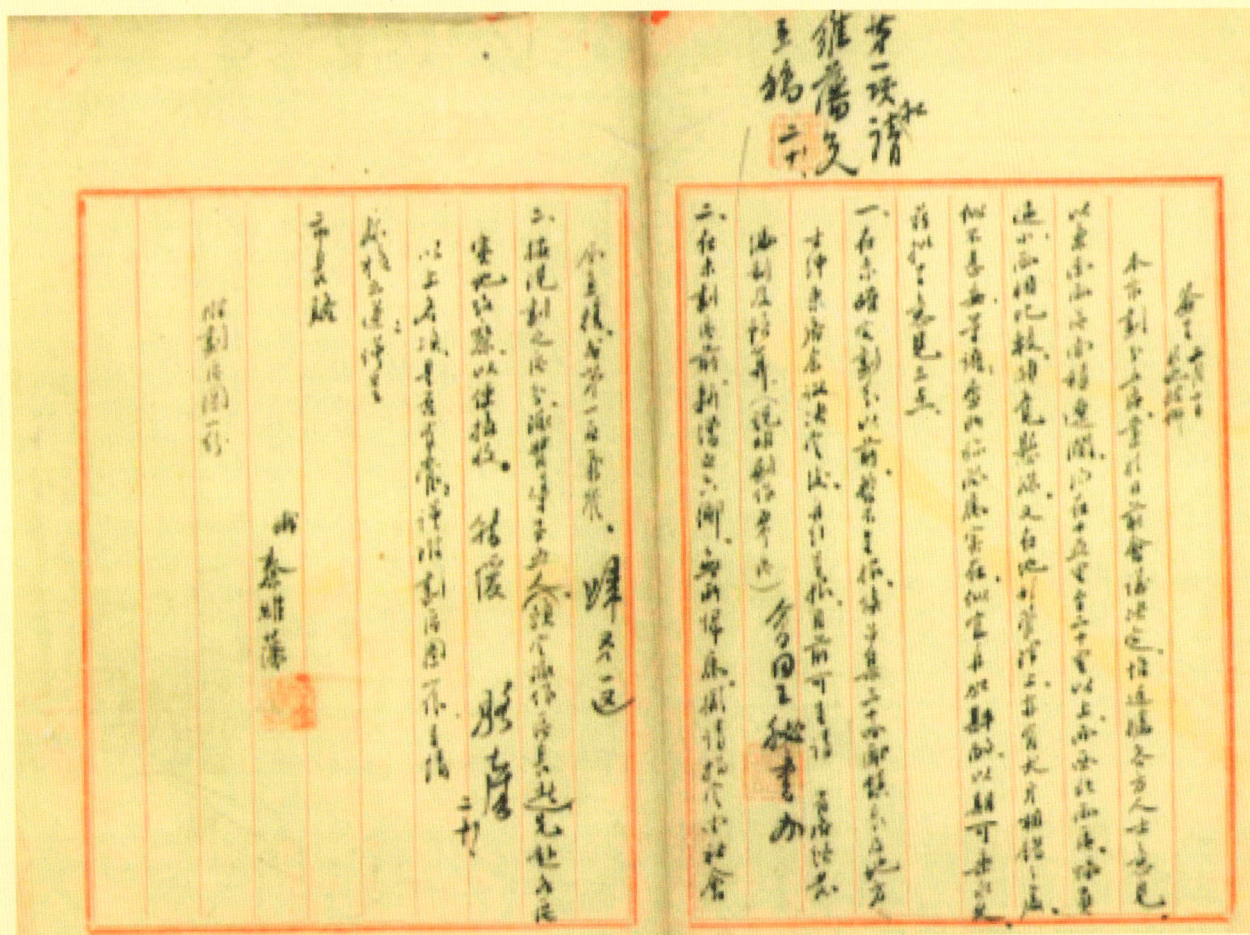

地政科关于徐州市划分五个区的意见

徐州市颁布关于铜山县所属七地划归徐州市第一区管辖的训令（徐地字第 1073 号）

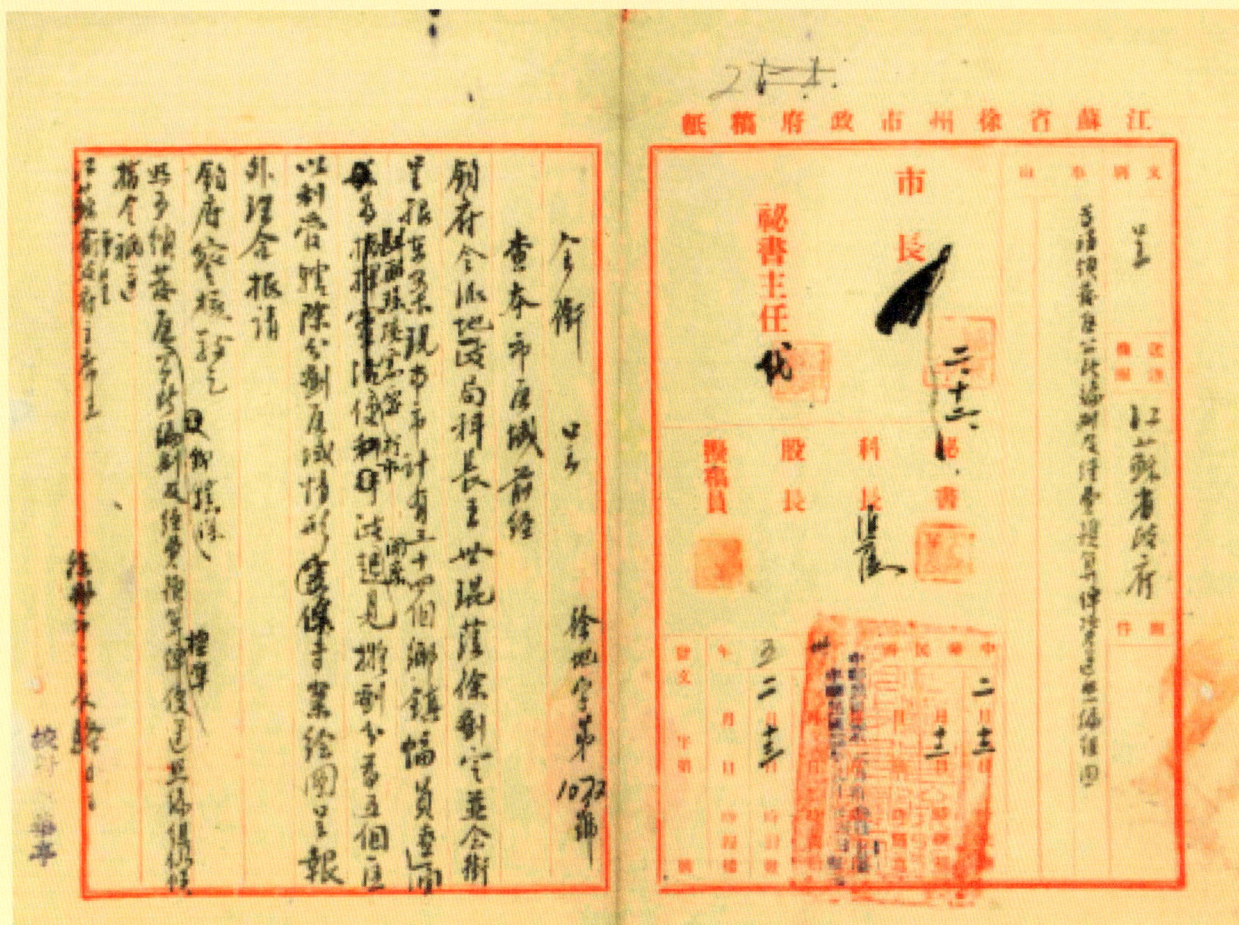

徐州市政府呈请江苏省政府颁布区公所编制及经费、预算标准的公函

相关知识：

区公所，为民国时期县以下行政层级设置，是一种非自然形成的、人为设置的行政单位。南京国民政府成立后，开始在全国范围内推广区政，江浙等省尤为用力。区级政权的建成，使得国家政权在整合乡村社会、推行国家政令、维护社会秩序和汲取乡村社会资源等方面都收到了一定的效果，是国民党地方新秩序体制在广大乡村基层的支点。

烽烟再起　折戟沉沙

　　1945年抗战结束后，国民党一方面组织各类选举，以增强其政权的合法性；另一方面悍然发动全面内战，以抢夺抗战胜利果实，给广大人民带来深重的灾难，也导致了国民党最终走向末路。

民国时期身份证

保管单位：徐州市档案馆

档案概况：

徐州市档案馆馆藏的关于民国时期身份证的档案主要有：王永明及家属的市民身份证、国民身份证；徐州地方法院、江苏省立徐州中学、江苏省立徐州师范学校、徐州市第一信用合作社、中信局敌产处驻徐专员办事处等单位职员及眷属集体申领身份证的申请书、名册及往来公函；《国民身份证实施暨公务员首先领证办法》《本局办理换发国民身份证的工作步骤》《徐州市政府发给临时国民身份证实施办法》等相关规章制度。

市民身份证为白布质地，设有持证者姓名、性别、年龄、职业、住址、证件编号等信息。

王永明及其家属的国民身份证，是民国三十六年（1947）、民国三十七年（1948）王永明在津浦车务处工作时办理的。证件均为对折式，纸质因年代久远有点泛黄，证件上字迹仍然清晰，贴有个人黑白照片，盖有钢印和大方印。正面首页上印有"中华民国国民身份证""江苏省徐州市"，证件内容基本相同，详细标注了持有者的姓名、性别、出生年月、特征、职业、籍属、发证日期、保甲番号、住址、教育程度、国民义务劳动、指纹符号、公民资格、家属等多项信息。

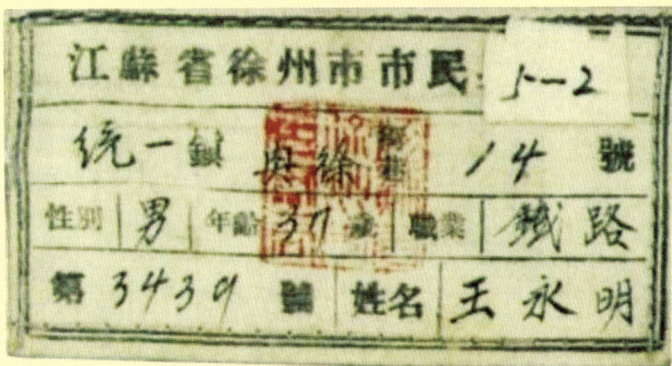

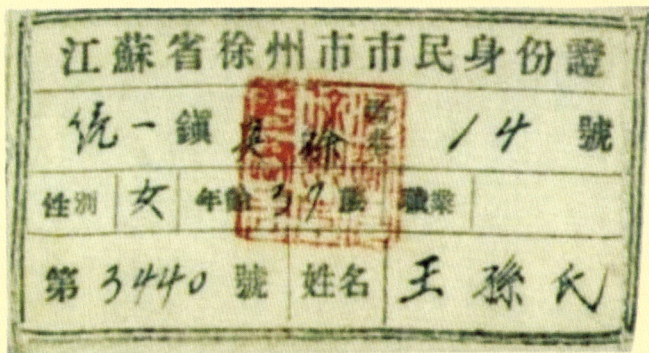

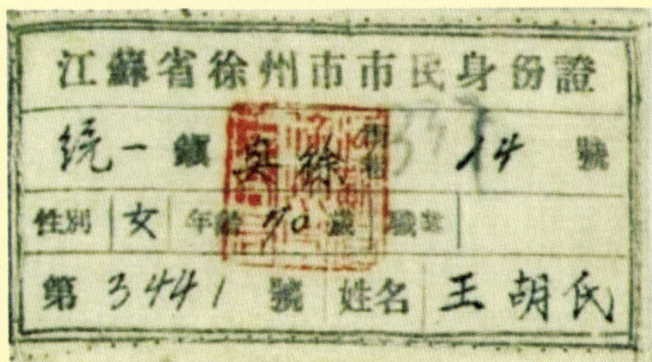

王永明及其家属的市民身份证（8.2cm×4.5cm）

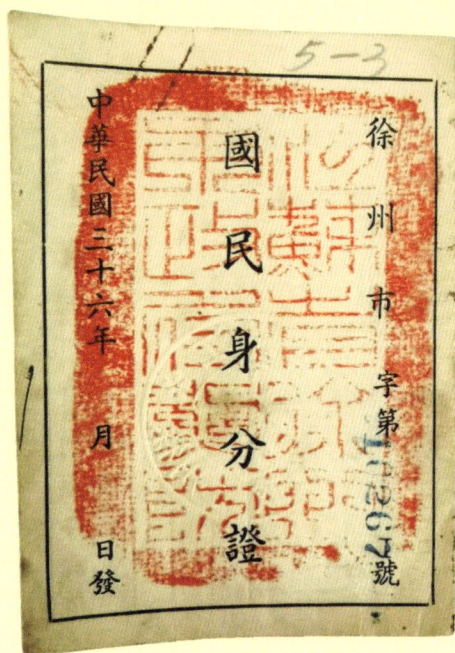

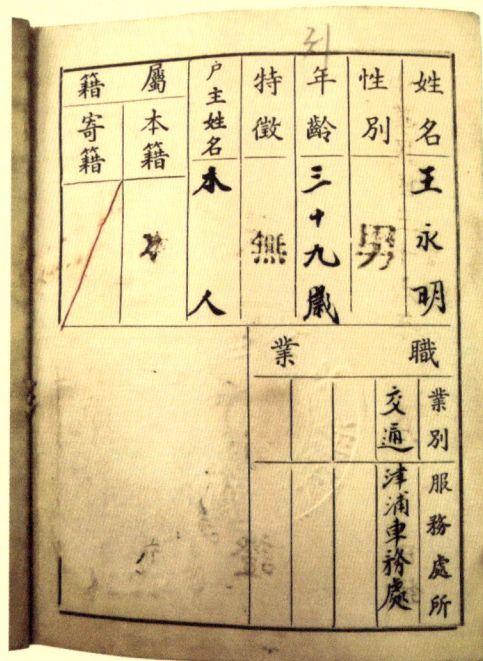

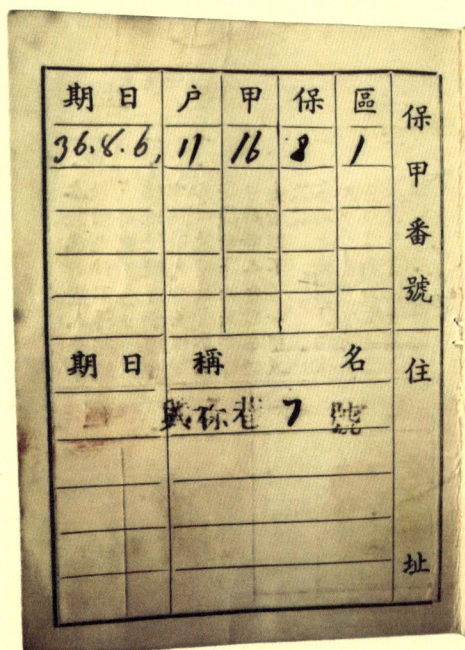

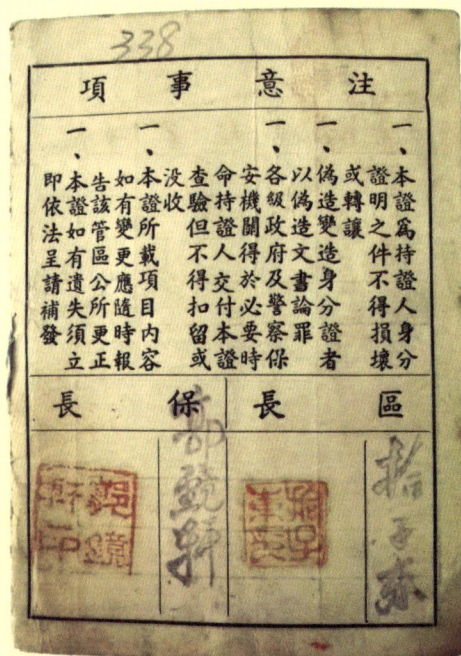

王永明 1947 年国民身份证（13.7cm×9.2cm）

王永明 1948 年国民身份证（15cm×10.5cm）

徐州市政府发给临时国民身份证实施办法

国民身份证实施暨公务员首先领发办法

全文（节选）：

徐州市政府发给临时国民身份证实施办法

第一条　徐州市政府（以下简称本府），为求户口调查正确，保证市民安全，维护地方治安起见，特制定本办法。

第二条　凡系中华民国之籍的而居住本市，不论性别，其年龄在满足14岁以上者，均应依照本办法之规定请领临时国民身份证，以下简称本证。

第三条　本证之色分红、黑两种，按性别填发，以男黑女红为区别。

……

第六条　凡本市普通居民，不论住户商号，均须依照本办法第二条之规定，请领本证。但在本市服务之公教人员、军警宪及驻防部队准免领用，唯眷属及乡镇保甲长不在此限。

第七条　凡请领本证之住户、商号、工厂、寺庙庵观等处，由户长、店主、经理及主持僧道邀同保人向该管保公所申请注册登记。

第八条　凡请求注册登记者，应依照以下规定办理：

一姓名、二别号、三性别、四年龄、五籍贯、六住址、七职业、八特征。

第九条　各保公所依据请求登记事项，用毛笔楷书造据清册（册式另附），送交所在地之警察分驻所，转送警察分局填注本证。

第十条　各警察分局填注本证编列字号时，均应分别男女，冠以各该保名称之第一字代替，按号顺序排列，以示区别。

第十一条　各警察分局填齐本证后呈送警察局汇呈本府盖印，并在照片骑缝处加盖印，递转发给原城支保公所，通知原申请人据领。但因赤贫无力附缴照片者，均以左右食指代替，须于发缴本证时由保长监视捺印指纹。

……

相关知识：

1936年，民国宁夏省政府制定了"居民证制度"，人们将姓名、年龄、籍贯、面貌特征等个人信息写在白布上，并将白布缝于衣服里，以便查验。这便是中国现代身份证的雏形。

1946年初，国民政府公布了第二次修正的《户籍法》。该法分为通则、籍别登记、身份登记、迁徙登记、变更登记、登记申请、罚则、附则，共8章61条。该法第11条规定"已办户籍登记之地方，得制发国民身份证，或经内政部核准，以户籍誊本代之。"同年5月，徐州地方政府颁布了《徐州市政府发给临时国民身份证实施办法》《徐州市检查临时国民身份证办法》等，以求准确调查户口、维护治安。

1946年6月，行政院颁布《户籍法施行细则》，9月颁布《国民身份证实施暨公务员首先领证办法》，对国民身份证的有关事项做出了具体规定。此后，各省、市纷纷进行编查保甲和清查户口，逐步发放国民身份证。徐州市警察局制定了《本局办理换发国民身份证的工作步骤》等规章制度。

铜山县国民大会选举权证

保管单位： 徐州市档案馆

档案概况：

南京国民政府于 1947 年 1 月 1 日正式颁布了《中华民国宪法》，3 月底到 5 月初，又相继制定与公布了《国民大会组织法》和《国民大会代表选举罢免法》及其施行条例等一系列法律法规，这些法律和法规构成了国民大会选举制度的主要内容。其中规定每县市及其同等区域各选出一名代表，但是人口超过 50 万的县市，每增加 50 万人，增选一名代表。在选举程序中规定，各主管选举机关对选举人的资格进行严密审查，然后造具选举人名册并予公告。根据名册，在选举前 30 日制发选举权证，各选举人凭此证领取选举票。

该档案形成于民国三十六年（1947）九月，是南京国民政府制发的徐州市民选举权证，持证人为徐州铜山籍魏田氏。凭证为正反两面印制。正面信息包含证书编号、发放日期等信息，并加盖印章。反面包含持证人姓名、性别、年龄、籍贯、住址、职业等信息。此件档案为研究民国时期的选举制度提供了参考资料。

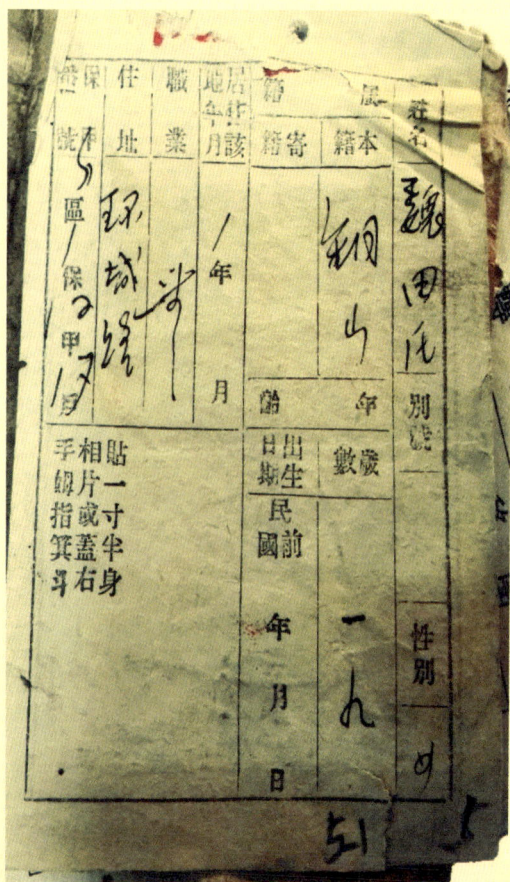

江苏省徐州市民魏田氏选举权证

庄静女士名片

保管单位： 徐州市档案馆

档案概况：

庄静（1909—1972），江苏邳县（今邳州市）人，长期致力于妇女儿童工作。抗战期间，发起组织"北平妇女救国同盟会""北平妇女救国同盟会救护队"等救济慰劳组织。1938年参与组建"战时儿童保育会"，任常务理事。著作有《中国妇女与家庭》存世。

这份档案是庄静女士当时对外工作交流使用的名片。两张名片均为米黄色硬质纸制作的长方形卡片，写有庄静女士的姓名、住址、联系电话，以及职务、身份信息。对研究中国妇女运动史具有重要价值。

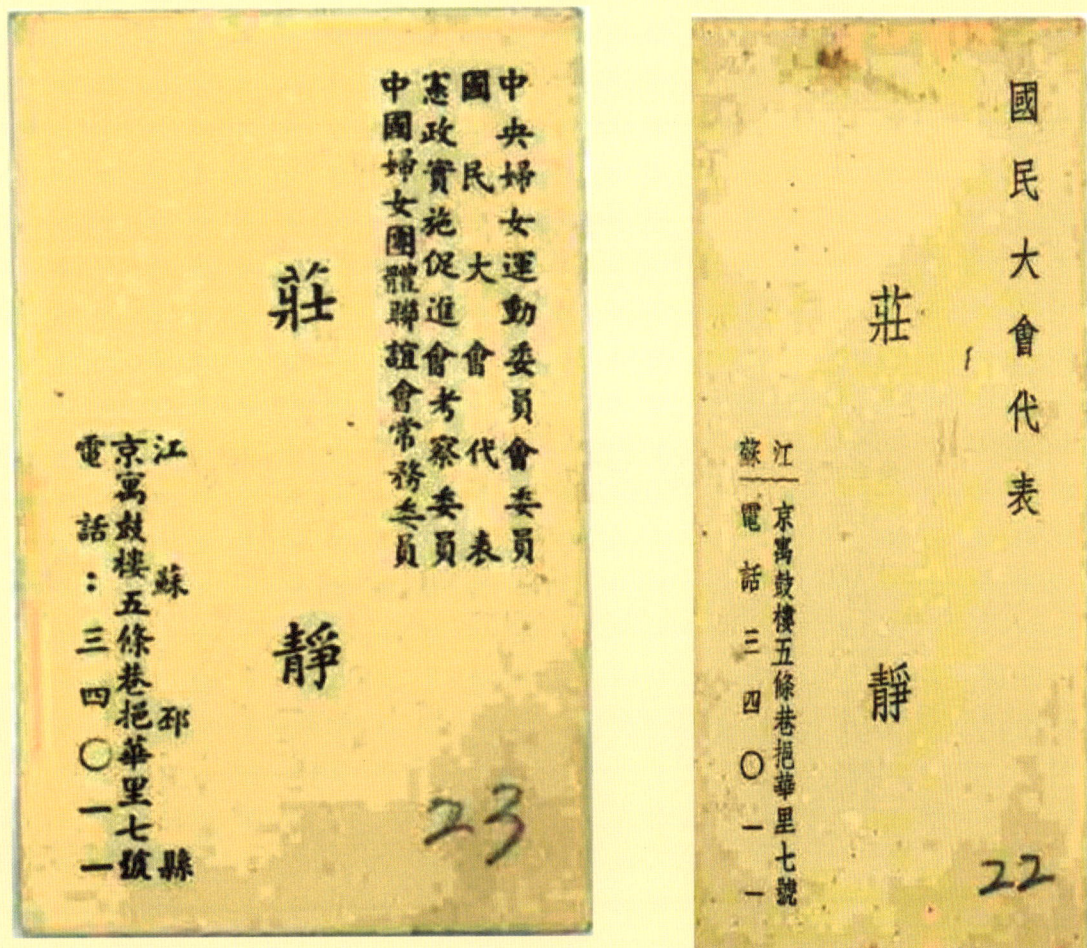

庄静女士名片

铜山县参议会议员证

保管单位： 徐州市档案馆

档案概况：

　　该件档案为民国时期江苏省徐州市铜山县参议会议员身份证明。首页印有"铜山县参议会议员证"字样，内页贴有证书持有人的照片、证书号、姓名、性别、年龄、职别、籍贯等信息。证书有效期为民国三十六年（1947）四月一日至民国三十八年（1949）三月三十一日，签发日期为民国三十六年（1947）八月二十日，签发人为议长朱茂荣，上盖"江苏省铜山县参议会关防"印，尾页印有证书使用相关注意事项。该档案见证了民国时期地方自治实践，是研究民国时期徐州参议会制度的重要参考资料。

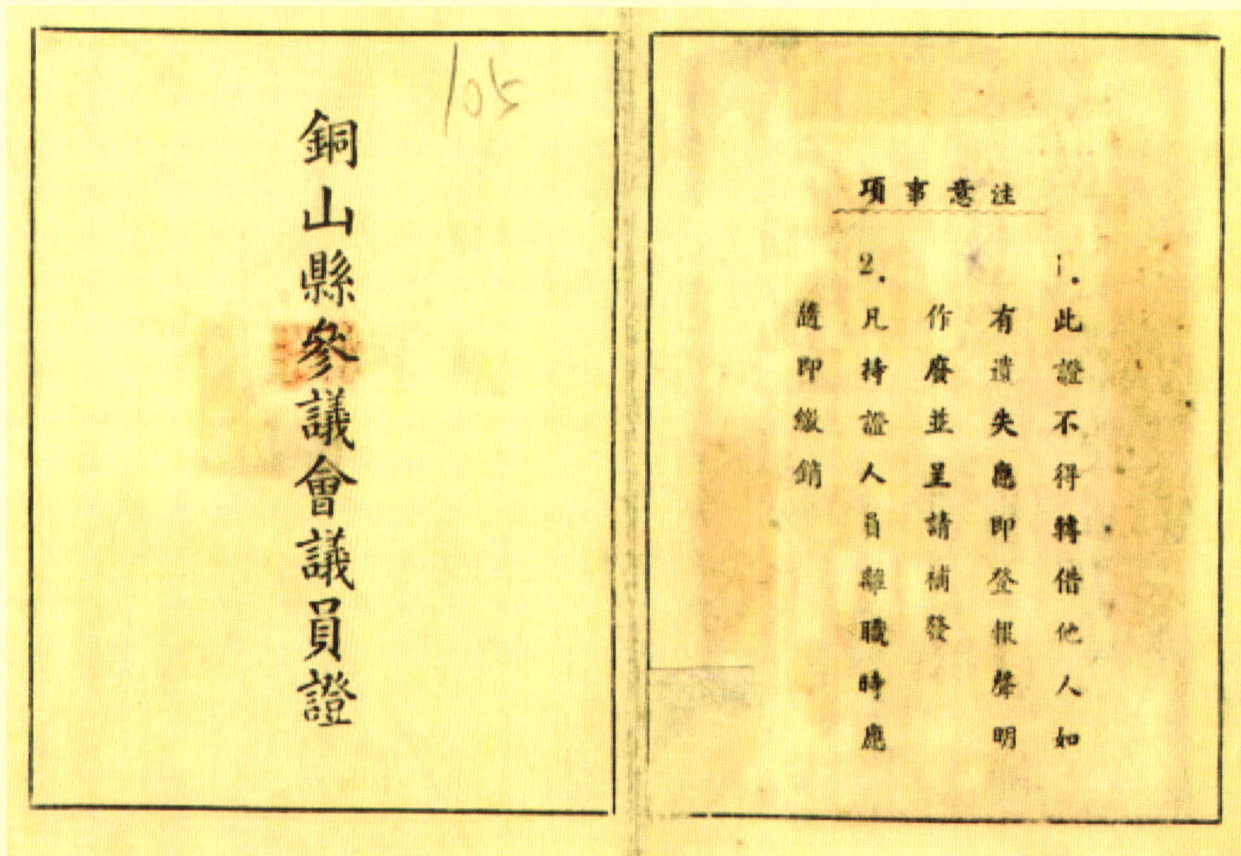

铜山县参议会议员证

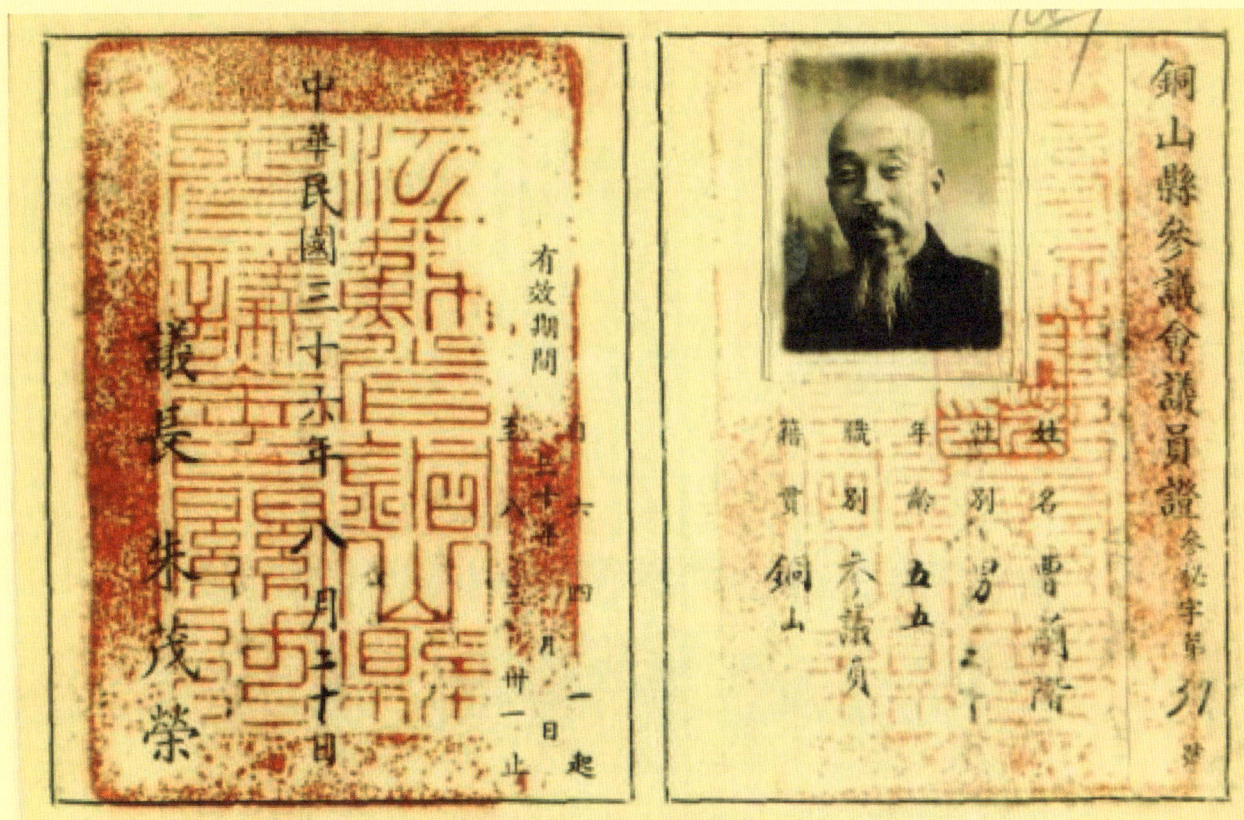

铜山县参议会议员证

相关知识：

　　1927 年，南京国民政府建立，并着手制定有关县、市自治法规，筹建基层民意机关，但直到 1938 年"国民参政会"成立后，国民政府才决定各省设立省临时参议会，并于同年 9 月 26 日公布了《省临时参议会组织条例》。根据《铜山县第一届参议会议员录》（现存铜山区档案馆）记载，铜山县第一届参议会于 1947 年 3 月 30 日成立。

国民党徐州市党部四十三区分部全体党员合影纪念

保管单位：徐州市档案馆

档案概况：

该件档案是 1972 年 3 月从徐州市人民银行收集而来。照片上端标题："中国国民党徐州市党部四十三区分部全体党员合影纪念，民国三十六年（1947）双十节"。

中国国民党徐州市党部四十三区分部全体党员合影纪念

国民党中央训练团同学录

保管单位： 徐州市档案馆

档案概况：

徐州市档案馆保存的国民党中央训练团同学录形成于 1946—1948 年，共计 14 册，主要包括中央训练团徐州分团同学录、中央训练团将官班同学通讯录、中央训练团交通班第一期同学录、中央训练团政工干部训练班第四期同学录、中央训练团第七军官总队退役军官通讯录、中央训练团第二十五军官总队退役同学录等。该系列同学录收录了中央训练团团长训词、肖像、团景、学员留真、生活片段、通讯录等珍贵资料图片。

国民党中央训练团是国民党训练干部的教育机构，于 1938 年成立，中央训练团徐州分团成立于 1947 年。对比 14 册同学录可以发现，徐州分团与中央训练团其他培训班不同之处在于，培训对象主要为地方基层干部，学员大多来自苏北、鲁南各县的民政科长、乡长、镇长、保长。该部分同学录为研究抗战胜利后国民党中央训练团教育方向、培训对象等提供了第一手档案资料。

中央训练团徐州分团团景

国民党江苏省徐淮海区党务检讨会议照片

保管单位： 徐州市档案馆

档案概况：

　　该照片拍摄于民国三十七年（1948）元月十一日，照片内有41人，下方手写与会人员姓名。当时正处解放战争关键时期，1947年6月，刘邓大军挺进大别山，揭开了解放军战略反攻的序幕，国民党军队则陷入被动防御的困境。这是一次国民党内部的党务检讨会议，与国民党应对被动政治环境且急于求变有一定关系。这份档案是研究新中国成立前国民党在徐州活动的重要史料。

中国国民党江苏省徐淮海区党务检讨会议照片

国民政府军人手牒

保管单位：徐州市档案馆

档案概况：

军人手牒是国民革命军军人的身份证明和档案记录，军人应随身携带。该手牒所有人为河北安平籍军人关志强，前17页为军人职责等印制内容。个人信息部分，首页贴有持有人照片，旁侧盖有"中央训练团第十七军官总队核准退役"印章，文字内容包含履历、家属、学历、官历、役历、战历、勋奖、惩罚、职历等信息。战历页显示其参加过河北彰德府战役、台儿庄战役等战斗，所隶长官包括高树勋等著名将领。职历页可以看到在民国二十九年（1940）至民国三十五年（1946），关志强任职部队的番号几经变动，反映了当时复杂的军事和政治形势。

关志强军人手牒履历信息

关志强军人手牒战历、勋奖信息

关志强军人手牒惩罚、职历信息

崔筱东三次人事任免证件

保管单位：徐州市档案馆

档案概况：

1945年日本投降后，第三战区司令长官顾祝同进驻徐州，成立徐州绥靖公署，顾祝同任公署主任。1946年7月，蒋介石发动内战，向苏中、淮北、鲁南解放区进攻。顾祝同升任陆军总司令，由薛岳接任徐州绥靖公署主任，后因指挥不力被撤。1947年，身兼陆军总司令的顾祝同再次来徐指挥作战，将徐州绥靖公署改为陆军总司令部徐州司令部。1948年6月，顾祝同升任国民政府国防部总参谋长，蒋介石派亲信刘峙来徐州指挥作战，将陆军总司令部徐州司令部改为"徐州剿匪总司令部"。同年11月，淮海战役打响，蒋介石派杜聿明来徐州帮助刘峙指挥作战，刘峙提前南下，11月30日杜聿明率部撤出徐州。

综上所述，抗战胜利后国民党在徐州3年间，换了4个主帅、3个军事机关名称，最终均以失败告终。这里展示的是崔筱东3次人事任免命令的相关档案，上面有3任司令部主官的签名。

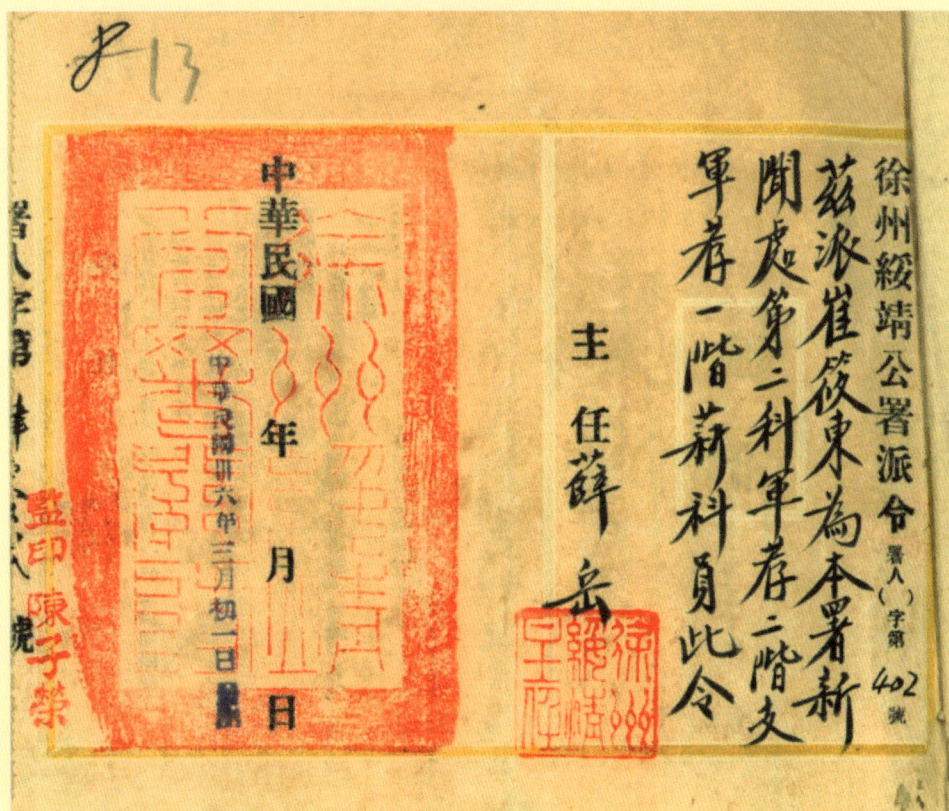

徐州绥靖公署任命崔筱东证件

陆军总司令部徐州司令部任命崔筱东证件

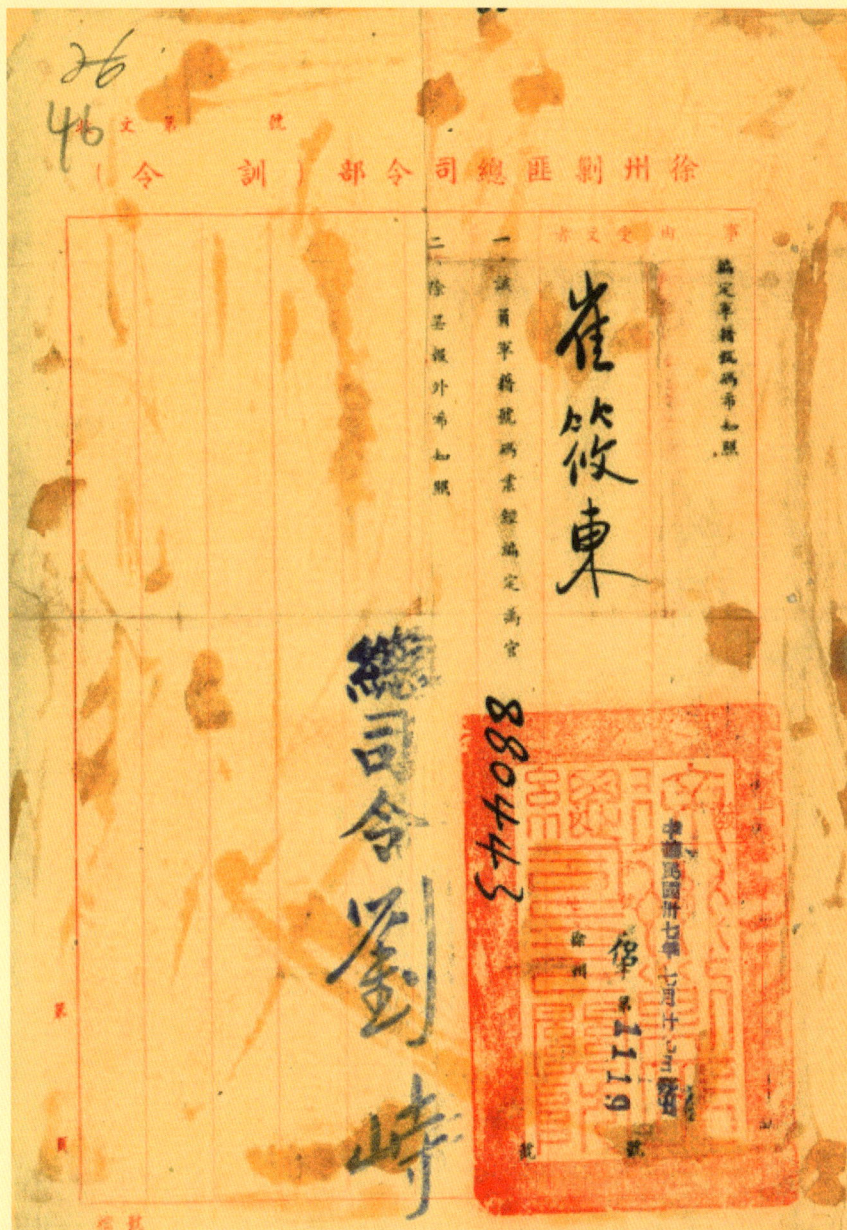

"徐州剿匪总司令部"任命崔筱东证件

徐州市民众自卫总队受训队员毕业证书

保管单位：徐州市档案馆

档案概况：

　　该档案是民国三十七年（1948）七月，徐州市民众自卫总队队员受训毕业证书。民众自卫总队为地方武装，其名称和形式在不同时期有所变化，其职能主要是维护地方治安，曾在抗日战争和解放战争期间，配合国民党军队承担了部分作战任务。证书持证人为徐州市第四区第二十四保第二十三甲队员马家珍，自卫总队总队长为国民政府时任徐州市市长张希道，副总队长为李瑞萱、张子扬，证书盖有自卫总队公章和上述三位队长署名。

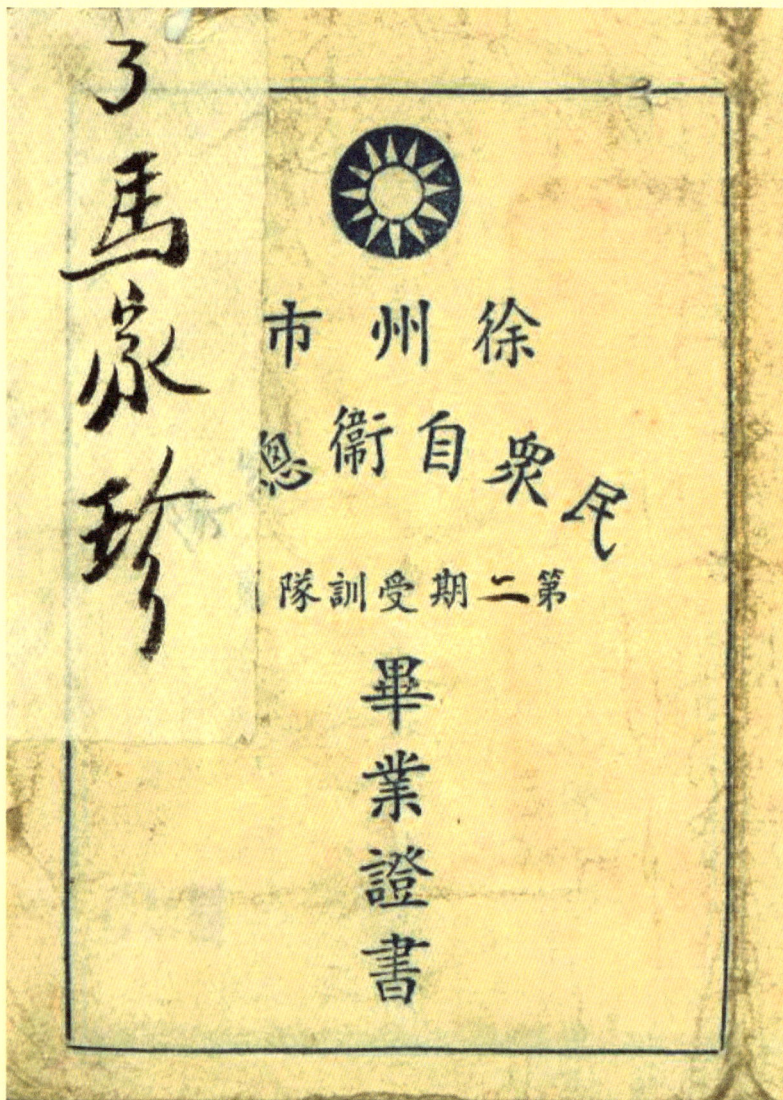

徐州市民众自卫总队
队员马家珍毕业证书封面

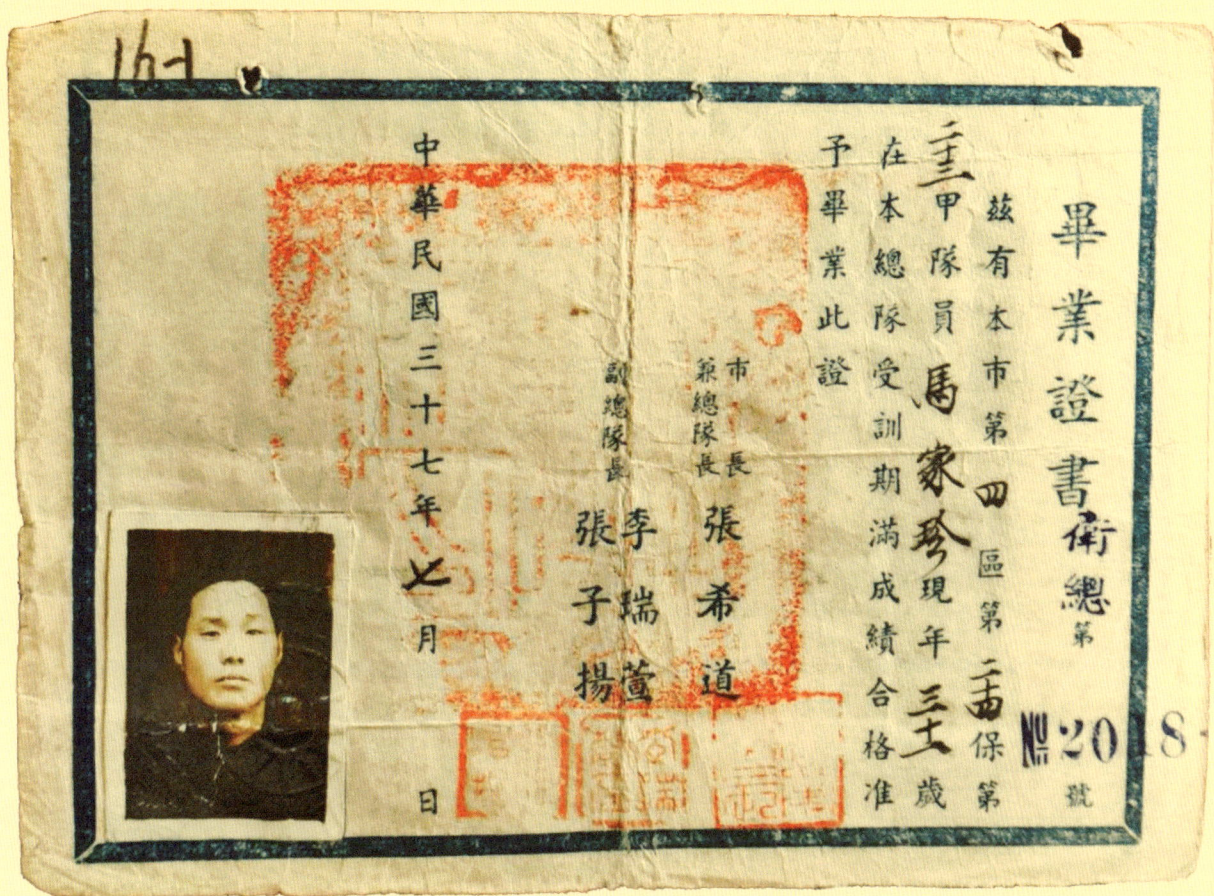

徐州市民众自卫总队队员马家珍毕业证书内页

1948 年底国民党军政机关撤退图

保管单位： 徐州市档案馆

档案概况：

这份图纸底图为 1946 年绘制的《徐州市详图》，比例尺为 1：10000，石印工艺印制，图纸四周稍有残缺。在左下方原图例标识之上空白处，用红、蓝、绿等彩色水笔，手绘增加了"学生路线""工会路线""政府路线""战车路线""步兵炮兵路线""集合场"等新的标识，并在图中清楚地手绘了不同标志的行走路线，应为国民党驻徐部队在撤退前标注。

早在 1948 年 9 月济南战役后，国民党曾决定放弃徐州。11 月黄百韬兵团在碾庄被歼灭，于是决心放弃徐州。从手绘路线看，国民党的撤退是有计划有准备的。该档案为研究徐州解放前城区、市政布局以及淮海战役的历史提供了重要史料。

1948 年底国民党军政机关撤退图

重工摇篮

交通要冲

泗水

云
通
河

沛县

丰县

黄

萧县

徐州

邳州

下邳

河

煤铁重镇　电业方兴

　　徐州地区矿业历史悠久，利国铁矿开采始于西汉，煤田的发现开采始于北宋。清末洋务运动正式启动了徐州煤炭的工业化道路，也为电力产业打下基础，徐州电力工业始于1914年，煤电联营使徐州的新兴电力产业蓬勃发展。

中央信托局关于利国铁矿管理给徐州"剿总"的函

保管单位：徐州市档案馆

档案概况：

为遵令兼管利国驿铁矿，1948 年中央信托局敌产清理处向徐州"剿总"发函，商议日伪遗留在利国的房屋、铁矿砂的处置问题。

该档案的重要价值体现在两份附件上：一是利国铁矿全图；二是手抄的清光绪三十四年（1908）《利国驿铁矿碑文》。

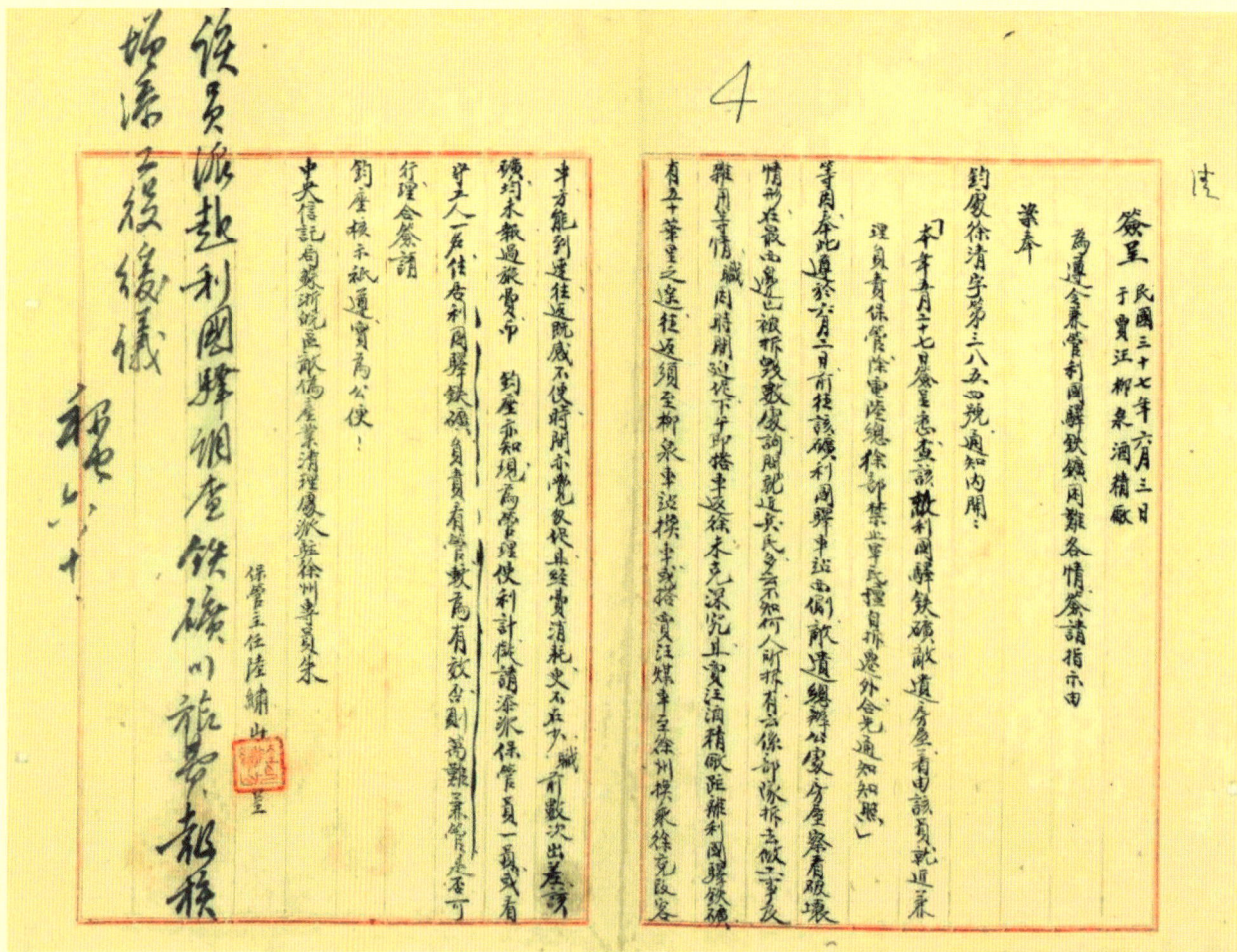

中央信托局敌产清理处的函

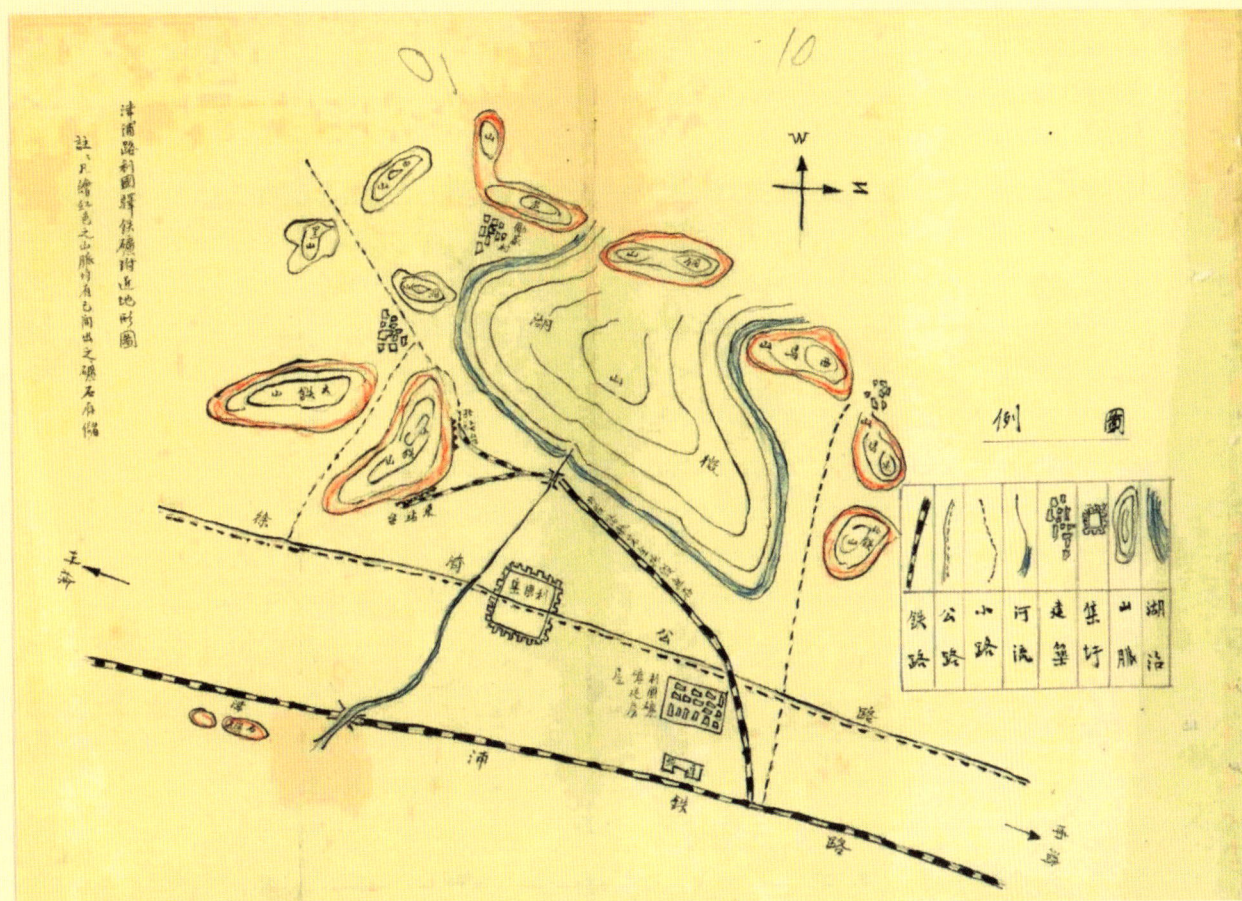

利国铁矿全图

　　图为上西下东，由东向西依次为津浦铁路、徐济公路和利国驿，利国驿西部是群山和微山湖。标红的山脉是已开采的矿山，山下铺有铁路专用线与津浦铁路相连，便于矿石外运。微山湖中有铜山岛，铜山县由此得名。

利国驿铁矿碑文

　　碑文规定：1.矿山的四至边界。2.禁止将矿山土地出售，禁止偷挖，违者严惩。3.将山东的部分矿山交利国开采，将来分红，苏鲁两省利益均沾。4.落款为三方：江苏（徐州道、徐州府、铜山县），山东（兖沂曹济道、峄县），总理利国矿局。

相关知识：

铜山区利国铁矿位于徐州东北40公里，西临微山湖，蕴藏着丰富的铁资源，自古为著名冶铁、兵器制造业基地，为徐州老工业基础的缩影。西汉时利国设立铁官，用于农具、兵器生产。唐代为秋丘冶，为全国金属冶炼场所之一。北宋为利国监，成为国家级采矿冶炼锻造盔甲兵器基地。

苏轼任徐州知州时向宋神宗呈送《徐州上皇帝书》，介绍了利国监的情况：矿产资源丰

建于元代的白家桥，见证了利国驿的兴衰

富，冶户资金雄厚，冶炼技能娴熟，上千名军人的武器装备，可在一夜之间打造而成。苏轼还创作《石炭诗》，把煤炭称为"遗宝"，用煤作燃料，减少了冶炼的难度，锻造出犀利的"百炼刀"，满足宋对辽、西夏作战之需。

元代的意大利旅行家马可波罗在《马可波罗行纪》记载，利国拥有庞大的冶铁制造业，烧一种"黑色的石头"。

清代的林则徐、曾国藩、李鸿章、左宗棠都曾亲临利国考察。上海吴淞口有利国铸造的铁炮。清末在利国设立利国驿煤铁矿务局，为徐矿集团的前身。

除产铁之外，利国西部微山湖的铜山岛以产铜闻名，铜山县以此取名。宋代利国设立宝丰监，用铜铸钱。日本出土过利国铸造刻有"铜出徐州"铭文的铜镜。

驿站是建在官道上供传递政府文书的人员及往来官员中途休息、住宿、更换马匹的地方。明代一般60—80里设一驿，每个驿站配有马30—80匹。利国驿是徐州通往山东的必经之地，清同治本《徐州府志》记载，利国驿设马85匹，马夫52名。随着铁路、公路和邮政的兴起，驿站退出了历史舞台，利国驿作为地名被保留至今。

华东煤矿股份有限公司股票

保管单位：徐州矿务集团档案馆

档案概况：

华东煤矿股份有限公司股票，1935 年发行。票面边框四角印有"华东"字样。票面上方印有"华东煤矿股份有限公司股票"和股票编号，下方印有注册时间、股银总数、股东姓名、股份数量、股份号数起至等内容，落款处有董事签名和发行时间。

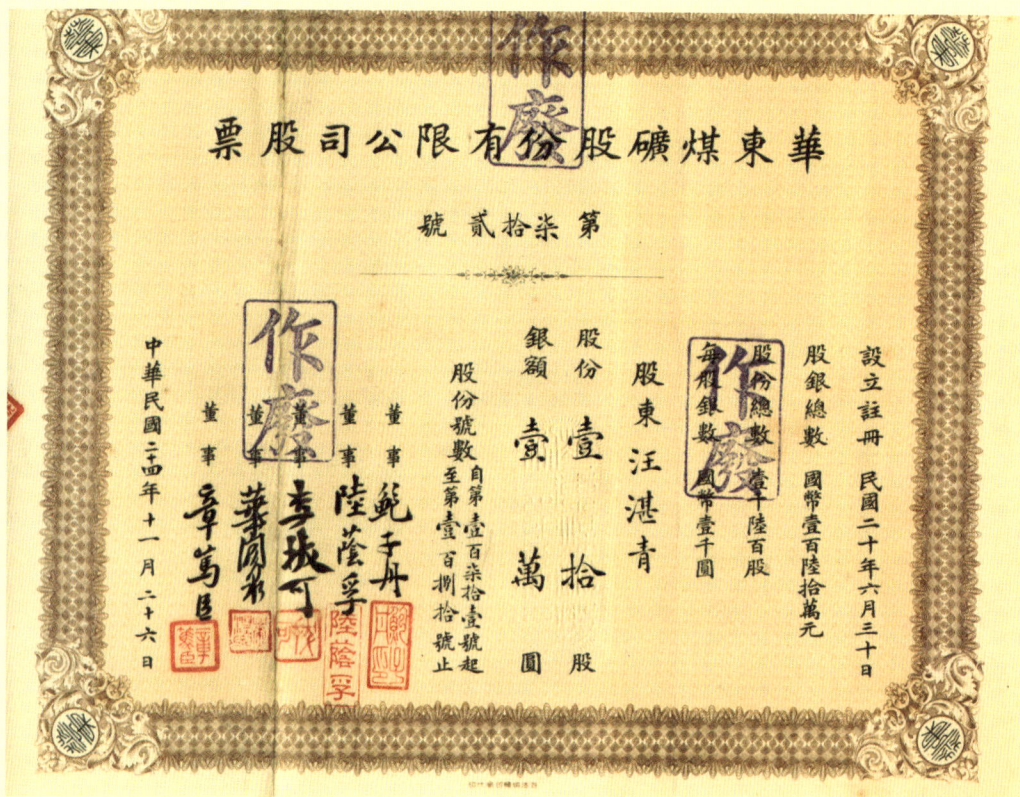

股东汪湛青所持华东煤矿股份有限公司股票

相关知识：

徐州煤炭的工业化开采始于清末洋务运动时期。清光绪七年（1881），创立徐州利国矿务总局，开采利国驿煤铁；清光绪二十四年（1898），贾汪煤矿公司成立；1930 年，上海资本家刘鸿生与贾汪煤矿合股成立"华东煤矿股份有限公司"；1938 年，日军占领后更名为"柳泉炭矿"；日本投降后恢复"华东煤矿股份有限公司"名称；1959 年更名为"徐州矿务局"，逐步发展成徐州矿务集团。

徐州煤矿开采 110 周年纪念碑，位于徐州市贾汪区夏桥公园

徐州电厂与华东煤矿订立的电力需供契约书

保管单位：徐州市档案馆

档案概况：

煤炭是火力发电厂的重要燃料，同时电力也为煤矿开采提供重要能源，煤电联营能够优势互补，实现双赢。徐州电厂与华东煤矿订立契约时间是 1947 年 1 月，发送机关为工管委会，盖有印章 7 枚。该契约书反映出作为老工业基地的徐州，在全国较早尝试了煤电联营。

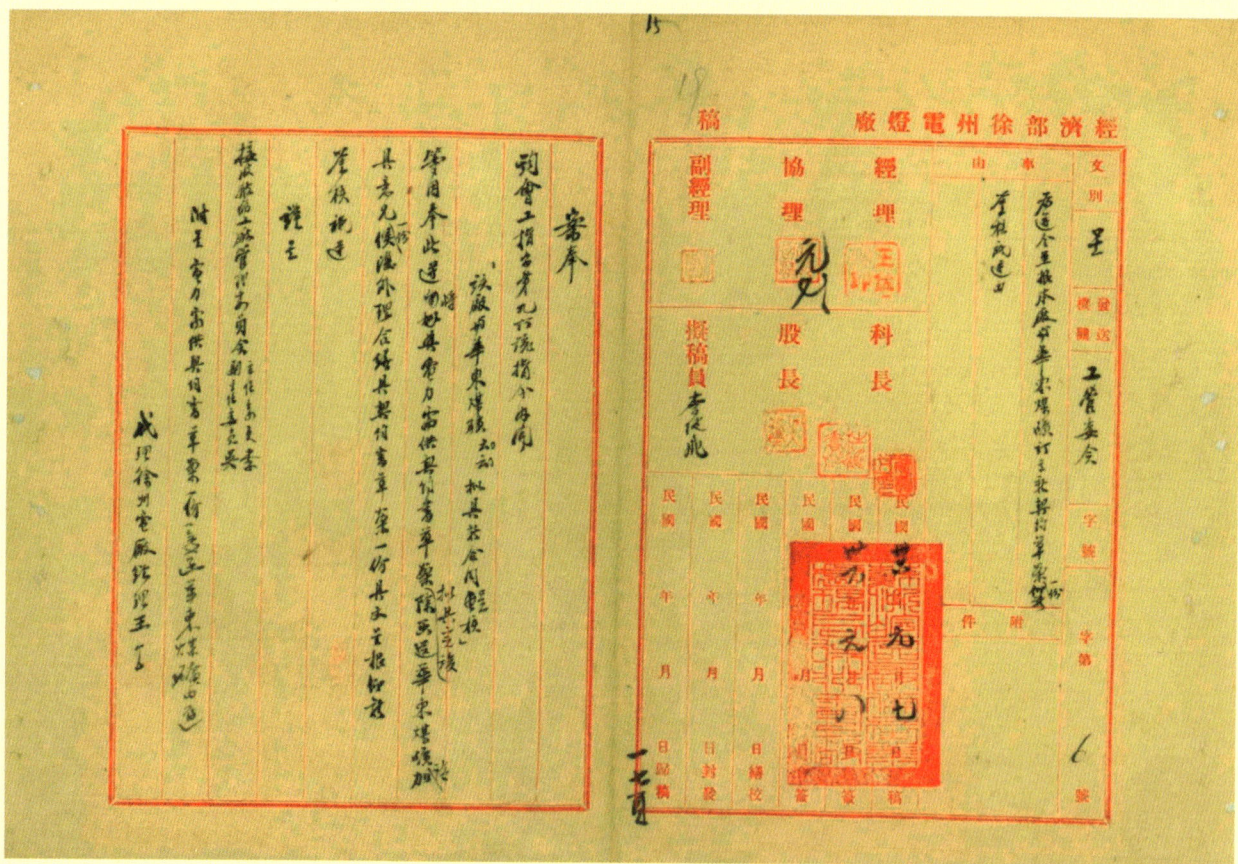

徐州电厂与华东煤矿签订的契约书

徐州电厂移交清册

保管单位：徐州市档案馆

档案概况：

徐州电厂移交清册形成于 1946 年，共计 239 页，是卸任经理诸燮亮移交给新任经理王佐卿的徐州电厂物资清册，包含银行存款及库存现款检收证明书、土地房屋清册（编号、名称、规格、用途等）、职工花名册（职位、姓名、年龄、籍贯等）、印信清册、卷案清册、外线设备清册、机器设备清册、材料清册等内容。

徐州电厂卷案清册

华兴铁工厂照片

保管单位：徐工集团

档案概况：

1943年，世界反法西斯战争正处在艰难岁月，党中央发出了开展生产自救运动的号召，中共滨海区工商管理局委派工商科长李宗久，在山东省莒南县东南葫芦沟创建了华兴铁工厂。

不到两年的时间，工厂动力设备发展到11匹、24匹、40匹马力的柴油机若干台，不仅满足了自身的生产和照明需求，还为山东军区司令部接上了电灯。相继设立了翻砂、木工、车工、钳工等车间，仿造出织布机、毛巾机、弹花机、压花机、香烟切割机等机械产品，有力地巩固了后方，支援了前方。抗战胜利后，工厂又为解放战争做出了突出贡献。

1949年工厂搬迁至新浦（今连云港），1953年迁往徐州，与徐州实业公司铁工厂、徐州大力铁工厂合并，改名为地方国营铁工厂，为徐工集团的前身。历经80多年发展历程，徐工集团已成为工程机械行业的龙头企业。

抗战时期山东省莒南县华兴铁工厂车间

相关知识：

滨海区：南至陇海铁路，东临黄海，西界沂河，抗战初期称鲁东南地区，1941年起山东党政军首脑机关驻该地区，为山东革命斗争的中心根据地。

津陇交汇　金融脉动

　　津浦铁路于 1912 年建成通车，陇海铁路开封至徐州段于 1915 年建成通车，徐州至海州段于 1925 年建成通车，徐州成为两条交通大动脉的交汇点。1920 年建成了北京至上海航线徐州停机分站，徐州逐步形成立体交通体系。交通的便利使人流、物流、资金流不断向徐州聚集，推动徐州较快发展。

中华国有铁路津浦线职员录

保管单位：徐州市档案馆

档案概况：

《中华国有铁路津浦线职员录》（津浦铁路管理局职员录）形成于1937年，共计448页，附有津浦铁路管理局编制系统及主要职员一览表。记录了津浦铁路管理局局长室、秘书室、总务处、工务处、车务处、机务处、驻津办事处、调查室等内部机构的设置情况，及所属的段、组、站场等部门职员的姓名、职务、别号、年龄、籍贯、通信住址等基本信息。

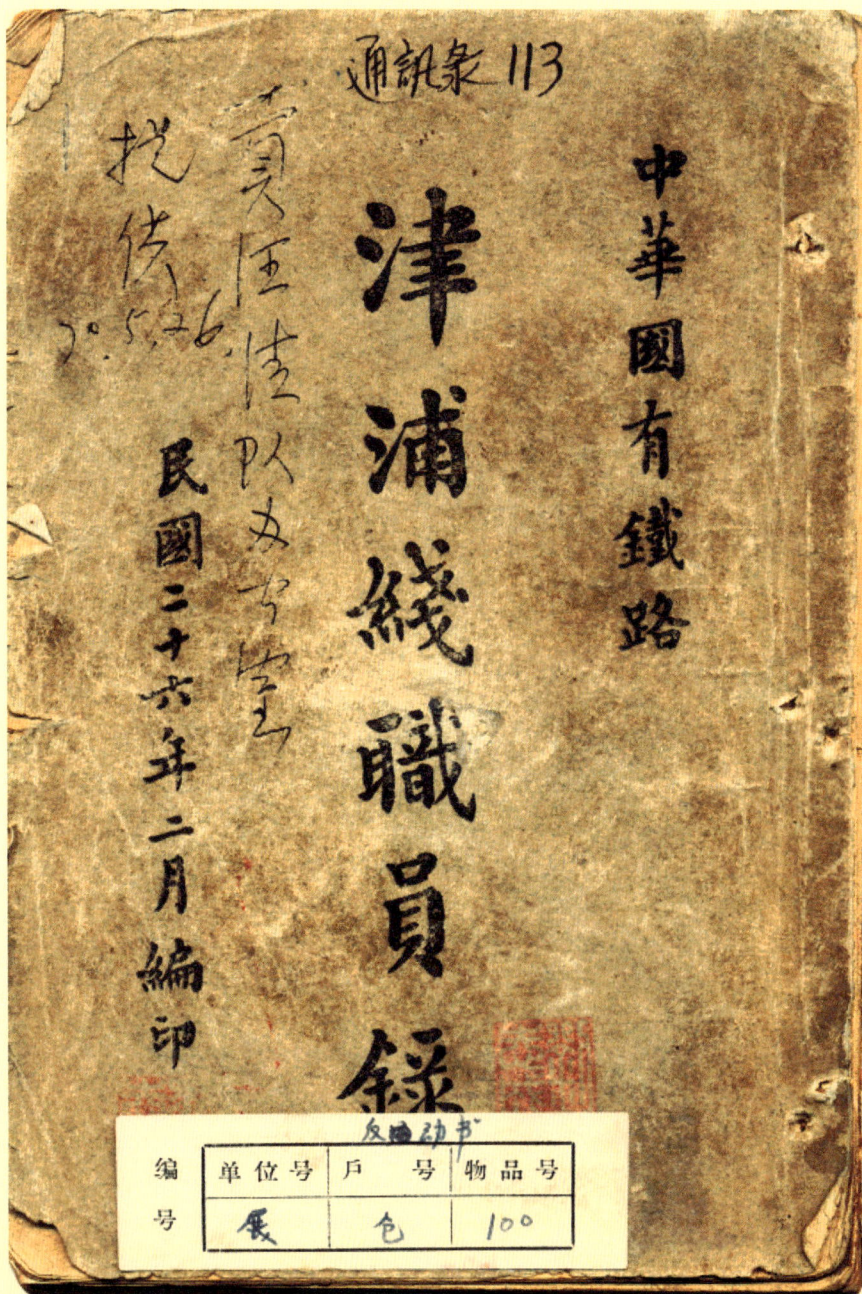

中华国有铁路津浦线职员录

津浦铁路管理局编制系统及主要职员一览表

相关知识：

1908 年，清政府被迫与英、德签订《天津、浦口铁路借款合同》，借款 500 万英镑。规定天津至韩庄运河桥为北段，由德国修筑；韩庄运河桥至浦口为南段，由英国修筑。1912 年 12 月，津浦路全线贯通，长 1009 公里，成为沟通华北与长江下游的南北交通大动脉。全线通车后，南、北段合并，在天津成立津浦铁路总局，在浦口设立分局。1914 年 1 月，津浦铁路总局改称津浦铁路管理局，浦口铁路分局改称浦口办事处。1927 年 3 月，在浦口成立津浦铁路管理局，后在徐州设车务、工务、机务等分段。

津浦铁路徽章

保管单位： 徐州市档案馆

档案概况：

民国时期印铸局制造的津浦铁路徽章，银质缕金，正面刻有津浦铁路路徽图案，由中间的一只红色扶轮和两侧一双黑色羽翼构成。红色扶轮分别由天津、浦口和线路（Line）的英文首字母"T""P""L"组成，"津""浦"两字的共同笔画经巧妙变化后，构成一双黑色羽翼分列两侧。徽章背面刻有"印铸局"字样及徽章编号。津浦铁路路徽图案几经演变，此枚徽章应为印铸局早期制造，构图紧凑、形象简约，做工精致，对于研究铁路路徽演变和民国时期印铸技术具有一定的参考价值。

民国时期印铸局制造的津浦铁路徽章（直径 3cm）

国民党空军总司令部同意徐州撤废机场复函

保管单位： 徐州市档案馆

档案概况：

1948 年 7 月，国民党空军总司令部发给徐州市政府的电报，同意下洪村、铜山县史庄两个机场撤废，查明产权，按照抗战时期因军事征收征用土地处理原则发还原业主。落款有空军总司令周至柔的签名印章。

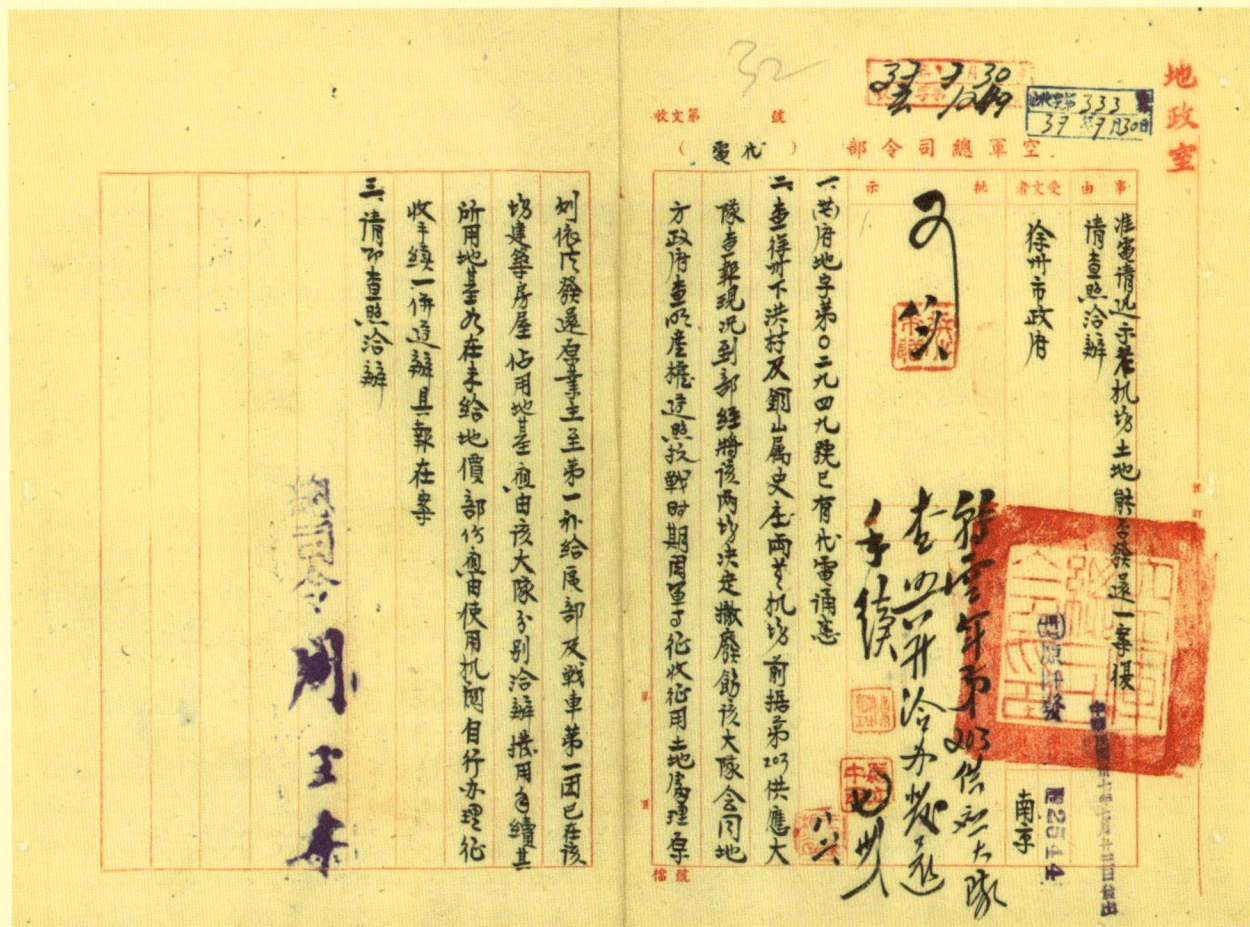

国民党空军总司令部回复徐州市政府电

相关知识：

下洪村骆驼山机场，在今津浦东路以东；铜山县史庄机场，在今泉山区火花街道。

徐州航空事业起源于 1920 年。据《徐州文史资料》记载，1920 年中国首条空中航线——北京至上海航线开通，中间于天津、济南、徐州、南京 4 处设立停机分站。徐州在津浦车站南天桥购地 300 亩，建造飞机棚一所，办公室 20 余间，即骆驼山机场。1931 年徐志摩搭乘邮政飞机，在此机场稍作停留后，飞抵济南上空失事。

徐州市银行商业同业公会成立大会纪念照片

保管单位：徐州市档案馆

档案概况：

1929 年，民国政府公布《工商业同业公会法》，为谋同业协商业务对外统一联络，16 家银行、钱庄于 1930 年 8 月设立铜山县银钱业同业公会，办公地点设在徐州市银市街（原统一南街）中孚银号内。"七七事变"后，银钱业同业公会自动解体。1947 年 8 月 23 日，徐州市银行商业同业公会在徐州召开，会员单位 12 家，选举理事 5 人，候补理事 2 人，监事 1 人，常务理事 1 人。

徐州市银行商业同业公会成立大会纪念照片

银行同业质押透支契约

保管单位： 徐州市档案馆

档案概况：

1948 年是中国经济和金融体系动荡时期，银行普遍面临资金紧张、流动性不足的问题。在这种情况下，同业质押透支成为银行间调节资金余缺、维持正常运营的一种方式。徐州中国银行（立契约人）与中央银行徐州分行签订的《同业质押透支契约》中详细说明了移存国库军政存款额与透支限度，分别列出了透支金额、透支期限和利息的计算方式。

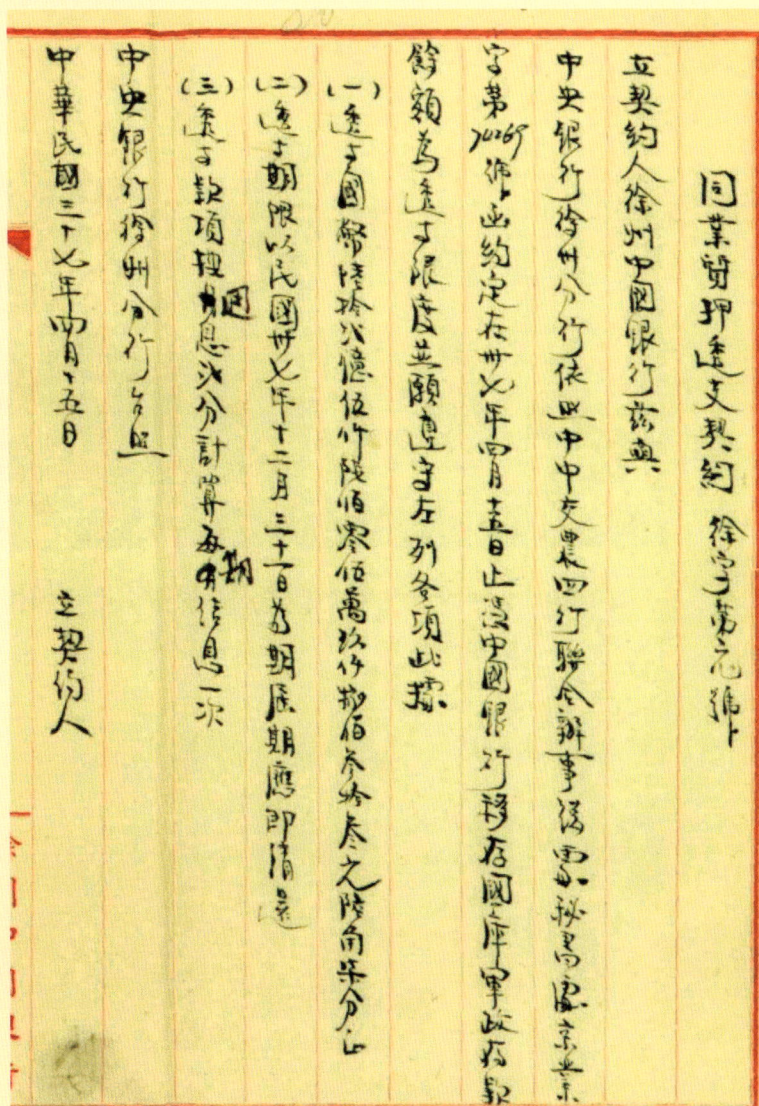

同业质押透支契约

中央银行徐州分行旧址，今徐州文化路

徐州市碎修及翻修道路计划书

保管单位： 徐州市档案馆

档案概况：

徐州市碎修及翻修道路计划书形成于 1948 年，是由江苏省地政局土地测量总队徐州测量分队汇制的，包括计划书、计划图、受益费征收细则和各主要道路碎修及翻修工程征收工程受益费概算表等内容。计划图中各街道、水井、西教堂、医院等建筑标注较为详细，还特用红色线条对翻修、碎修路段进行了圈定，通过这些细致的标记，不仅能了解当时的街区部署情况，还能对翻修、碎修路段一目了然。

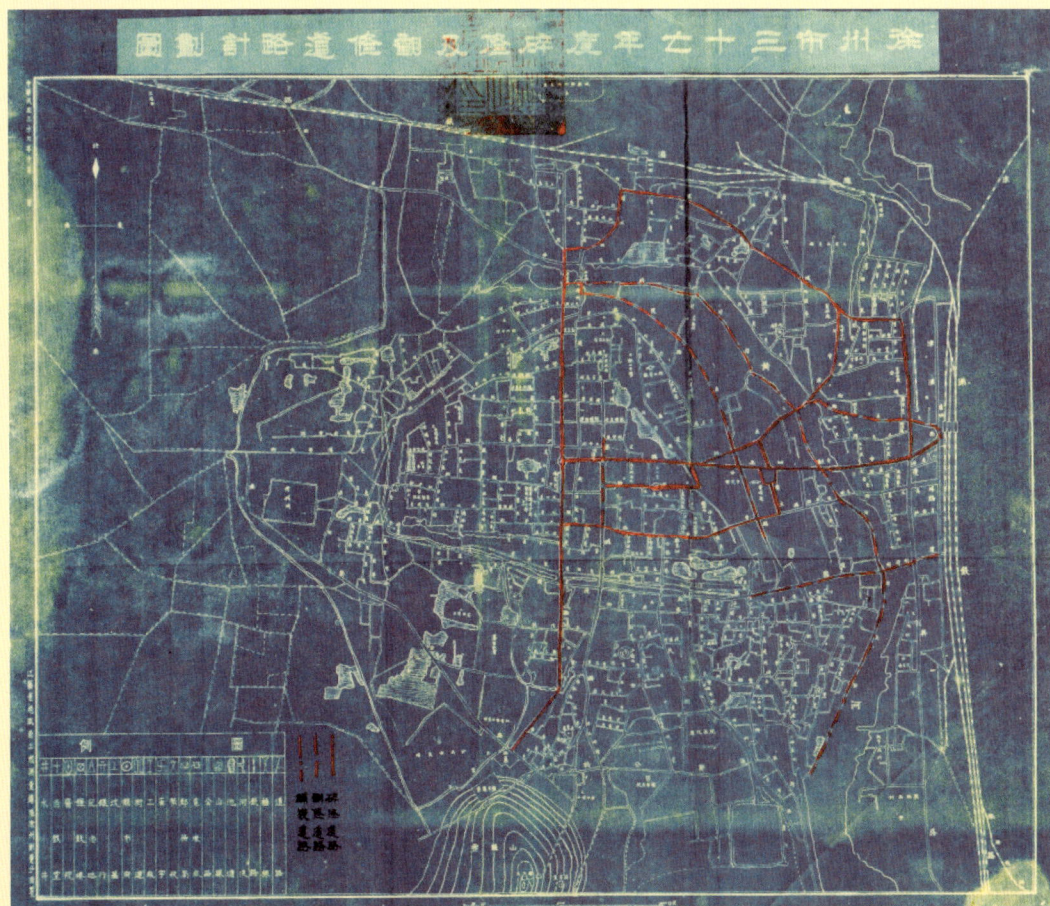

徐州市（民国）三十七年度（1948）碎修及翻修道路计划图

胡氏家族档案

保管单位： 徐州市云龙区档案馆

档案概况：

胡氏家族档案包括胡肇芬支存钱折，胡肇枰、胡肇芬家产纠纷调解书，胡王氏、胡肇枰调解书，伪苏淮特别区行政公署营业税调查登记证，新光书店开办合同、分股协议，伪徐州市政府批准一成书店歇业令，邮政有奖定期储金证书，"大东亚战争"二周年纪念邮政有奖定期储金证书等 11 件。该组档案始自 1924 年，迄于 1952 年，类目丰富，包括公文、合约、票券、证照等类，内容涉及工商登记、税务办理、资产注册、家产纠纷及调解文据等多个方面，其中的胡肇芬支存钱折记载详细，书法工整，是徐州市云龙区档案馆保存年代最为久远的档案。该档案不仅是胡氏家族经营发展的原始记录，对研究民国时期徐州地区金融历史也具有重要的史料价值。

胡肇芬支存钱折（242cm×11cm）

曹馨芝、孟庆祥、胡奕父、冯鸿洲四人共同出资创设新光书店，立此合同。合同内容包括新光书店地址、各人出资金额、股份数量，经理人选及职责等

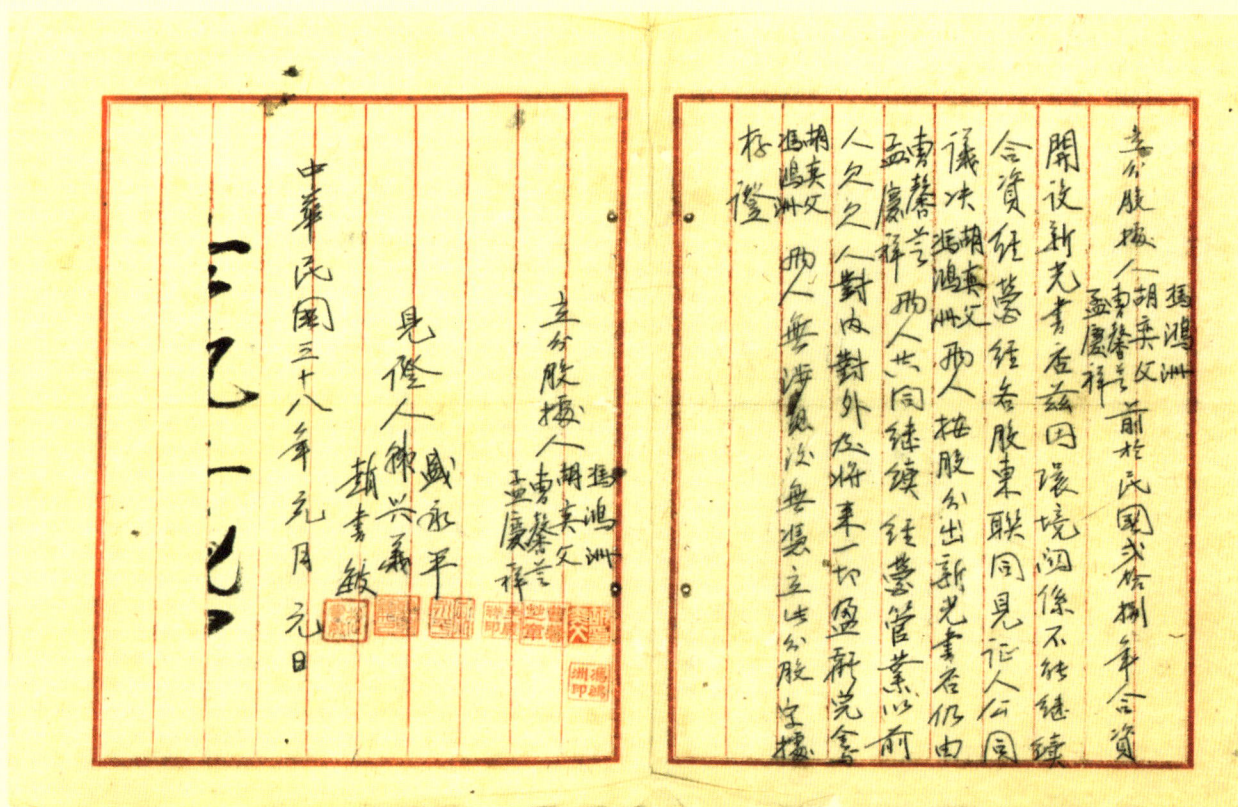

新光书店因环境因素不能继续合资经营，胡奕父、冯鸿洲两人按股分出，立此分股字据

營　業　稅　調　查　登　記　證

蘇淮特別區行政公署

為發給營業稅調查登記証事茲據商

民胡奕文申請在　　　　縣市

鎮

中柜街一　　巷門牌第　2　號開

設一成字號經營印刷營業每

年營業額叄萬　　元申請登記以

便營業等情前來當經調查相符合行

發給調查登記証仰即收執

右給　一成　收執

中華民國卅年一月　廾九日發給

每張收工本費洋五角

証字第　12979　號

徐銅徵收局

胡奕文申请在徐州中枢街内开设一成字号，经营印刷业务，伪苏淮特别区行政公署调查核准后，颁
发的营业税调查登记证

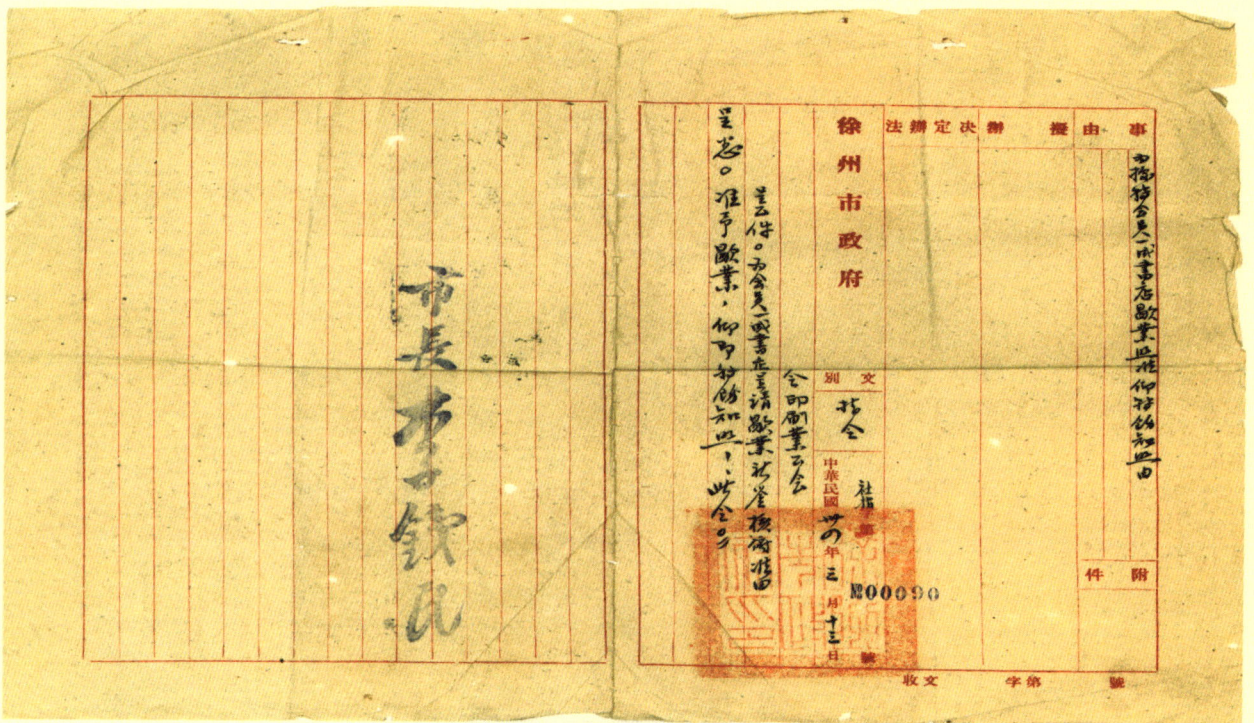

伪徐州市政府批准一成书店歇业令

崇文重教
英才荟萃

泗
通
河

沛县

丰县

黄

水

萧县

徐州

邳州

下邳

河

中西合璧　新旧并存

　　民国时期徐州动荡不安，教育领域却是弦歌不辍，呈现出量质齐升、多元发展的态势。传统书院制度和新型学校并行不悖，普通学堂、专门技术和师范教育学校、民众教育馆、教会学校，以及徐州历史上的第一所大学——江苏学院，纷纷落地生根，带来了不同教育理念的碰撞和交流，教育在传统与现代之间找到了平衡点，满足了不同层次和类型的教育需求，为国家培养了一大批栋梁之材。

江苏省立第三女子师范学校档案

保管单位：徐州市档案馆

档案概况：

江苏省立第三女子师范学校成立于1921年，徐州党组织创始人吴亚鲁曾在此任教，该校培养出了吕国英、苏同仁、徐林侠（"小萝卜头"宋振中的母亲）、潘琰等不少巾帼英雄，为推进妇女解放、提高妇女文化素质发挥了重要作用。该校发展先后经历了省立徐州女子中学、省立徐州女子师范学校时期，徐州解放后，与省立徐州师范学校合并，成立徐州市立师范学校，现为徐州高等师范学校。

馆藏省立第三女子师范学校相关档案主要包括：江苏省立徐州女子中学概况、江苏省立徐州女子师范学校招生简章、江苏省立徐州师范学校校友录等。

20世纪30年代原省立三女师教学楼

吴亚鲁在省立三女师的故居，今彭城壹号街区

　　《江苏省立徐州女子中学概况》于1930年编印，其内容包括校史、大事记、校规、课程、训导方针、教职员及师生一览表等26个章节，共154页。封面书名由绘画史论家、画家、美术教育家俞剑华题写。该书图文并茂，资料翔实，不仅收录了校旗、校徽、校歌，师生、教员肖像，各种纪念摄影、校景影片、校舍图等图片资料，而且收录了学校的组织大纲、工作条例、工作规程、学校各部办事细则以及学生惩奖、请假、膳食规则和招生简章、课程、训导标准等大量文献资料。尤为珍贵的是，该书第十六章节"学历"部分记载了该校1928年第一学期每周的教学情况，对研究民国时期徐州教育制度和女子教育历史具有重要的价值。

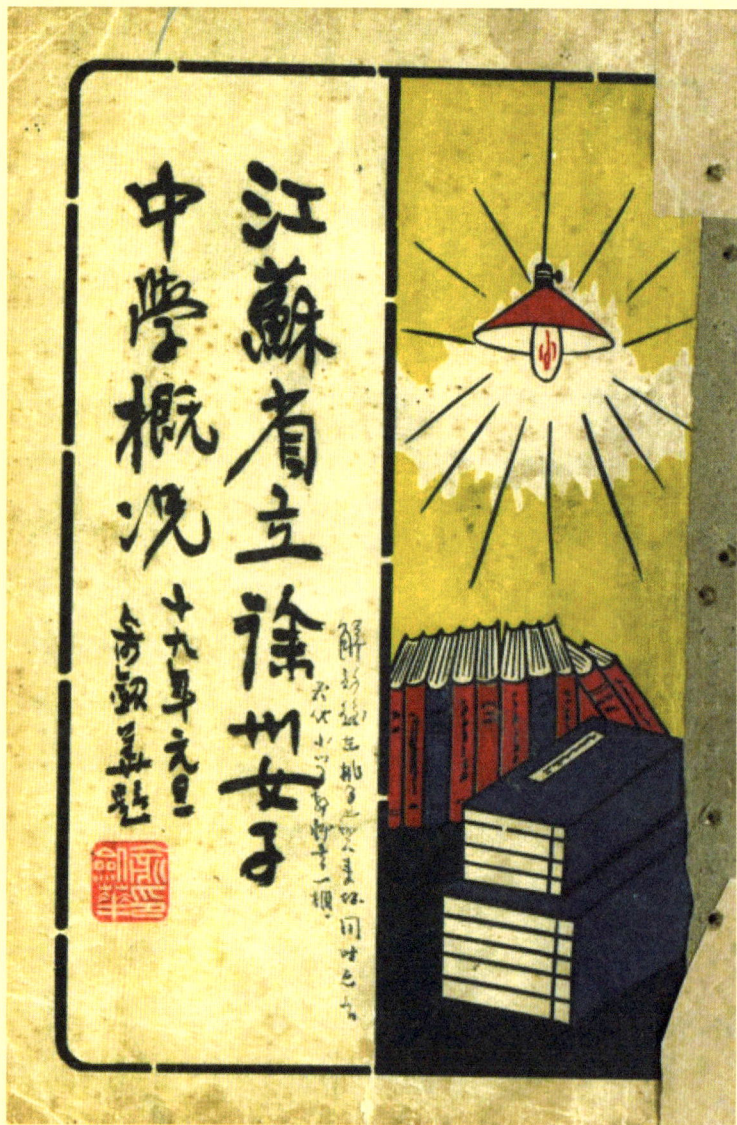

《江苏省立徐州女子中学概况》封面

江苏省立徐州女子中学校旗

江苏省立徐州女子中学校徽

校长张静秋到任后给省政府的函电记录了抗战胜利后的江苏省立徐州女子师范学校的复校情况。1932年省立三女师更名为省立徐州女子师范学校，徐州沦陷时被迫停办8年。抗战胜利后，江苏省政府公布了各中学、师范学校校长名单，其中张静秋任省立徐州女子师范学校校长，并于1946年2月到任，该校在原址正式恢复办学。

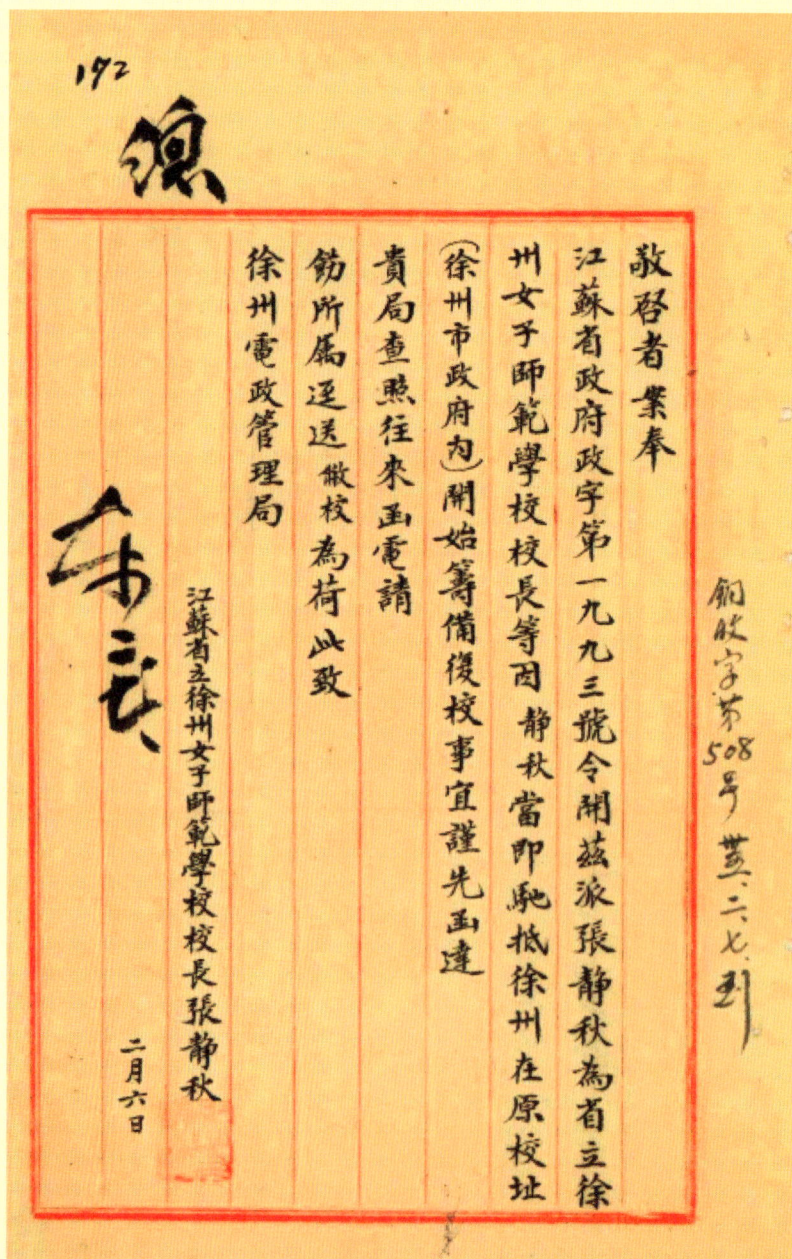

校长张静秋到任后给省政府的函电

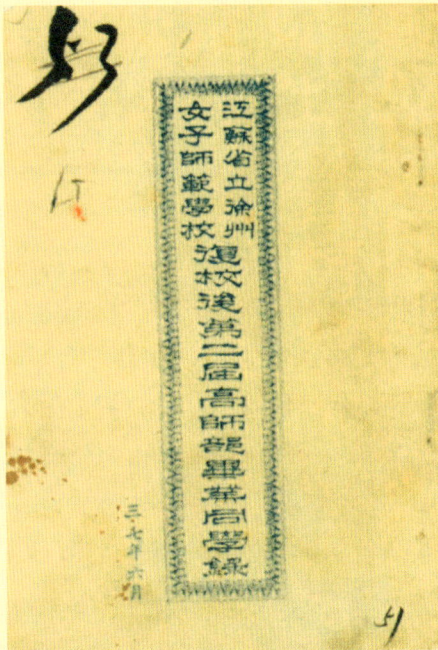

江苏省立徐州女子师范学校复校后第二届高师部毕业同学录

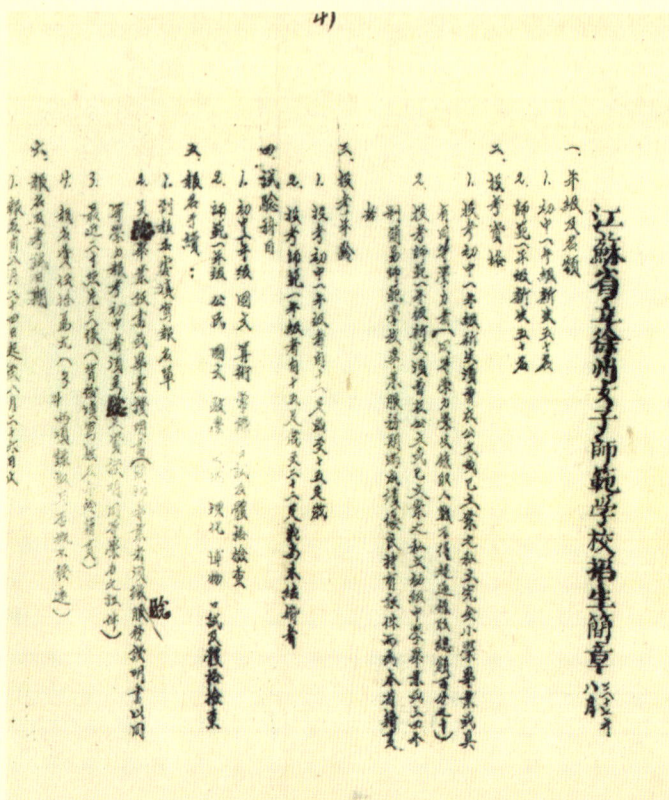

江苏省立徐州女子师范学校招生简章
包括年级及名额、报考资格、报考年龄、试
验科目、报名手续、报名及考试日期、报名
及考试地点等7项内容。从档案中可以看出，
初中一年级招生年龄为12—15岁，师范一
年级为15—22岁且尚未结婚；初中一年级
试验科目为国文、算数、常识、口试及体
格检查，师范一年级为公民、国文、数学、
理化、博物、口试及体格检查，需要通过
学校统一组织的入学考试。

江苏省立徐州女子师范学校招生简章

江苏省立徐州师范学校校友录第一辑、第二辑形成时间分别为1947年、1948年。徐州解放后，
省立徐州女子师范学校与省立徐州师范学校合并，成立徐州市立师范学校。该组同学录内容包括校
长魏绍舜所作的序、教职员录、毕业校友信息等。从档案可以看出，第一届毕业17名、第二届毕业
297名、第三届毕业403名，该校办学规模逐步扩大，国民教育日渐普及。

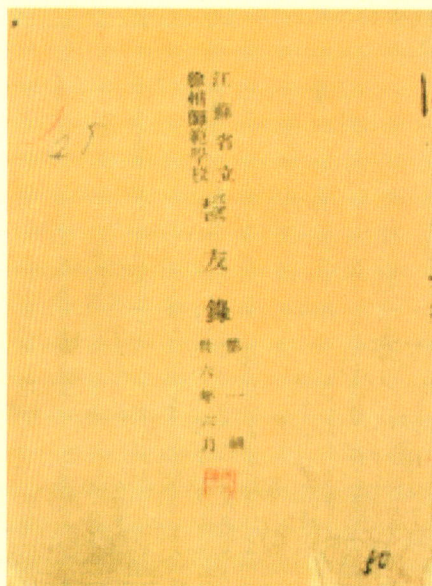

江苏省立徐州师范
学校第一辑、第二辑校
友录

江苏省立徐州师范学校第二辑校友录序

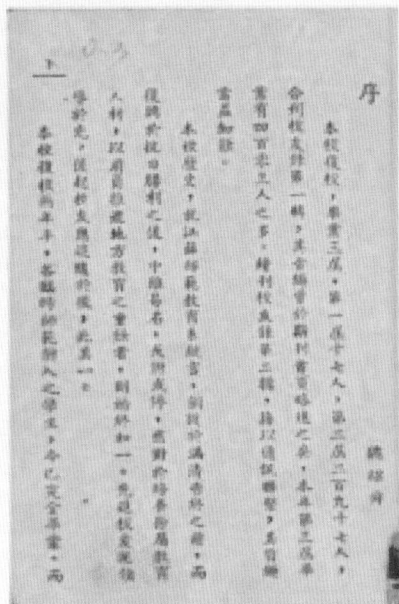

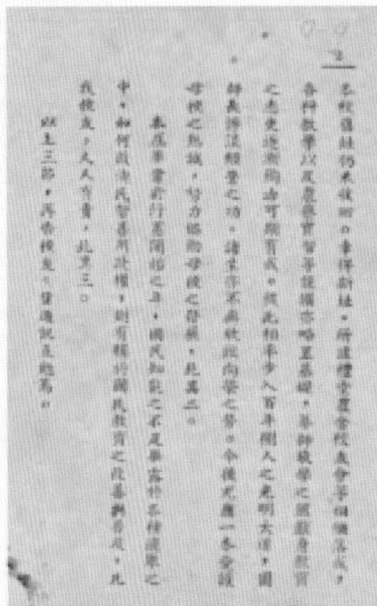

全文:

本校复校,毕业三届,第一届十七人,第二届二百九十七人,合刊校友录第一辑,其旨趣曾于斯刊首页略述之矣。本年第三届毕业有四百零三人之多,续刊校友录第二辑,借以通讯联系,其旨趣当益加剧。

本校历史,就江苏师范教育系统言,创设于满清告终之前,而复兴于抗日胜利之后,中虽易名,或并或停,然对于培养徐属教育人才,以肩负推进地方教育之重任者,则始终如一。先进校友既领导于先,后起校友应追随于后,此其一。

本校复校两年半,各临时师范并入之学生,今已完全毕业,而本校旧址仍未收回。幸得新址,所建礼堂农舍校友会等相继落成,各科教学以及农艺实习等设备亦略置基础,尊师敬学之风、献身教育之志更逐渐陶冶,可期有成。从此相率步入百年树人之光明大道,固师长惨淡经营之功,诸生亦不无欣欣向荣之劳,今后尤应一本爱护母校之热诚,努力协助母校之发展,此其二。

本届毕业于行宪开始之年,国民知能之不足必露于各种选举之中,如何启迪民智善用政权,则有赖于国民教育之改善与普及,凡我校友,人人有责,此其三。

以上三节,再告校友。望通讯互勉焉。

相关知识:

江苏省立第三女子师范学校成立于1921年,著名政论家杨季威女士任校长,徐州党组织创始人吴亚鲁在此任教,开展地下革命思想宣传活动,徐州第一次纪念三八妇女节会议也在此秘密举行。1927年,江苏省实行中学师范合一制,省立第三女子师范学校改名为省立徐州女子中学。1932年,根据省教育厅指令,取消中学、师范合一制,省立徐州女子中学改为省立徐州女子师范学校。徐州沦陷后,学校被迫停办,直至抗战胜利后恢复办学。徐州解放后,省立徐州女子师范学校与省立徐州师范学校合并,成立徐州市立师范学校,现为徐州高等师范学校。

江苏省立徐州中学青年复员军公费就学档案

保管单位： 徐州市档案馆

档案概况：

1944 年，国民政府发动了声势浩大的知识青年从军运动，并在抗战胜利后制定了诸多青年军复员优待政策，其中就包括公费就学。江苏省立徐州中学与江苏省教育厅的往来文书，记录了省立徐州中学 3 名青年复员军公费就学问题，从侧面反映了青年复员军公费就学优待政策的历史面貌。

江苏省立徐州中学呈送省教育厅关于续报本校青年军复员就学学生吴允明公费证件的公文

江苏省教育厅对其公费问题的指令

相关知识：

　　江苏省立徐州中学前身是清康熙六十年（1721）的云龙书院，光绪二十九年（1903）改为徐州中学堂。1917年在此创办江苏省立第十中学，学制四年。1928年初，与江苏省立第七师范合并，改称第四中山大学区徐州中学，增设师范科。1929年8月，"大学区制"废除，学校改称江苏省立徐州中学。徐州解放后，市军管会接管学校，于1948年12月29日组成山东省徐州市第一中学，校长丁志刚。1953年初，改为江苏省徐州市第一中学。

省立徐州中学旧址，今徐州一中夹河校区

徐州市私立昕昕中学档案

保管单位： 徐州市档案馆

档案概况：

徐州市私立昕昕中学前身为天主教传教士创办的教会学校。1917 年上海震旦大学在徐州开设法文预科。1932 年，徐州教区毛伦主教加以扩充，重建校舍 33 间，招收学生 120 人，始有震旦中学之名。1936 年，著名教育家、复旦大学创始人、震旦大学首任校长马相伯改"震旦附中"为"昕昕中学"，下设光启小学（今公园巷小学），并手书校牌相赠。1951 年，徐州市人民政府接收教会学校，昕昕中学更名为徐州第四中学。馆藏徐州市私立昕昕中学相关档案主要包括：《昕中年刊》，徐州市私立昕昕中学、光启小学同学录，淮海省徐州私立昕昕中学校、光启小学校毕业班同学录，昕昕中学校董会成立相关档案，《昕中通讯》创刊号等。

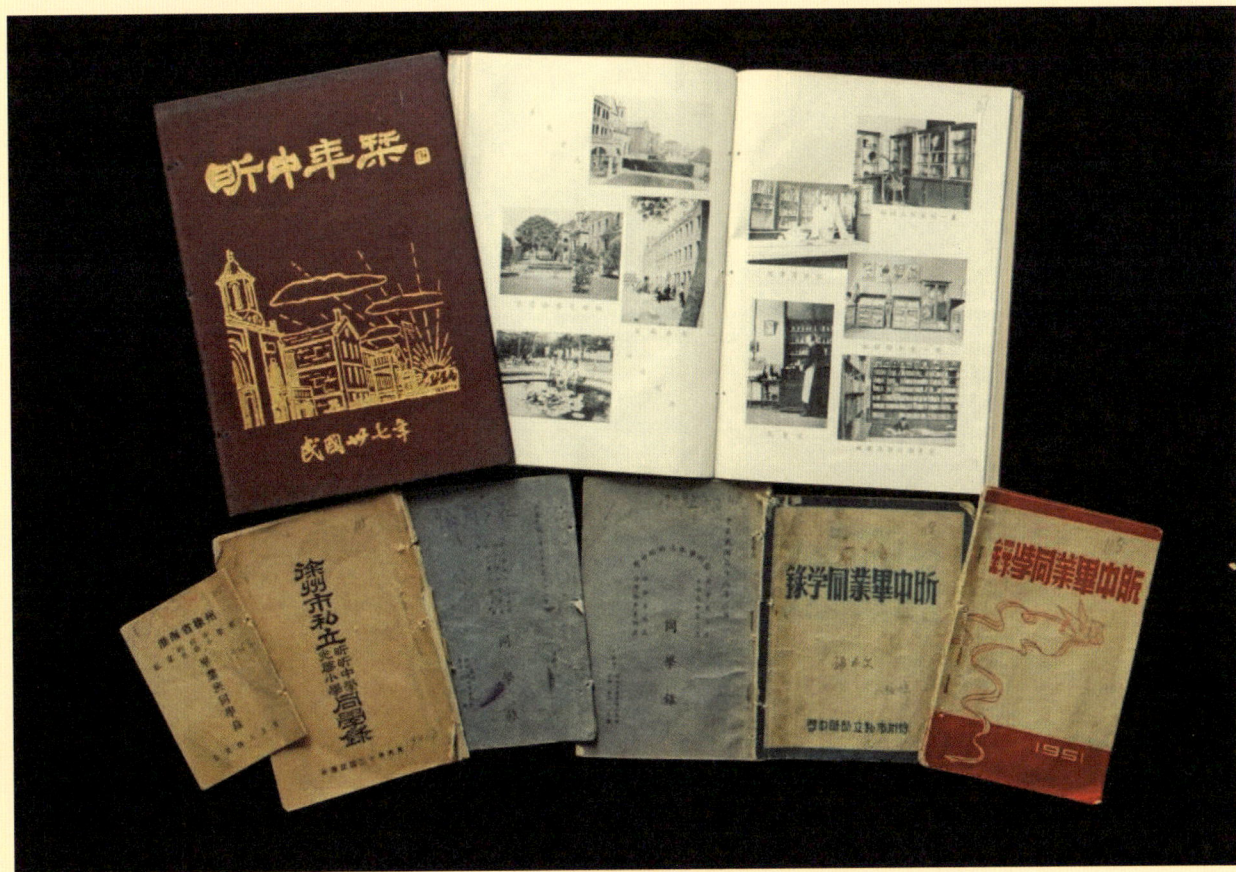

徐州市私立昕昕中学年刊、同学录

　　《昕中年刊》为民国三十七年（1948）第五届毕业纪念刊，收录了昕昕中学校旗、校徽、校训、校歌、校史等文献资料，校董、职教人员、学生名录和大量校景、校舍、设备及教学活动的珍贵图片资料。本组档案时间跨度较长，始自1941年，迄于1951年。作为第一手档案资料，见证了徐州教育事业的时代变迁。

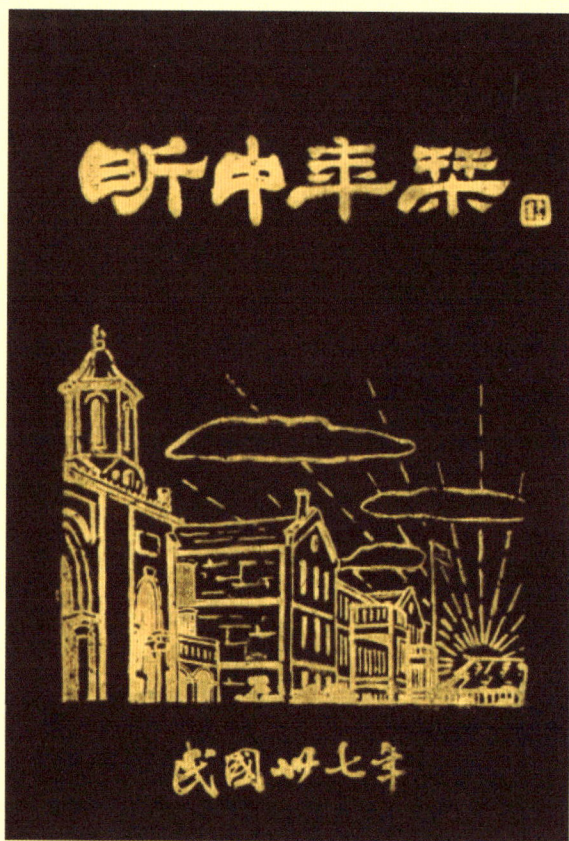

《昕中年刊》封面

昕昕中学校旗、校徽

昕昕中学校董会成立相关档案主要包括昕昕中学校董会呈请铜山县教育局备案文件、董事会组织规程和第一届校董履历一览表等。1937年，天主教徐州教区邰轶欧主教以创办人资格，修正私立昕昕学校规程，聘请南京教区主教于斌、铜山县县长王公屿等15人为校董，推选于斌为董事长，记录了昕昕中学发展历史背景和校董会成立备案的过程。

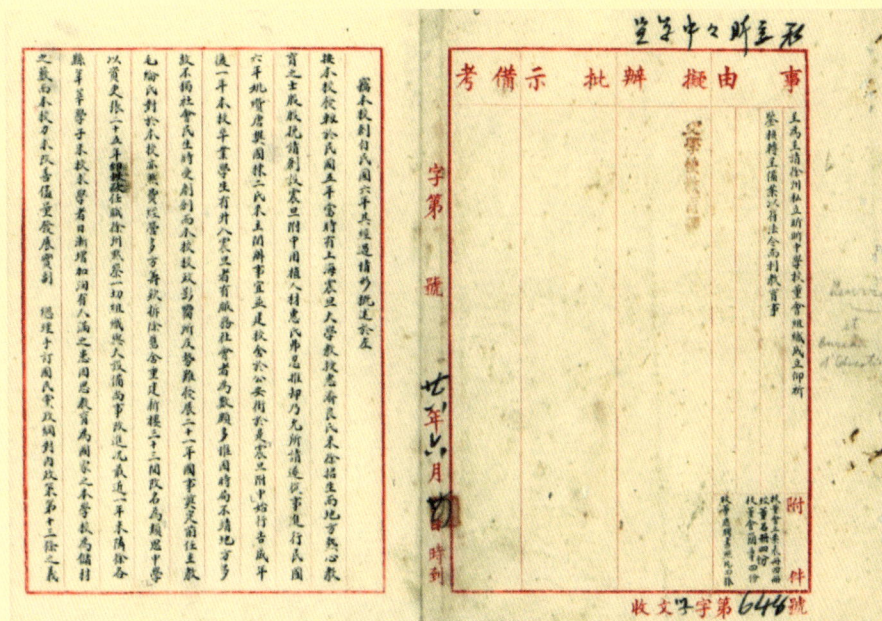

私立昕昕中学呈请铜山县教育局备案文件

私立昕昕中学董事会组织规程

　　《昕中通讯》是徐州市私立昕昕中学公开发行的一本期刊，创刊于民国三十七年（1948）五月，该刊发行日期为每月 15 日，刊中载有学校概况、校友名单、校友通讯等资料信息，还载有部分学生的文学作品如诗歌、小品文等，其中不乏关心关注民生、推动社会进步的声音，是体现彼时徐州教育变革发展的珍贵档案资料。

《昕中通讯》创刊号（第二期）封面

《昕中通讯》创刊号《前途又多了一点光明》（独幕歌剧）

徐州私立培正中学档案

保管单位：徐州市档案馆

档案概况：

私立培正中学的前身为江苏徐州培心中学，建于清光绪三十一年（1905），原名培心书院，为美国南长老会传教士葛马可创办。1919年，更名为培心中学，著名音乐家马可毕业于该校。1932年，培心中学与正心女子中学合并为"培正中学"。徐州沦陷后，学校被迫停办。1942年，徐州基督教会牧师王恒心借王陵路妇女学道院与美传教士别墅闲置房产（王陵路57号），开办培真中学，后为培正中学的分校。抗战胜利后，培正中学复校。1952年，徐州市人民政府接办培正中学，更名为徐州市第五中学，培真中学为五中南校，现为江苏模特艺术学校。馆藏私立培正中学相关档案主要包括江苏徐州培心中学同学录、王恒心致司徒雷登请任徐州培正中学校董函、私立培正中学校董会章程、培正中学办学情况证明书等。

江苏徐州培心中学同学录

徐州培心書院創於前清光緒乙巳年時長院者為葛敎師焉
可為美人巴初來徐傳耶蘇敎先徐人子弟來學必籍問之
遷其有審楊法由利亞氏捐資南長老會欲以耶遺敎中國人
送以資委為牧主其事焉同以其欲創一書院名曰培心誠以
耶蘇之道主於愛而愛生於心培則厚之此其命名之義也余
於民國五年來培心主講中學科三四年級國文迨今己六年
吳生徒事業有成傳道及其他事業者則甚衆焉本年夏第十
四班人將屆畢業期誠班生徒以行將離院興各班生感情素
洽有依依不舍之意爰刊同學錄以備異日通音問俾可切磋

學問涵濡道德伴不忘母校培心之創為諸時咸閱序於余余
甚喜其意愛舉葛牧劉設此院之用意及法由利亞氏能本耶
蘇之愛以愛我徐人者拾其諸生時體諸正杳而行
之則去培心之旨不遺衰基為序
中華民國十一年四月念二日銅山周德同序於培心書院之
第三教室

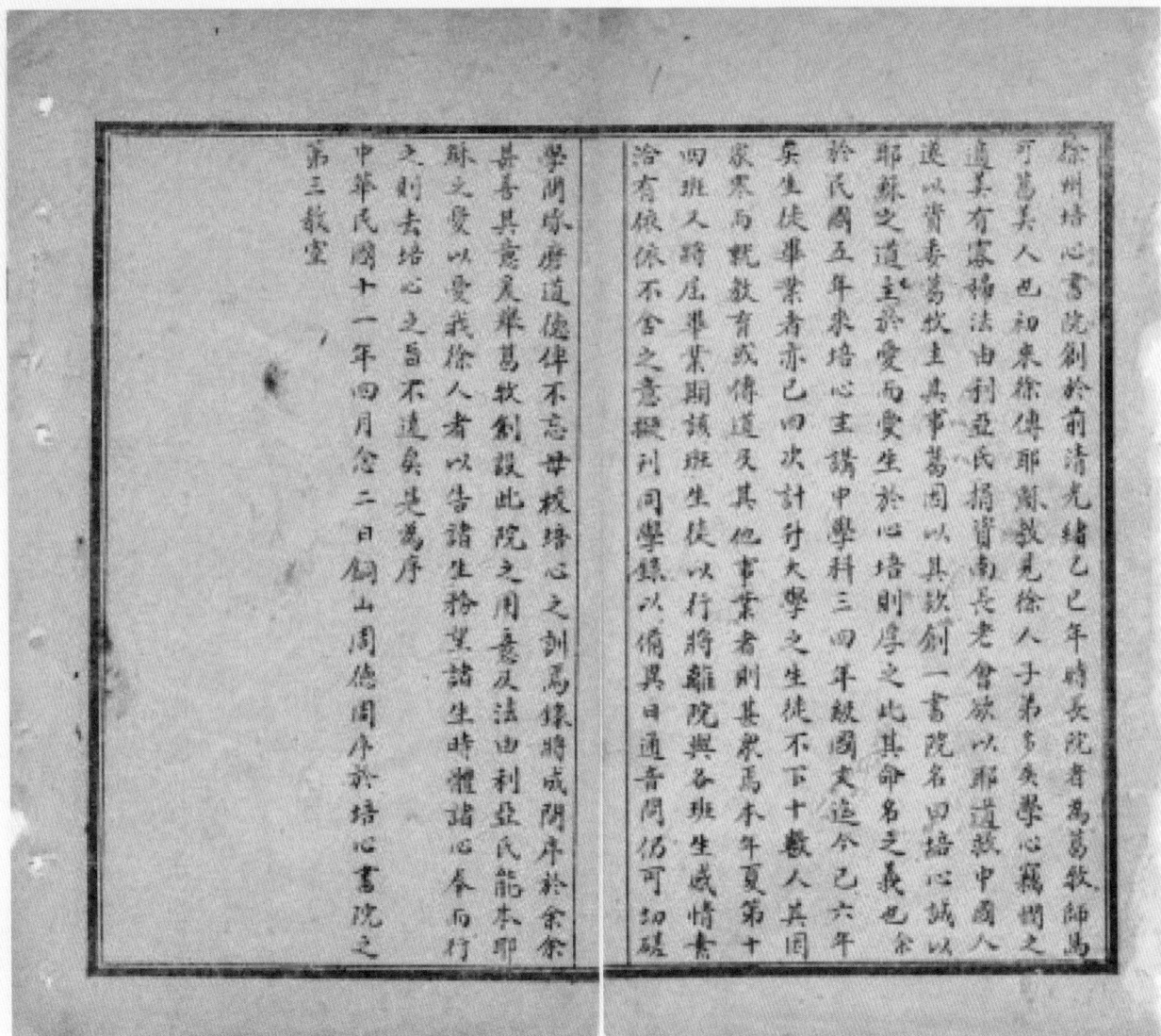

江苏徐州培心中学同学录序

　　1922年夏，江苏徐州培心中学第十四班毕业，为方便通讯联系，刊印江苏徐州培心中学同学录。内容包括序、教职员录、中学科第四年级、中学科第三年级、中学科第二年级、中学科第一年级、高小科第三年级、高小科第二年级、高小科第一年级等部分，收录校长、学监、舍监、教师和学生计138人，项目包括姓名、年龄、籍贯、通讯处、履历等。从该同学录可以看出，培心中学设置高级小学和中学两级教育机构，已具有一定的教学规模。该同学录记载了培心中学建立情况、办学规模和发展过程，对研究民国早期徐州教育史和教会办学情况具有一定的参考价值。

　　王恒心致司徒雷登请任徐州培正中学校董函形成时间为 1945 年 12 月。抗战胜利后，国民政府接管徐州，铜山私立培正女子初级中学校长王恒心致函呈请复校，江苏省教育厅根据《江苏省私立中等学校呈请复校办法》的规定做出批示，要求该校须办理增筹基金、重组校董会等事项后方能复校。为重组校董会，1946 年 7 月，王恒心致函邀请美国驻华大使司徒雷登担任校董。同年 8 月，王恒心赴南京面见司徒雷登，司徒雷登当即接受应聘，并在书信上签名以示同意。聘请司徒雷登担任徐州培正中学校董一函，折射出日本发动侵华战争给中国人民带来的深重灾难，反映了民国时期徐州教育事业发展的艰辛历程，是徐州地方教育史研究的珍贵文献。

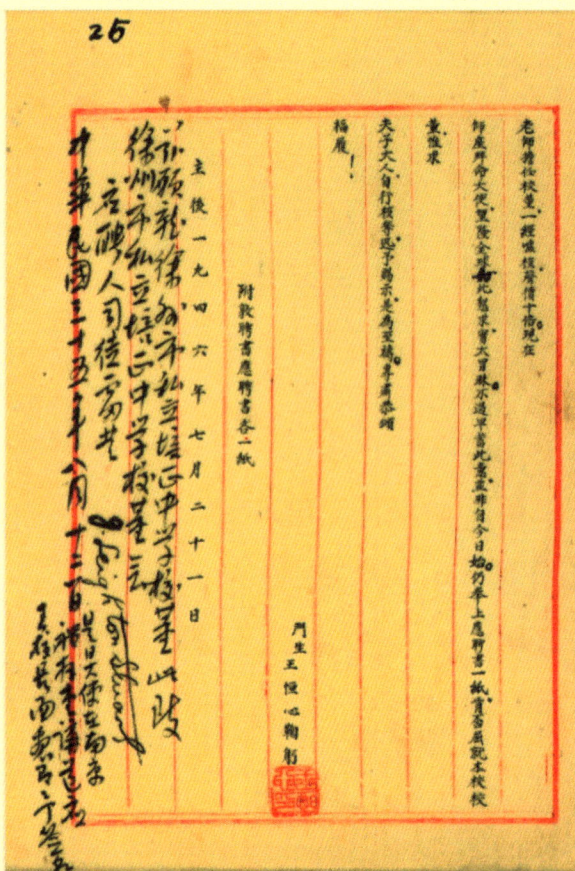

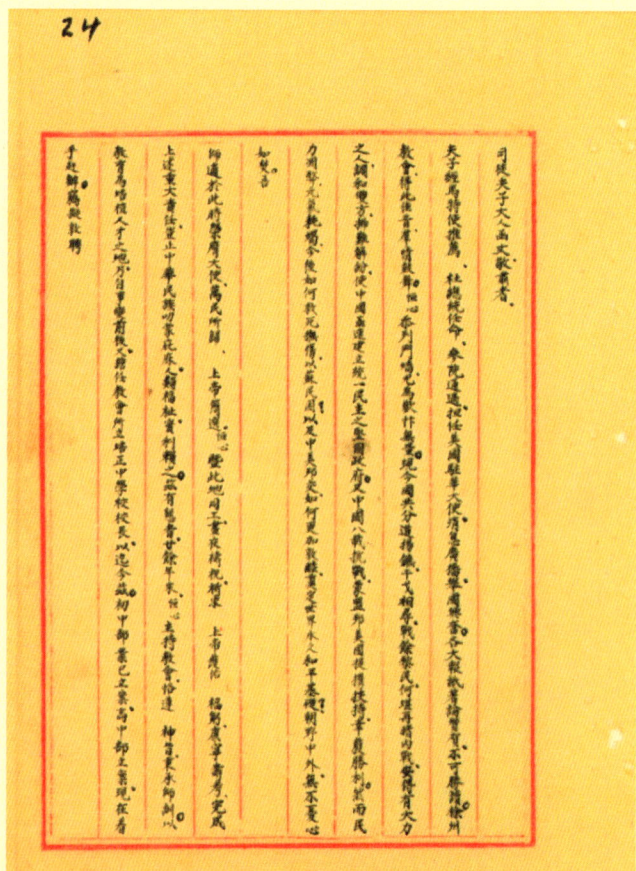

王恒心致司徒雷登请任徐州培正中学校董函

全文：

司徒夫子大人函丈：

　　敬肃者。

　　夫子经马特使推荐，杜总统任命，参院通过，担任美国驻华大使，消息广播，举国兴奋。各大报纸著论赞贺，不可胜读。徐州教会得此佳音，群情鼓舞。恒心忝列门墙，尤为欢忭无量。现今国共分道扬镳，干戈相寻，战余黎民，何堪再睹内战，安得有大力之人，调和双方，排难解纷，使中国亟速建立统一民主之坚固政府。又中国八载抗战，蒙盟邦美国提携扶持，幸获胜利。然而民力凋敝，元气耗竭，今后如何救死扶伤，以苏民困，以及中美邦交如何更加敦睦，奠定世界永久和平基础？朝野中外，无不忧心如焚。吾师适于此时荣膺大使，万民所归，上帝简选。恒心暨此地同工，昼夜祷祝，祈求上帝护佑福躬，康宁寿考，完成上述重大责任，岂止中华民族叨蒙庇麻，人类福祉，实利赖之。兹有恳者，廿余年来，恒心主持教会，恪遵神旨，秉承师训，以教育为培植人才之地，乃自事变前后，又担任教会所立培正中学校校长，以迄今兹初中部业已立案，高中部立案现在着手赶办。窃拟敦聘老师担任校董，一经嘘植，声价十倍。现在师座拜命大使，望隆全球，如此恳求，实太冒昧。不过早蓄此意，并非自今日始。仍奉上应聘书一纸，肯否屈就本校校董，唯求夫子大人自行核夺，迅予赐示，是为至祷。专肃恭颂福履！

门生王恒心鞠躬

　　附敦聘书、应聘书各一纸。

主后一九四六年七月二十一日

兹愿就徐州市私立培正中学校董。此致徐州市私立培正中学校董会。

应聘人司徒雷登 J.Leighton Stuart
中华民国三十五年八月十二日
（是日，大使在南京礼拜堂讲道，应王校长面邀即予签名。）

私立培正中学校董会章程记录了私立培正中学第一任校董会创办过程，校董会创办者聘请 15 人组成，推选徐州基督医院院长刘子余为董事长，校董名册中不乏司徒雷登等社会知名人物。

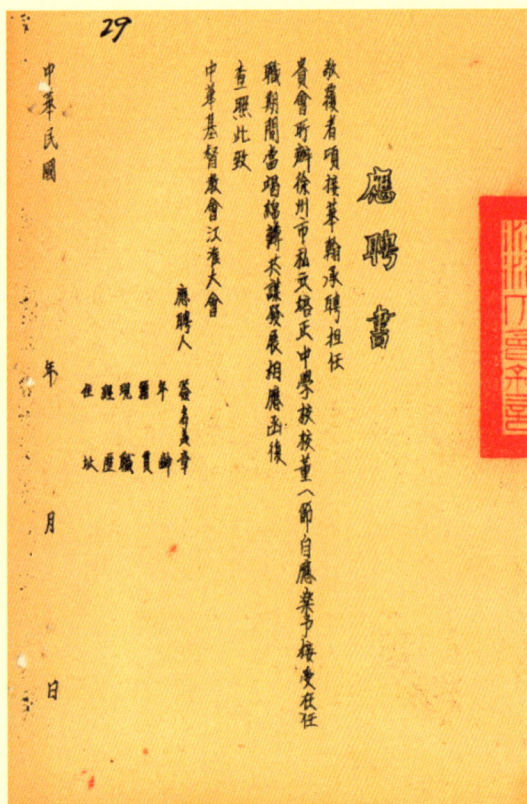

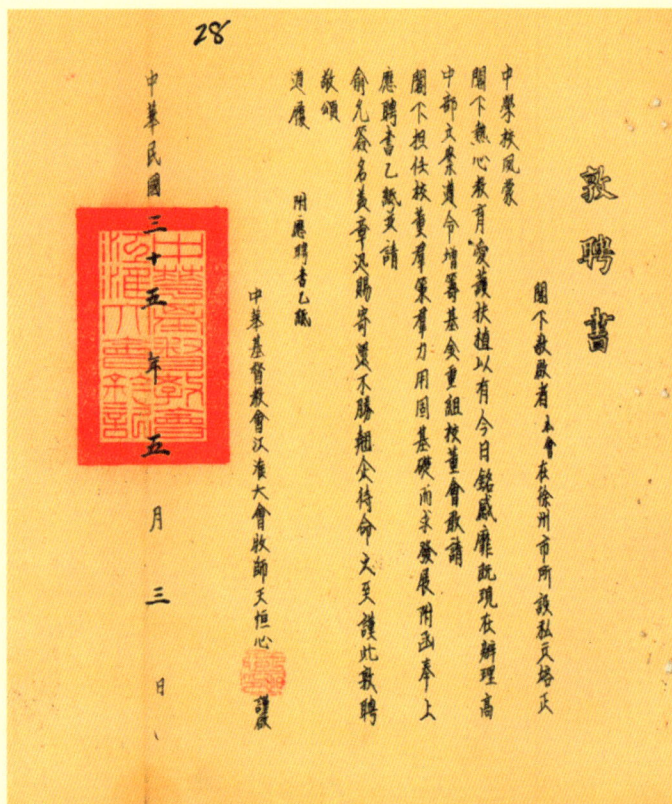

敦聘书和应聘书

徐州市私立培正中学校董会章程

第一條　本會定名為徐州市私立培正中學校董會

第二條　本會以籌設本校經理□博大一切實化及力謀其發展為目的

第三條　本會設校董九人其中五人為校董會主席五人

第四條　會董暫定九人由創辦人聘請十五人組織之互推一人為董事長主持本會

第五條　本會辦事如則另設之

第六條　三月九等召集校董會事項

二月發表人員之支及支定之簡要事項

第七條　三月訂本年校學報告預算及決算事項

四周本年度學生成績及收入等事項

六周定本校校長事項

第八條　本會每年開一次或因事及二分之一以連得□依

第九條　本會報告本各各董事修改本會辦事□

第十條　本會議决及修改之本会通過其有效則□□報　未有經核准前照行

私立培正中学校董会章程

徐州市私立培正中学校董会员数事项表

表级	徐州市私立培正中学校董会																
目的	本会以筹设本校经理组织博大一切实化及力谋其发展为目的																
事务所所在	徐州市有□巷十大号																

私立培正中学校董会呈报事项表

培正中学办学情况证明书形成时间为 1946 年，为前铜山县教育局局长刘天展为私立培正中学写的证明书，记录了该校校名变更缘由。证明书中写明，"私立培正中学校为培心正心两校合并后之名称，民国二十一年（1932）秋开学""唯因女生多男生少，经指令，不得招收男生，校名须加'女子'二字"，改名称为私立培正女子初级中学，后因"该校男生逐渐增多，乃设男子中学部，及校董会定名为私立培心中学校"。民国二十六年（1937），教育厅督学视察，认为男女两校有合并必要，当年改名为培正初级中学，但因为抗战未办理合并手续。刘天展作为前铜山县教育局局长，对该校办理经过情况熟知，写下此证明书，也从侧面反映了私立培正中学的历史沿革。

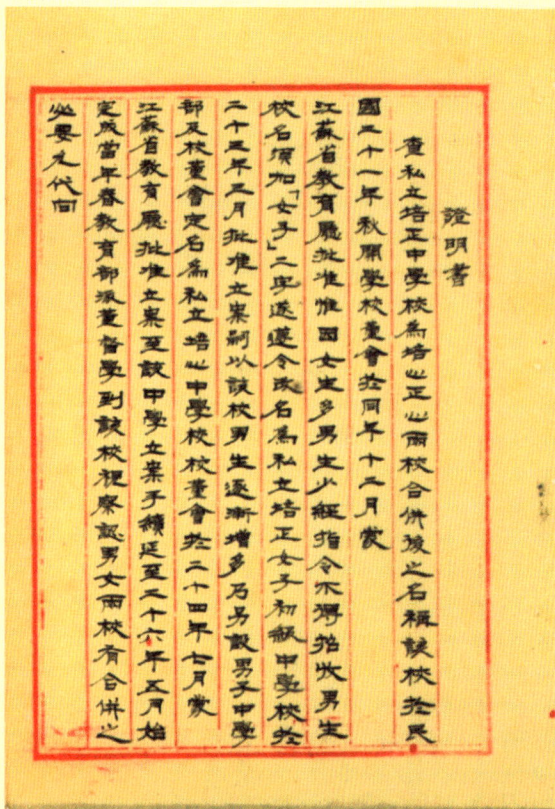

证明书

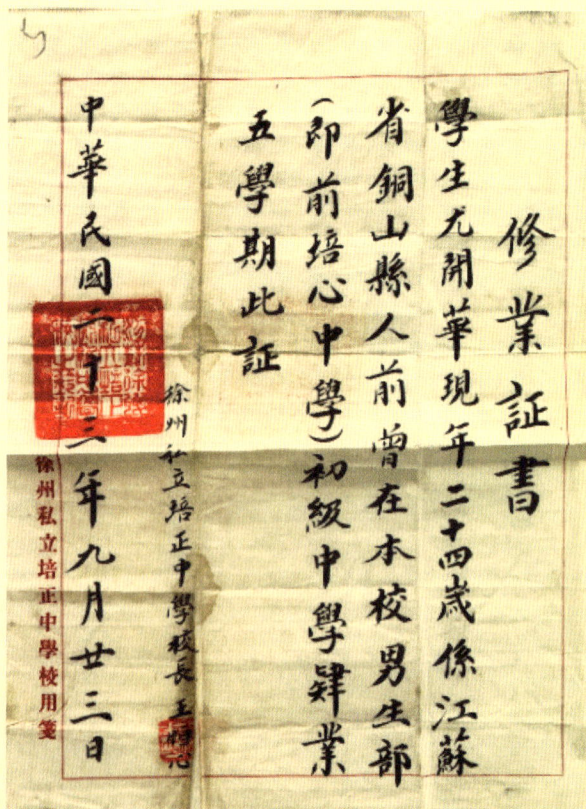

培正中学修业证书

培正中学，现为徐州市第五中学

培真中学，现为江苏模特艺术学校

国立徐州师范学校毕业纪念册

保管单位：徐州市档案馆

档案概况：

徐州市档案馆保存的 1947 年国立徐州师范学校毕业纪念册，共 168 页，内容包括序、校景、校歌、生活留影，教职员、师范部、简师部、特别师范科、简易师范科学生黑白证件照，教职员一览表、毕业同学通讯录，最后附有师范部上届毕业同学录和在校同学录，项目包括姓名、年龄、学历、通讯处等。

国立徐州师范学校为抗战时期创办，前身为豫东国立战时师范学校，办学规模较大，抗战胜利后迁校至徐州，改称国立徐州师范学校，并由教育部直辖。在此期间，国立徐州师范学校拥有学生数千人，籍贯涉及十余省。一年后，全国院校大调整，国立徐师下放省属，校长苗启平（徐州睢宁人）上书教育部，意欲将校名更为江苏省立睢宁师范学校，但教育部将学校定为江苏省立泰兴师范学校，并令三迁该校至泰兴县（今泰兴市）。这本纪念册是 1947 年 5 月，学校奉命搬迁泰兴在即，校长苗启平难舍徐师之情，趁当届十班五百余人即将毕业之际，着人两周之内编此纪念册留以维系寄托。该纪念册用大量照片资料展示当年师生风采与校园景色，对于研究民国时期徐州教育史具有一定参考价值。

国立徐州师范学校毕业纪念册

国立徐州师范学校毕业纪念册序

全文:

　　人群之相与，聚散无常，离合靡定，彼此以渺小之躯，寄寓于两大之间，幸而聚处合居于一地，相需为理，相资为用，俨如手足骨肉，原非偶然。但其聚合也暂，其离散也长，若暂聚长离之迹象，任其如电光石火云散风流，又岂非憾事？则人之相距千年或相去万里，精神意志能历久而常新，远隔而无间，要有维系寄托永久不敝者，在本校同人窃本斯旨。

　　爰有纪念册之刊记谱于斯册者数达千余人，籍隶十数省。本届毕业者为后师、简师各四班，特别师范科、简易师范科共二班，同校同届十班五百余人举行毕业典礼，不可谓非盛事。其十之六七来自豫东国立战时师范学校，彼时以抗战之正气作橐笔之青年，戎马弦歌，自当另有怀抱。胜利后，复员迁校至徐，改称国立徐州师范。连年崎岖，幸获康庄，遵颁定之课程，作师资之陶冶。凡国父主义，领袖言行，聚首同处时，故以共信共守奉为人生之圭臬；既离群索居后，亦必各勉各奋引作终身之准绳，则是精神意志得所维系与寄托。而空间之聚与合，时间之离与散，要无关乎宏旨矣。

　　是册乃吾师生共同生活之鸿爪，精神所寄托也。他日劳燕分飞，手各一编，偶尔退食有暇，按图索骥，某也音容犹昔，某也品性何似，千余人之情绪，犹如促膝共话，相需相资时也。其精神意志，自能历久而常新，远隔而无间。且本校以奉令隶属于省，改称江苏省立泰兴师范学校，将三迁于泰兴县治。抵以毕业同学修业于名称国立师范之时结束，仍在徐州未迁之地。兹册又缘毕业者而起，故名称仍为国立师范学校纪念册，以存告朔之羊。则是册也，又为本校划时代之纪念品矣，意义尤大，是为序。

　　　　　　　　　　　　民国三十六年五月，苗启平续于徐州校舍

国立徐州师范学校毕业纪念册校景

国立徐州师范学校毕业纪念册教职员像

国立徐州师范学校毕业纪念册师范部学生像

徐州市私立云龙中学第二届毕业纪念刊

保管单位：徐州市档案馆

档案概况：

徐州市私立云龙中学 1945 年由段书裁创办，位于云龙山西麓，校长韩席筹。《徐州市私立云龙中学第二届毕业纪念刊》形成日期为 1948 年，记录了徐州市私立云龙中学初中和高中部第二届毕业生的基本信息。从《徐州市私立云龙中学实到校教职员详细名册》可以看出，该校教职员共 19 人，教员多为北京大学、香港大学、南开大学、西北联大、中央大学等名校毕业，虽办学规模不大，但师资水平较为雄厚，是当时徐州较为优质的私立中学。

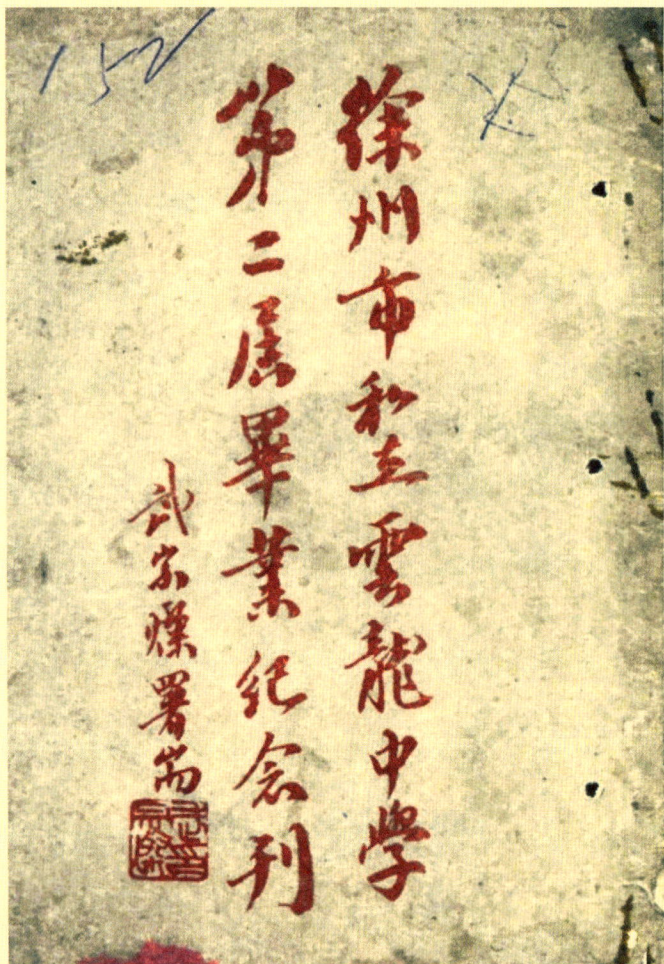

《徐州市私立云龙中学第二届毕业纪念刊》封面

徐州市私立云龙中学教职员名册

江苏省立江苏学院毕业生名册

保管单位：徐州市档案馆

档案概况：

　　江苏省立江苏学院是徐州历史上的第一所大学，前身是1940年创于福建的苏皖联立临时政治学院，学生多为报国有心、请缨无门、流离失所的苏皖两省青年。1941年，学院更名为苏皖联立技艺专科学校。1943年，更名为江苏省立江苏学院。1946年，"全国教育复员会议"决定令其移设徐州。1948年，学院南迁镇江、上海。上海解放后，由人民政府接管，不久后停办，其各个系科并入南京大学。在徐州原校址建立徐州市第三中学。

　　该组档案形成时间为1944—1947年，是江苏省立江苏学院"茶叶科卅二学年度第二学期""社会教育专修科卅四学年度第二学期""行政管理系卅五学年度第一学期"毕业生名册及照片。学院开办9年期间，培养了不少对社会有用的人才，教师中也不乏费孝通、夏书章等知名学者。

江苏省立江苏学院卅四学年度第二学期毕业生名册

徐直民接任江苏学院院长致江苏省立高等法院第三分院的函

保管单位： 徐州市档案馆

档案概况：

1947 年 7 月 25 日，江苏省政府发布了一项正式的人事任命令，任命徐直民为江苏省立江苏学院院长。徐直民在收到这一任命后，按照规定，于当年的 8 月 1 日正式就职。这封信函就是徐直民新任江苏省立江苏学院院长后，向位于徐州的江苏省立高等法院第三分院发出的正式通知。信函中，他说明了自己已经根据省政府的命令就职，并且已经完成了向上级呈报和向相关部门发函的手续。同时，他希望收信方能够查收并了解这一人事变动情况。

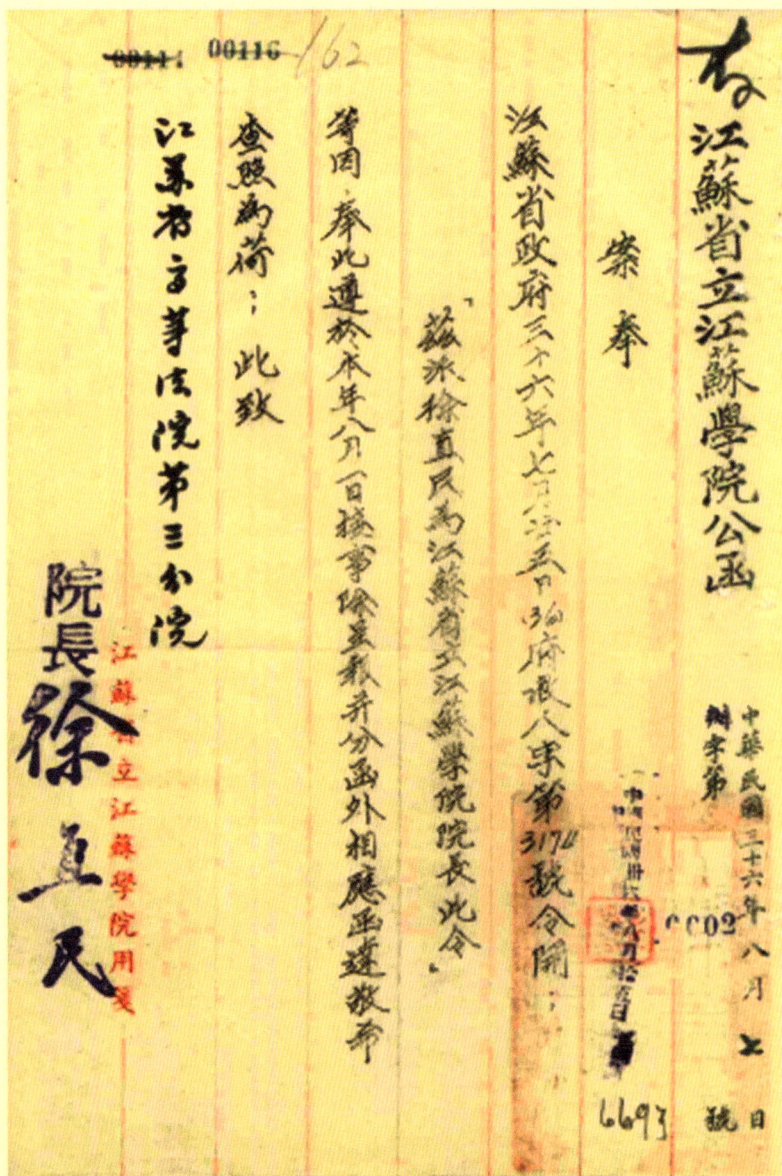

徐直民就职江苏省立
江苏学院院长后的信函

江苏省立徐州民众教育馆为请归还房屋事致徐州驻军电

保管单位：徐州市档案馆

档案概况：

江苏省立徐州民众教育馆创办于1932年，1938年5月徐州沦陷后，民众教育馆被日军拆除并改建为神社和小学。1945年抗战胜利，民众教育馆又被国民党部队占用。为此，民众教育馆向驻军提出迁让挤占房屋、尽快恢复办学的申请。这份档案记载了民众教育馆艰难复校的历史。

江蘇省立徐州民衆教育館稿紙 第 頁

館長 主任 文書

事由

江蘇省立徐州民衆教育館代電 民字第 號

中華民國三十七年 月 日

擬稿 核稿 判行 繕發

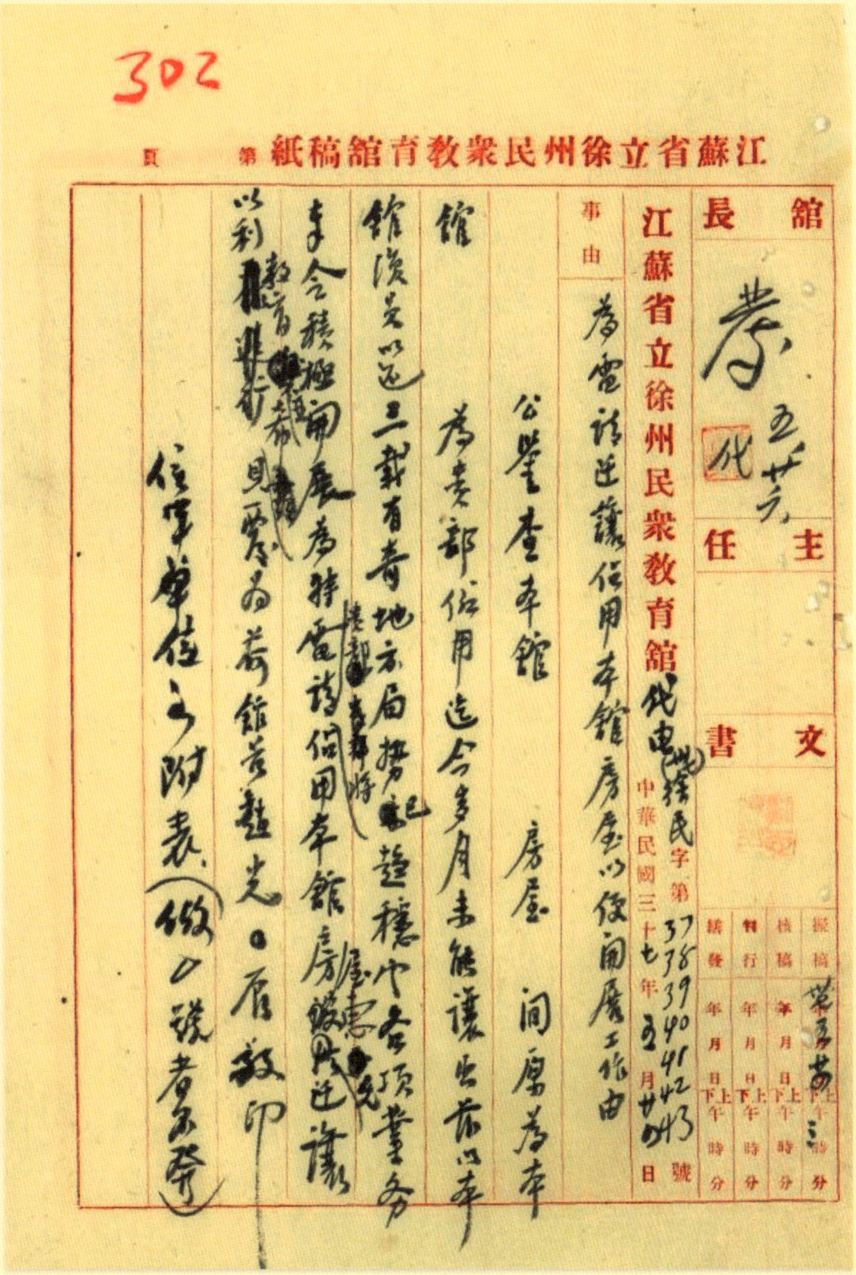

民众教育馆致徐州驻军电

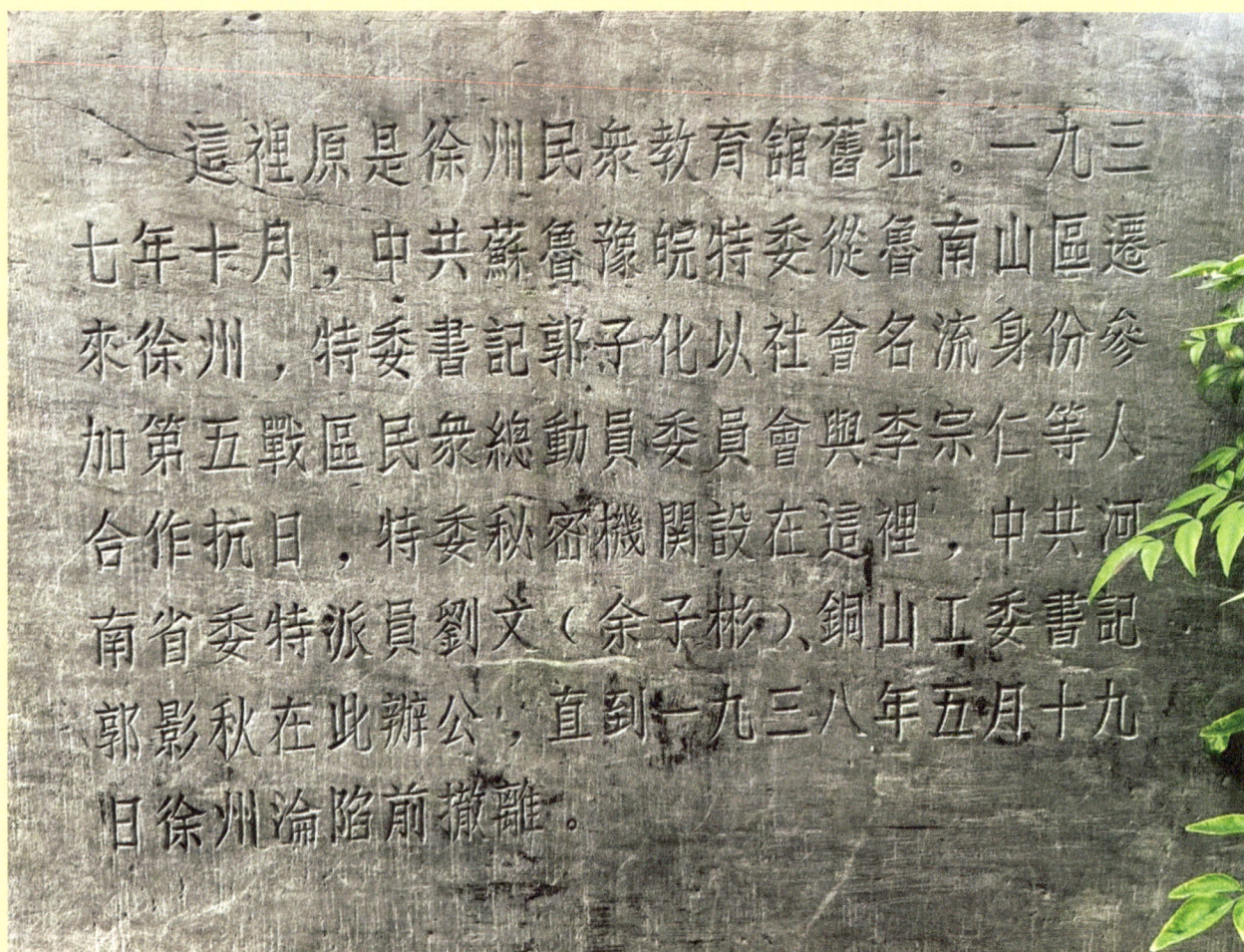

民众教育馆旧址，今位于徐州市第三人民医院

相关知识：

江苏省立徐州民众教育馆是民国时期政府设立的社教机构，创办于"九一八事变"后的1932年，馆长赵光涛。该馆制定救国教育实施方案，以唤起民众、训练民众、组织民众为使命，围绕语言教学、生计指导、公民训练等工作，培养自养、自卫、自救的人才，另设一所农民生活学校，毕业生具有乡村师范资格。教员中有不少是共产党员与进步人士，如郭影秋、薛暮桥、李可染等。许多青年参加培训后投身抗日救亡运动，如潘琰等。1937年"七七事变"后，民众教育馆把民众教育场所转变为抗战宣传阵地，邀请冼星海、光未然带领的上海话剧界救亡协会战时移动演出二队来徐州，进行城乡抗战宣传。中共苏鲁豫皖特委从鲁南山区迁来徐州，在此秘密活动，特委书记郭子化以社会名流身份参加第五战区民众总动员委员会，为建立抗日民族统一战线和台儿庄大战胜利做出贡献。

徐州艺专校长王继述事略

保管单位： 徐州市档案馆

档案概况：

王继述（1896—1972），江苏徐州人，热爱美术教育事业。1924 年开始创办徐州艺术专科学校，为首任校长。1956 年，市工商联编写的《王继述事略》中记载："王继述，市教育界中人，曾于民国初年创办铜山县私立美术学校，担任校长。五四运动发生后，提倡国货、抑制日货之风盛行，乃改业经商，协助其兄创立国货商店，借以提倡国货，抑制外货……迄 1935 年与省会同业共同投资本市，组织国货公司，规模很大，王浩如任经理，但关于公司内部设备、建筑以至人员分配等项，都由继述负责规划，殚精竭虑，颇具规模。惜因抗战爆发，敌寇侵徐州，公司全部付之一炬，继述奔赴贵州遵义，现仍留居该地。"

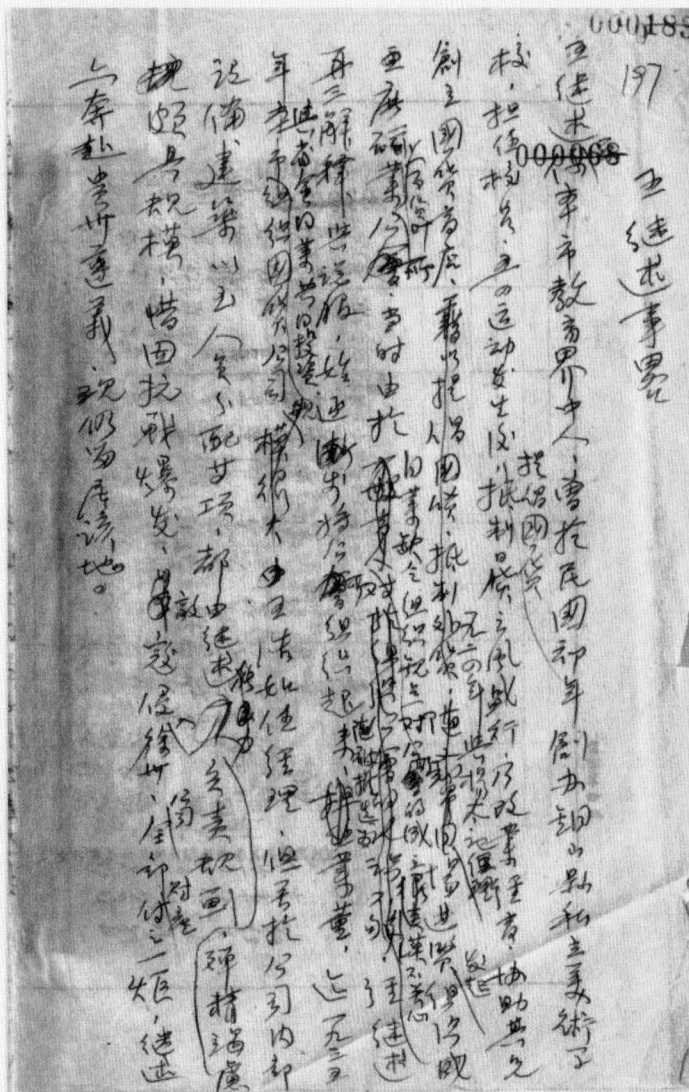

王继述事略

徐州艺专旧址，今位于彭城大院文化创意产业园

相关知识：

铜山县私立美术学校，即私立徐州艺术师范学校，1924年成立，王继述任校长，李可染、萧龙士、阎咏百、王琴舫、张金石、王肇民、王子云等名师执教，培养出上海电影制片厂创始人徐韬、中央戏剧学院院长赵洪模、北京青年艺术剧院编导范景宇、上影美术设计师魏铁铮、画家段天白等。

徐州艺专全国闻名，林风眠、徐悲鸿、华世奎曾来校参观交流。艺专师生以画笔为武器，积极投身抗日宣传，赶制抗日题材的美术作品送城乡巡回展出。1938年5月徐州沦陷，艺专辗转迁至贵州遵义，后停办。培养的学生孙绍昆（孙象涵）投笔从戎，创建抗日游击队，后任第一机械工业部顾问。

据市政协《徐州文史资料》记载，王继述全家办学：大哥王寿仁任国文教师，二哥王承先是国货商店经理，多方募集办学经费，五弟王祥甫教野外写生。王继述随艺专迁至遵义，艺专停办后，王继述在一家搪瓷厂从事美术设计工作。徐州艺专历经战火，颠沛流离，所留档案甚少，通过《王继述事略》，可以略窥当年办学情况。

中国矿业大学早期校名更迭及领导体制变迁档案

保管单位：中国矿业大学档案馆

档案概况：

中国矿业大学的前身是由英国福公司创办于 1909 年的焦作路矿学堂。从 1920 年代起，学校先后经历了福中矿务学校、福中矿务大学、私立焦作工学院的变迁。抗战爆发后，与其他高校合并改组为国立西北工学院。1949 年 12 月，中央人民政府将其拨归燃料工业部领导。

中国矿业大学档案馆保存了新中国成立前学校校名更迭及领导体制变迁的档案，包括 1915 年福中矿务学校成立典礼秩序表、训辞及演说词，1931 年国民政府教育部与河南省政府关于福中矿务大学改组为焦作工学院的往来公文，1938 年与国立西北联合大学工学院、东北大学工学院在陕西城固合组为国立西北工学院的国民政府教育部训令，1949 年华北高等教育委员会关于焦作工学院仍暂用旧名的指令及改由燃料工业部领导的教育部令等。这些档案反映了中国矿业大学的早期发展沿革、历史文化特色和办学成就等，对于研究民国时期高等教育情况具有重要参考价值，是研究中国高等教育，特别是矿业高等教育起源和发展的重要一手史料。

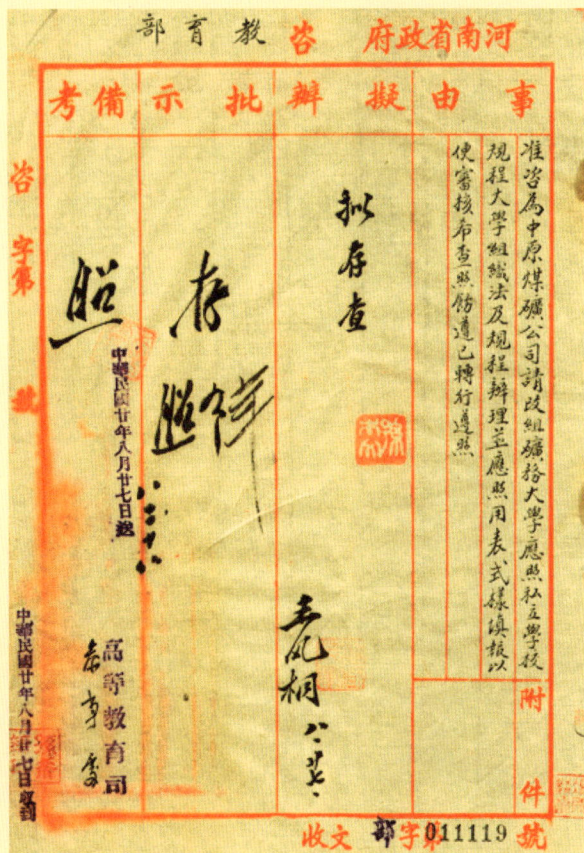

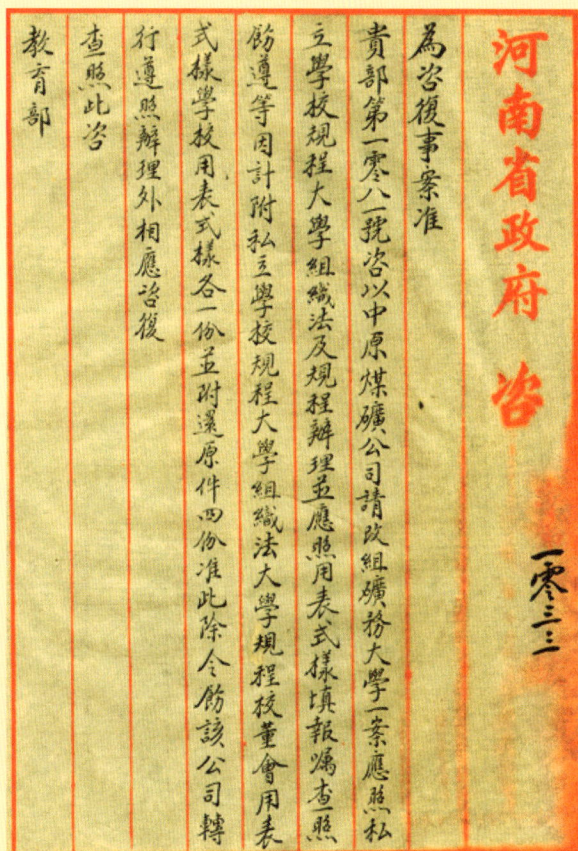

河南省政府关于福中矿务大学改组发给教育部的咨

教育部训令

令國立西北工學院籌備委員辦事處

案查國立西北聯合大學工學院與國立東北工學院及私立
焦作工學院合併改組為國立西北工學院業經呈奉
行政院核定並聘該員籌備在案茲頒發改組辦法一份籌備
委員會簡章一份仰即遵照糾集籌備委員會從速籌備
並編造概算並候核奪除分令外合行令仰知照此令
附發國立西北聯合大學工學院與國立東北工學院及私立
學會作改組為國立西北工學院辦法一份籌備委員會簡章一份

復文請註明左列字號
廿七年發 第 號

中華民國廿七年七月

部長陳立夫

日

10829

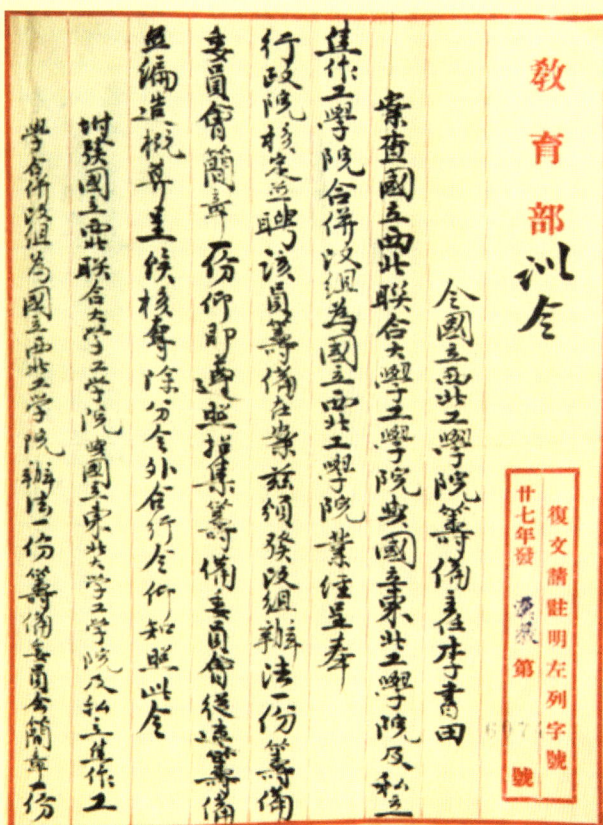

合并改组为国立西北工学院的教育部训令

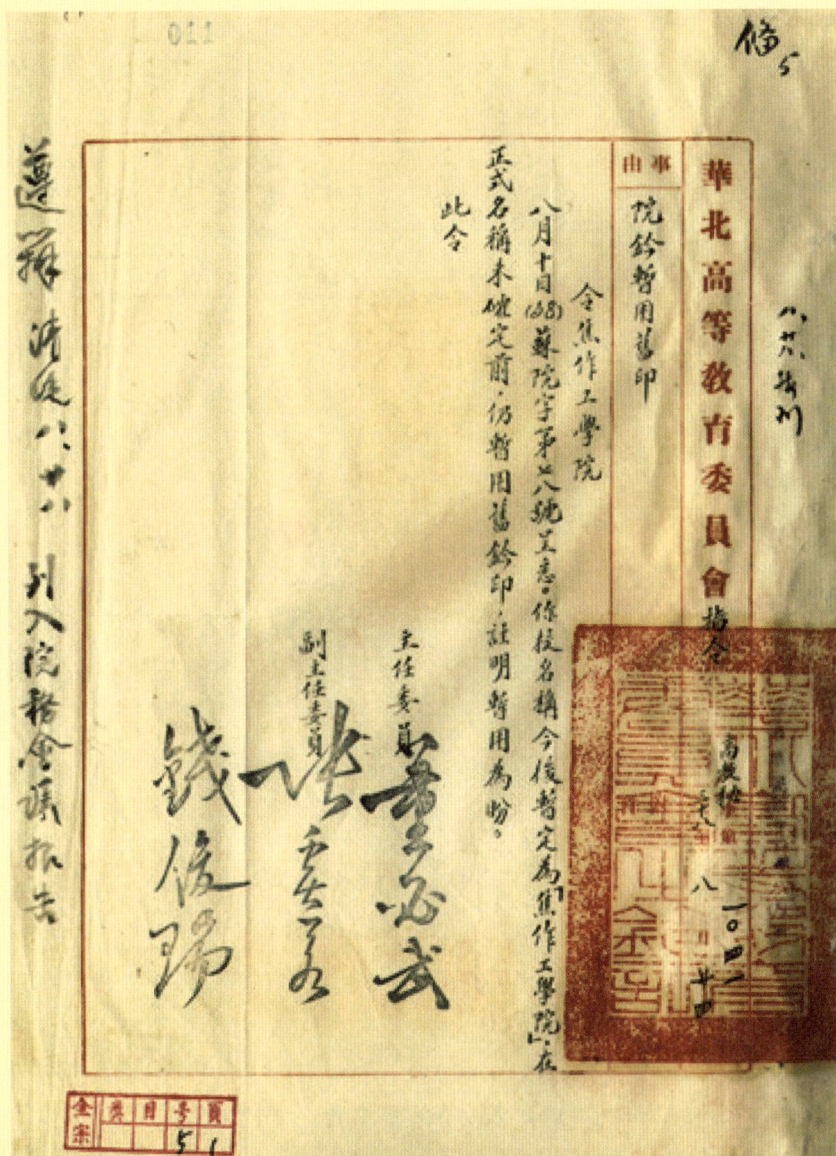

华北高等教育委员会关于焦作工学院仍用旧名的指令

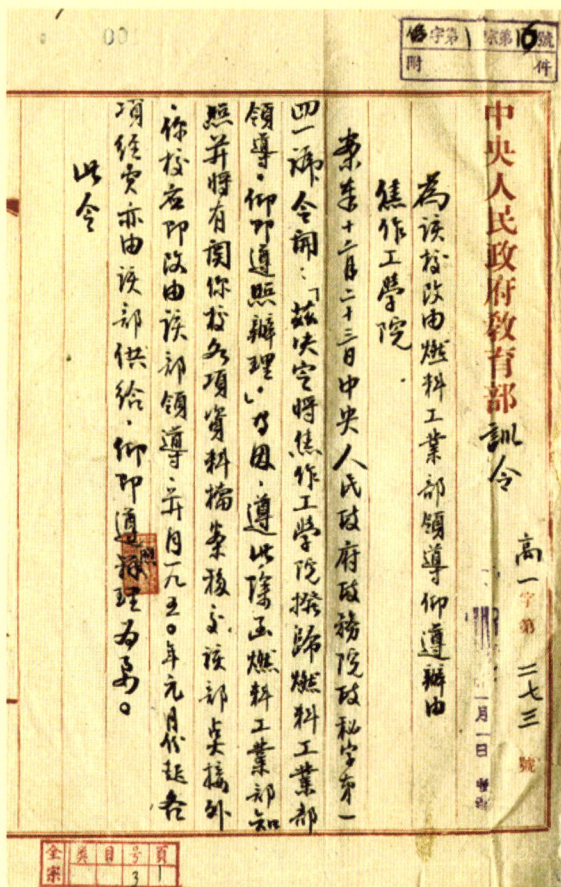

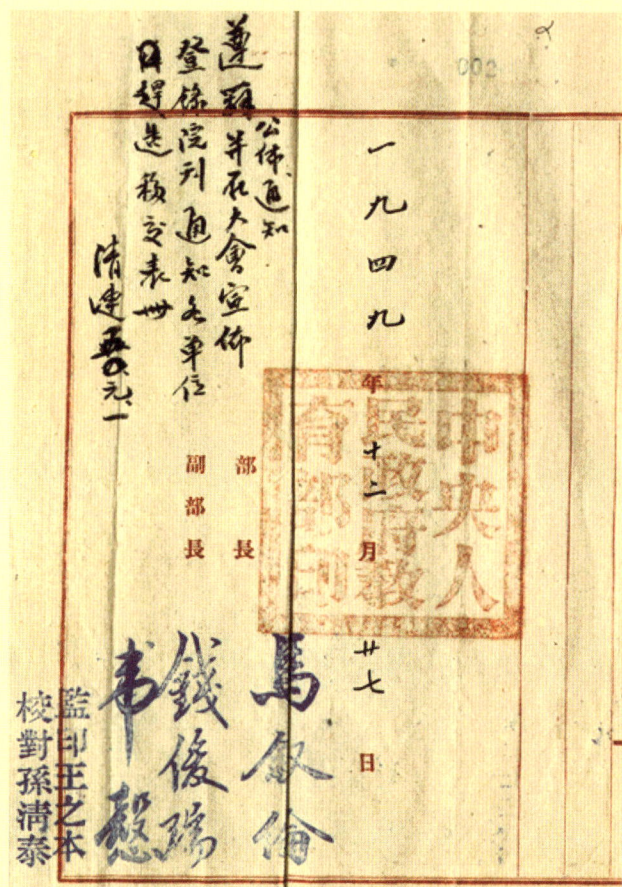

焦作工学院改由燃料工业部领导的教育部令

相关知识：

中国矿业大学是教育部直属的全国重点高校，是教育部、应急管理部与江苏省人民政府共建高校，先后进入国家"211工程""985优势学科创新平台项目"和国家"双一流"建设高校行列。它是晚清时期由外国人在中国开办的三所私立高校之一和唯一的私立工科高校，同时也是在我国创办最早并一直延续至今的矿业高等学府，并跻身于中国最早一批近代大学的行列。1951年，学校结束了在焦作办学的历史，搬迁至天津。1953年，整体迁至北京。"文革"期间，迁至四川省合川县（今重庆合川区）。1978年，学校开始搬迁至江苏徐州办学。

筚路蓝缕　医卫发轫

　　民国时期徐州医疗卫生状况艰难，医疗资源匮乏，加之瘟疫横行、战火连绵，给人民带来深重灾难。有识之士不辞辛劳，积极普及医学教育，发展医学事业，卫生理念渐入人心，公共卫生制度逐步确立，医疗卫生状况有所改善。

种痘传习所证明书、救护训练班毕业证书

保管单位：徐州市档案馆

档案概况：

尤庭芝、尤春生姐弟二人分别持有的种痘传习所证明书和救护训练班毕业证书，于2005年徐州一老屋拆迁时被发现。

种痘（接种牛痘）传习所证明书，持证人为尤庭芝，于1933年由铜山县政府、徐州民众教育馆联合颁发，左下方贴有持证人的证件照。该证明书是学员已完成种痘技术学习的证明，便于学员在毕业后从事种痘工作。

救护训练班毕业证书形成于1937年，持证人为尤春生，由徐州民众教育馆颁发，左下方贴有持证人的证件照。"七七事变"后，救护工作显得尤为重要。因此，政府和社会各界纷纷设立救护训练班，旨在通过短期培训，使学员掌握基本的救护知识和技能。

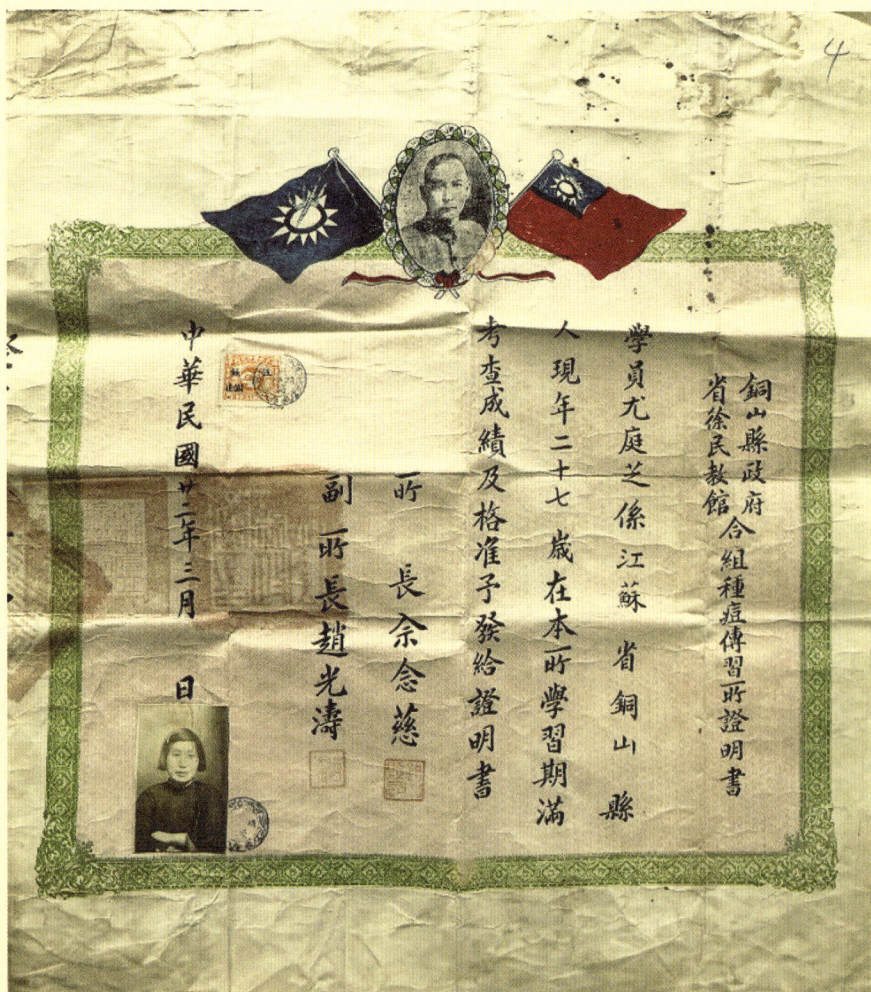

尤庭芝的种痘传习所证明书

予畢業此證

期滿考查成績及格准

本館救護訓練班修業

歲係 江蘇省 銅山縣人在

學員 尤春生 現年 十六

江蘇
省立 徐州民眾教育館館長趙光濤

花印

尤春生的救护训练班毕业证

徐州基督医院全体职员摄影

保管单位：徐州市档案馆

档案概况：

徐州基督医院全体职员摄影拍摄于1946年。1897年，美国传教士葛马可之妻葛璧玺在徐州设立诊所（后扩建为坤维医院），标志着西医正式传入徐州。1900年，美国传教士慕庚杨在坤维医院东隔壁开办博济医院。1914年，博济医院更名为基督医院。1945年抗战胜利后，徐州基督医院由医院董事会接管。1946年春，美国传教士彭友恩负责医院院务。同年，徐州基督医院在管理和运营上继续由外籍传教士主导，但逐渐开始融入本地元素。1948年徐州解放后，医院董事会主持工作，并聘刘子余任院长。1951年，徐州市人民政府正式接办基督医院，并更名为"徐州市立第二医院"。此后，医院经历了多次更名和扩建，逐渐发展成为今天的徐州医科大学附属医院。

徐州基督医院全体职员摄影

徐州市医师公会会员录、第四届会员大会摄影纪念

保管单位：徐州市档案馆

档案概况：

徐州市医师公会会员录、徐州市医师公会第四届会员大会摄影纪念等相关档案形成于 1948 年，会员录录入会员约 120 人，包括姓名、性别、年龄、籍贯、学历、住址等详细信息。医师公会的成立，是民国医疗近代化的重要标志。

徐州市医师公会会员录封面

民国三十七年（1948）徐州市医师公会第四届会员大会摄影纪念

丰县医师营业许可证

保管单位：徐州市档案馆

档案概况：

民国三十六年（1947），丰县县政府颁发给董志纯医师营业许可证。该证四周围以黄色底纹，最上方正中间有孙中山先生像，左上方贴着持证人的黑白照片。民国时期，随着西医在中国的传播和发展，医师执业的问题逐渐凸显。为了规范医师执业行为，政府开始逐步建立医师甄别和考核机制，由医师检定委员会对申请医师执业资格的人员进行严格的检定，包括对申请人进行考核，颁发医师执业证书，对已经获得医师执业证书的人员进行定期考核和监督，确保其持续具备执业资格和水平等。

董志纯医师营业许可证

中华民国红十字会徐州分会留影

保管单位：徐州市档案馆

档案概况：

　　中华民国红十字会徐州分会成立于1947年3月30日，主要职责有战地救护、灾害救治、难民安置、人道宣传等。新中国成立后，原有的组织体系发生了根本性变化，徐州市红十字会作为中国红十字会的地方组织，在新的历史条件下继续发挥着人道主义救助的重要作用。这里展示的是中华民国红十字会徐州分会留影。

中华民国红十字会徐州分会留影

思想争鸣　文化交融

　　徐州自古是南北文化交融之地，随着津浦、陇海铁路的开通，以及五四新文化运动的洗礼，徐州思想文化交流的广度和深度到达了一个新的历史高峰。地方报纸兴办，文献典籍荟萃，涌现出了一批杰出的大师名家。包容多元的文化，深刻影响了徐州各方面的变革。

徐州中外名人演讲集

保管单位：沛县档案馆

档案概况：

1919 年，北京大学教授蒋梦麟等人邀请美国著名教育家杜威博士来华讲学。在此后的两年多时间里，杜威先后在北京、南京、杭州、上海、广州等十几个省市作了 200 余场讲演，受到国内各界广泛关注和好评。1920 年 5 月，铜山县劝学所所长杨懋卿、教育会会长刘虚舟等人联名上书徐海道尹程道存，建议举办徐州中外名人讲演大会，邀请美国杜威博士和黄炎培等著名教育家来徐州进行讲演。在获得程道存批准后，杨懋卿等人立即着手筹备讲演大会事宜。同年 6 月 17 日至 23 日，徐州中外名人讲演大会在石牌坊街基督教会大礼堂举行，杜威、黄炎培等 6 位中外知名教育家做了精彩的讲演，徐州所属八县和安徽、河南、山东等地均有听众前来，演讲会第一天的听众达 1500 余人，可容纳千人的大礼堂座无虚席。

该册《徐州中外名人演讲集》为铜山县劝学所和铜山县教育会辑印，上海国光书局承印，共 108 页。徐海道尹程道存作序，收录了杜威、刘伯明、陈鹤琴、张默君、黄炎培和王伯秋等 6 位教育家的讲演文章 14 篇。讲演内容涉及教育新趋势、新文化运动意义、大战后欧美女子教育、青年修养、职业教育、公民教育等多个方面，对研究民国时期学生教育、国民教育的变革和发展具有重要参考价值。

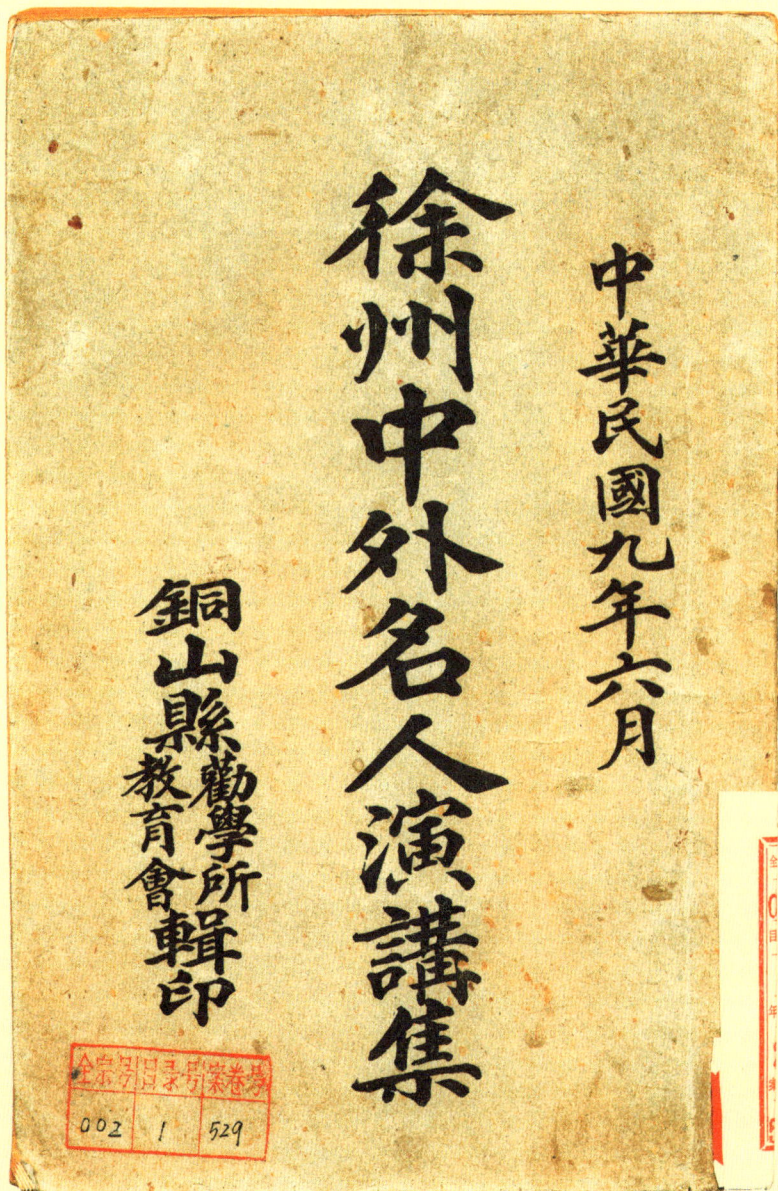

《徐州中外名人演讲集》封面

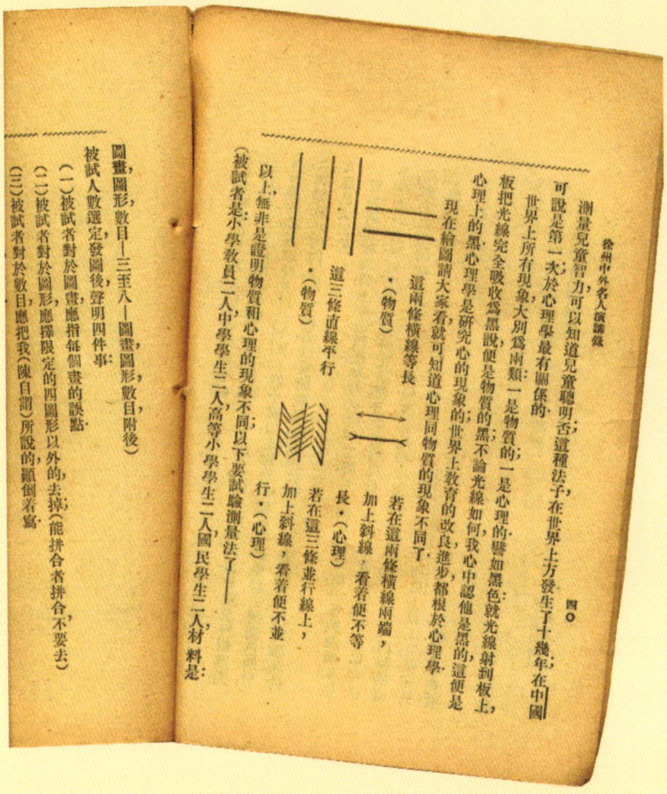
徐州中外名人演講錄　四〇

測量兒童智力，可以知道兒童聰明否；這種法子，在世界上方發生了十幾年；在中國可說是第一次；於心理學最有關係的

世界上所有現象大別爲兩類：一是物質的；一是心理的．譬如黑色就光線射到板上，板把光線完全吸收爲黑說，便是物質的黑；不論光線如何，我心中認他是黑的，這便是心理上的黑．心理學是研究心的現象的；世界上教育的改良進步，都根於心理學．

現在給圖請大家看，就可知道心理同物質的現象不同了．

這兩條橫線等長．（物質）

若在這兩條橫線兩端，加上斜線，看着便不等長．（心理）

這三條直線平行．（物質）

若在這三條並行線上，加上斜線，看着便不並行．（心理）

以上，無非是證明物質和心理的現象不同；以下要試驗測量法了——

（被試者是小學教員二人，中學學生二人，高等小學學生二人，國民學生二人，材料是：

圖畫，圖形，數目——三至八——圖畫，圖形，數目，附後）

被試人數選定，發圖後，聲明四件事：

（一）被試者對於圖畫，應指每個畫的誤點．

（二）被試者對於圖形，應擇限定的四圖形以外的，去掉；（能拼合者拼合，不要去）

（三）被試者對於數目，應把我（陳自謂）所說的，顚倒着寫．

《徐州中外名人演讲集》节选

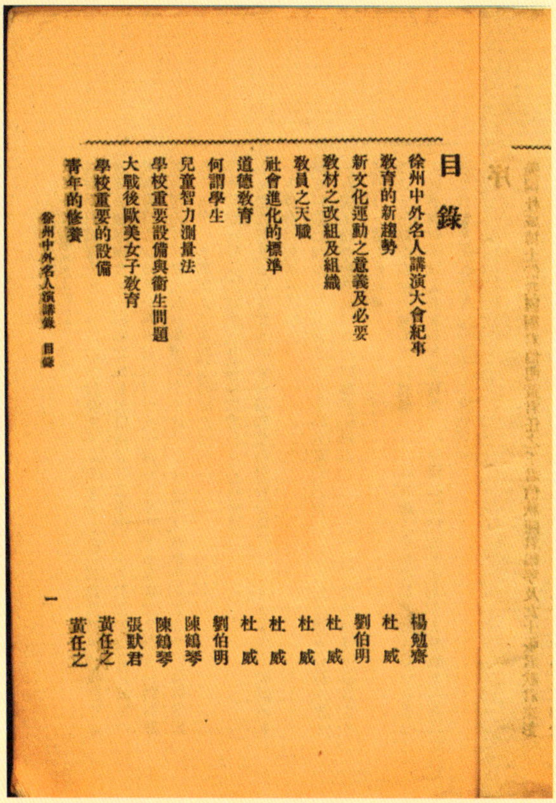
目錄

徐州中外名人講演大會紀事　楊勉齋
教育的新趨勢　杜威
新文化運動之意義及必要　劉伯明
教材之改組及組織　杜威
教員之天職　杜威
社會進化的標準　杜威
道德教育　杜威
何謂學生　劉伯明
兒童智力測量法　陳鶴琴
學校重要設備與衛生問題　陳鶴琴
大戰後歐美女子教育　張默君
學校重要的設備　黃任之
青年的修養　黃任之

徐州中外名人講演錄　目錄　一

《徐州中外名人演讲集》目录

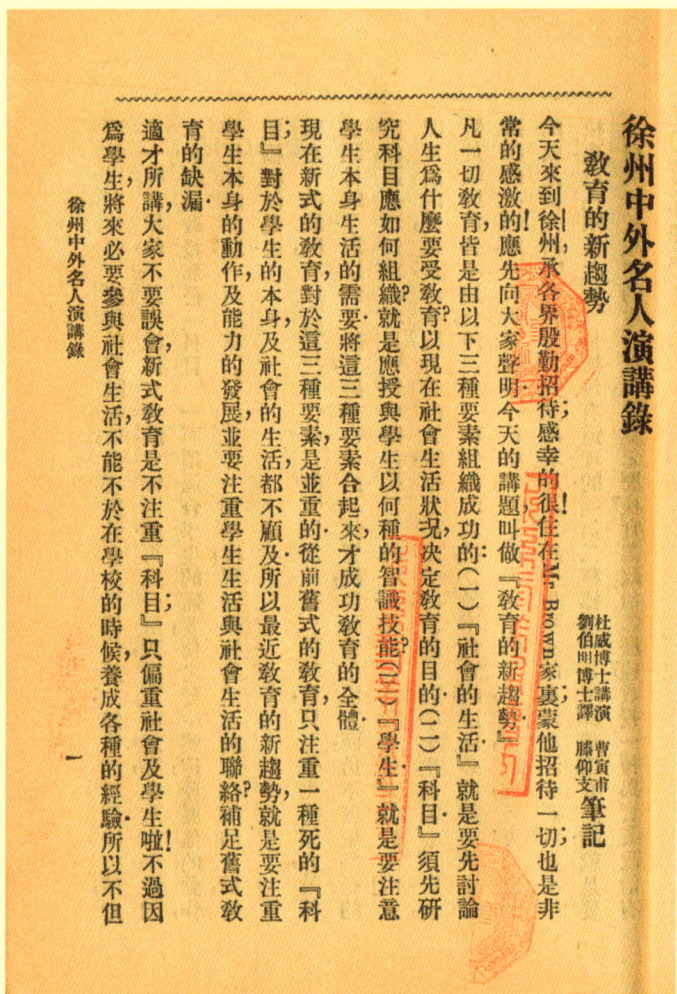

1919年6月，美国杜威博士来徐参加中外名人演讲大会，做题为《教育的新趋势》等演讲

全文：

教育的新趋势

杜威博士讲演　刘伯明博士译　曹寅甫、滕仰支笔记

今天来到徐州，承各界殷勤招待，感幸得很！住在 Mr Brown 家里，蒙他招待一切，也是非常的感激的！应先向大家声明，今天的讲题叫作《教育的新趋势》。

凡一切教育，皆是由以下三种要素组织成功的：（一）"社会的生活"，就是要先讨论人生为什么要受教育，以现在社会生活状况，决定教育的目的。（二）"科目"，须先研究科目应如何组织，就是应授予学生以何种的智识技能。（三）"学生"，就是要注意学生本身生活的需要。将这三种要素合起来，才成功教育的全体。

现在新式的教育，对于这三种要素，是并重的。从前旧式的教育，只注重一种死的"科目"；

对于学生的本身及社会的生活，都不顾及。所以最近教育的新趋势，就是要注重学生本身的动作及能力的发展，并要注重学生生活与社会生活的联络，补足旧式教育的缺漏。

适才所讲，大家不要误会新式教育是不注重"科目"只偏重社会及学生啦！不过因为学生将来必要参与社会生活，不能不于在学校的时候，养成各种的经验。所以不但要教以亲切而有兴趣的智识技能，还要与社会生活连接起来；然后这种智识技能，才是一种有用的，不是空泛孤立与社会无关的。再进一层说，教育的起点，注重在学生的本身。无论教授哪种"科目"，一面须适合学生的需要，使之发生兴趣，发展他的动作，助长他的经验；一面要拿"科目"当作一个桥梁，现在学校与将来社会相离的生活，借这桥梁渡过去。

旧教育的缺点，在以"科目"当作"目的"，以为教授一种科目，只要学生能领会，就算达到目的了。所以到了结果，虽是得了许多的智识，与社会生活方面仍不发生丝毫的关系，这是不知拿"科目"作中间连接器具的原因，就是旧式教育最大的缺欠啦！世间可读的书，很多；小学校可教的智识，也是很不少的。若是不顾学生生活需要不需要，对于环境适合不适合，漫然行一种无目的教授，是最不合宜的，所以必要加一番选择。选择的"标准"，有两种："第一种标准"，是须与学生的生活、动作、经验各方面有关的。就是要先研究这种智识究竟用着用不着，与学生现在的生活有没有关系。如小学校里，教"阴阳五行"，是极没有道理的。"第二种标准"，是须与环境有关的，就是要先研究学校环境的生活状况究竟怎么样，实业政治怎么样。教授一种与实业政治有关系的知识，然后出世做事，才可以应用。

以上是就正面说的。若就反面论，旧式教育的弊病，是很大的。如教材要是不适于学生的生活，那么就以不需要的缘故，不发生关系；因无关系的缘故，不发生兴趣。教师行强迫的注入，学生只好勉强记忆，久而久之，将学生养成一种被动的习惯，不愿意自由吸收智识，教材与学生的生活，就分离开了，好比注水器中，水与器有什么关系呢？况且旧式教育，还有一层短处，就是注意"模仿"，专使学生用记忆力，模仿成人的言语行为。就"学之为言效也"一句话，看起来，就可知旧式教育的意义啦！要知学生何以不自用其耳、目、思想，去发明一切，规划一切，甘居被动的地位呢？实因学校太重视教材，以教材为"目的"，不以教材为"手段"；学校设施，又不与学生生活相联络；所以始终无自由发表、自由创作的机会。比如以学生的头脑为空杯，教师的头脑为水池，教授好比作水管，将水池里的水，用水管灌到空杯里去就算了。这样，学生册得能自动呢？

从前，法国人好吃鹅肉，特用管子，装些食物，灌到鹅肚里去，使之肥胖；至于鹅能消化不能消化，他是不管的。现在，教师只顾教学生多得智识，就将些无用的教材，强行注入，以为非如此不能增长学问，不顾学生天然的需要，不思设法引起动机，使学生有自动的研究兴趣，有时还责备学生不愿读书，这不是与法国人喂鹅的法子一样么？

由此可知学生所以无自动精神的缘故，全由于教材不合学生的需要、动作、经验、兴趣，不能发生动机所致。如人饥了渴了，都知思食思饮，因有饮食的需要，所以发生动机。若是不饥不渴，因无饮食的需要，就不发生动机，如此刻强之饮食，反有害处。因教材不合学生的需要，所以学生往往视读书如苦工，容易发生逃学的弊病。教师因要强迫学生读书，遂不得不生出赏罚记功记过的方法，威吓利诱，勉强学生；学生也只得勉强遵行，日日去读那枯寂无兴趣的书本。教师与学生的精神、时间，两不经济，这不是与不饥渴而强饮食的害处一样么？

世人每谓学生喜读书者少，非加以强制不可。这话真是荒谬。譬如植物种子，若是没有病，种在地下，自能吸收地下的水分；在地上的枝叶，自能吸收日光；人若是没有胃病，饥渴自然思饮食；学生读书，也是这样。若是精神健康，没有脑病，没有不喜欢求知识的。小儿学话，进步得很快；及到学校里学外国语，则进步很迟。究竟是什么缘故呢？因为儿时对于言语很需要，并且觉得很有意思，很有兴趣，出于自动地学习，所以进步得很快。对于外国语或外国故事，觉得没有什么需要，与他目前的生活及经验上，都没有什么关系。因不发生兴趣，就认为困难，其进步自然迟缓。所以教授非与生活的状况联络、发生密切的关系是不可的。

比之教地理：天然的气候形势山水等等，与环境生活，本有密切的关系，这种教材，学生当然愿学的。唯教者若仅教以抽象的智识，如只限于地图或课本的教授，则学生以为与他的生活无关，不发生动机，觉得这种教材为无用的，不愿学习。更进一层说，地理本有关于人生，有扩充智识经验范围的价值，并可增长其好奇心。倘不与环境联合，不过徒增死的智识，如只识得某山某水之名，不能解决一切人生自然问题这样的智识，在脑筋中，如佩戴一种徽章，或一种宝物藏在包裹里一样，是极无价值的。

再比之教数学：这种科目，本是与人生有密切的关系的，未有曾习过度量衡，尚不能解决浅近的斤两问题的。这样的情形，都是由于教师只知以抽象的智识注入，不顾及与日用生活有没有关系。所以这种不合学生生活的智识，是没有用处的，学生绝不愿学的。

以上所说，教材与学生的生活、需要、经验、兴趣，以及社会状况，若是分离了，不但学生所学的智识没有什么实用，习惯下来，学生的心理亦不在乎有实用了，认为在某学校里毕业，差不多像得了一种官衔一样，或脑筋中记得几本书，就算是士君子之流，高出于群众了。像这样的智识，好比一块美玉，佩戴在身上，当作一个装饰品罢了。这不是很坏的事情么？

总括起来说，新教育的教材改组，可分为三层：（一）教师的责任，要指导学生的活动，要满足学生的欲望，使他自行解决一切问题，以主动的方法，代被动的方法。（二）要与学生固有的智识、经验联络，使他自己认为是需要的，才能发生动机，才能有愿学的兴趣。（三）教授学生各种科目，当选择与学生生活及社会生活有密切的关系的，不要认为是一种美玉徽章，要能解决社会种种问题，终极的目的，当拿它作为一种富强国家的要紧的工具。今天所讲的，是教材改组的大概，有系统的讨论，以待下次罢。

需費來，固然是要籌的，但是不多．如圖書館裏的圖書，有二三十元，即可置辦．無論怎樣，這是要做的．至於有甚麼大規模大計畫，未嘗不好．但恐怕做不到．所以揀必須的來講．學校如能有大規模的設備．原來是希望的．不然就是一隅的地方也可當教員的．總要用一番腦力去揀擇他，才好．不然若是有了圖書，一年都不動他，有甚麼用處呢？學校園須要生產，栽種灌溉等事，都可教學生幫忙．用這個法也可練習他們的勞動，且可教學生輪流去做．至于怎樣整理法，怎樣保管法，都可教學生去做．希望大家就做教員當這個時候，就可預備功課．今天不過就兄弟一個人所知道的，供獻于大家，就以上所講的研究，以後能見之實行，教育就可一天進步一天了．

青年的修養

黃任之博士講　滕仰支　鄭夢九筆述

今日到會聽講的人，有學生，有教職員；其實教職員來聽講，也是為的學生；就是辦這講演會也沒有不是為學生的．今天趁着有點機會，我供獻給學生諸君幾句話，權作臨別贈言（因為講演日期於今日告終）

一，近年來新思潮大發達，很受一般學者的歡迎；因為他提倡新的主義，其中最有價值，最寶貴最親切的一點，就是自從新思潮發達後，個個人腦中，都有研究眞理的思想，

徐州中外名人演講錄

七九

1919 年 6 月，黃炎培来徐参加中外名人演讲大会，做题为《青年的修养》等演讲

全文：

青年的修养

黄任之博士讲　滕仰支、郑梦九笔述

今日到会听讲的人，有学生，有教职员；其实教职员来听讲，也是为的学生；就是办这讲演会，也没有不是为学生的。今天趁着有点机会，我贡献给学生诸君几句话，权作临别赠言（因为讲演日期于今日告终）。

近年来，新思潮大发达，很受一般学者的欢迎。因为他提倡新的主义，其中最有价值、最宝贵、最亲切的一点，就是自从新思潮发达后，个个人脑中，都有研究真理的思想，不肯盲从；能用自己的智识良心，去研究判断，以求真理；可为中国思想界放一线的光明。我们因此就有两个问题提出来，就是"是什么""为什么"。不论现在、过去、未来的事，都可以用它来解决。譬如学生先要想一想，什么是学生？为什么做学生？因此一想，自不难了解为学生的道理，乃为学生应做的事。

现在学生可分两派：一派是专门用功学问的学生，一派是专想做社会服务的事。用功学问的学生，只知用功，不问外边事。服务社会的学生，只知做社会服务的事，便不去研究学问。这两派都有点儿不对，因为学问是有用的，倘若置国家于不顾，学有何用？倘若没有真正的学识，如何可以任事？所以蔡子民先生有说的，"爱国不废求学""求学不忘爱国"，这两句话，真是至理名言。所以学生一方面要读书，一方面要做事，然后有了学心，再加以热心，那才可以担当大事。

自从五四运动以来，青年的思想也发展解放了，因而看时事书的很多，研究科学的很少，而研究理化的更少。书店里边，也是关于时事的书销售得多，科学的书销售得少。其实救国根本，还是在科学发达。现在我国荒山无人开，荒地无人理，因此国里的实业不发达，国家不富足，其不危险得很么？所以想求国富，要振兴实业；实业振兴，全赖科学发达。这研究科学的事，是很要紧的，不要说是非当务之急。

学生自治的权，是校长给予的，教学生发挥自己的能力，练习公民习惯，养成社会精神。中小学校，都要提倡的。但是不能妨碍学校行政。

五四运动以后，去年学生在社会服务现象很好，到今年渐渐儿坏下去了。什么缘故呢？因为去年学生做抵制日货的事，对于一般商人，先婉商请他不卖日货；不许，便哀求他，叩拜他，哭感他，所以商人被学生感动了，很帮学生的忙。今年，学生态度同以前不同了，手段很强硬的，对于商人总是责骂他，说是"奸商"，弄得结果很坏。这就是方法有善有不善了。从前的方法，是软的方法，所以容易奏效；现在是硬的方法，所以不容易奏效。所以以后我们做事只要用软的方法，事体没有做不成的道理。

社会大病，在虚伪、苟且。我们不要以为社会太坏，便嫌恶它；我们对于它要异常亲爱。譬如徐州人有刚强不屈的气概，这是很好的，要能结合团体，十分亲爱拿去对外，就有大用。如用作对内，便不妥了。就如算术两数相乘，其积固大；就是两数相加，数也不小；如果相减，便等于零了。

青年的思想，是直的，不是曲的；爱国救国，都是本着良心做的，不是怕人非笑攻击就灰心的。

我们做事，只要手段软，功夫久，没有做不成的事。世上人做事不成，不是手段硬，便是功夫不长久。

关于青年修养八条意思，我都说完了。我对于学生诸君，不是要求诸君就去做，我要求诸君先去想。想过之后，良心上以为对的，再去做。这就是王阳明先生所说的"知行合一"了。

徐州游览指南

保管单位：徐州市档案馆

档案概况：

1923年春，江苏省教育年会在徐州召开。铜山教育会戴恩普首编《徐州游览指南》（以下简称《指南》），由铜山县教育会和铜山县教育局发行，为游徐州者提供食宿游乐各种信息。

《指南》是近代徐州出版最早的旅游指南书籍，共计78页，包括沿革大略、名胜古迹、交通、公署机关、教育、实业、公益、慈善事业、食宿游乐、著名物产、余沛11章，涵盖当时徐州政治、经济、文化、军事等诸多方面的内容，对于研究民国时期徐州历史文化具有重要的参考价值。2012年，百岁老人张绍堂将《指南》捐赠给徐州市档案馆。

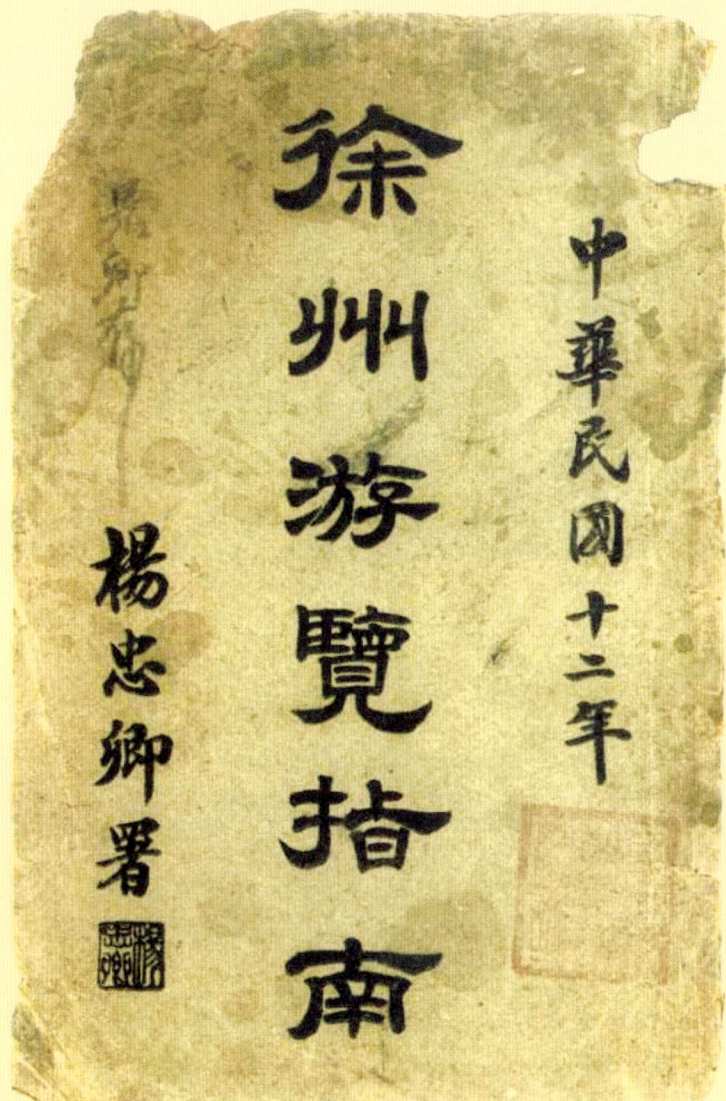

《徐州游览指南》封面

《指南》前言写道："徐为古九州之一，阻山带河，夙有雄城巨镇之称。其间名胜之繁，遗迹之古，非特丛林梵宇，足资考古者之研究，即荒台废垒、颓垣败瓦之间，随地皆古迹之所在。自津浦陇海两路交轨，来游者接踵，若非导以游览之径，则他乡之客歧路徘徊，或易起行路难之感乎。民国十二年春，苏省教育会拟开会于徐州。徐人士以将来延接之余，应付向导之责，佥议徐州游览指南，亟应成书。"

前言讲述了编写原因——徐州历史悠久、名胜众多。自津浦、陇海两大铁路开通以来，游客接踵而来，苦于没有向导。于是借省教育会在徐州召开的契机，编写出版游览指南。

《指南》图文并茂，正文前附有铜山县全图、铜山县城区图、徐州风景照片。风景照片选取了8处古迹：黄楼、戏马台、云龙山、范增墓、快哉亭、燕子楼、魁星阁、子房山。

《指南》设定了城中游精品路线，自火车站开始，先登子房山游览子房庙，再进城，沿徐州中轴线（彭城路），从最北的牌楼向南，经彭祖庙、霸王楼、黄楼、鼓楼、黉宫（文庙）及奎楼（魁星阁）、快哉亭、燕子楼、户部山及戏马台、华祖庙及华佗墓、亚父冢（范增墓，土山汉墓）、云龙山，到最南的奎山塔一路走来，尽揽古城风光。

书后"余沈"部分讲述徐州历史典故46则，如孔子观洪、秦始皇捞鼎、刘邦起兵、华佗行医、苏轼建黄楼、李蟠中状元等，供旅行者阅读，吸引游客慕名来徐观光购物。

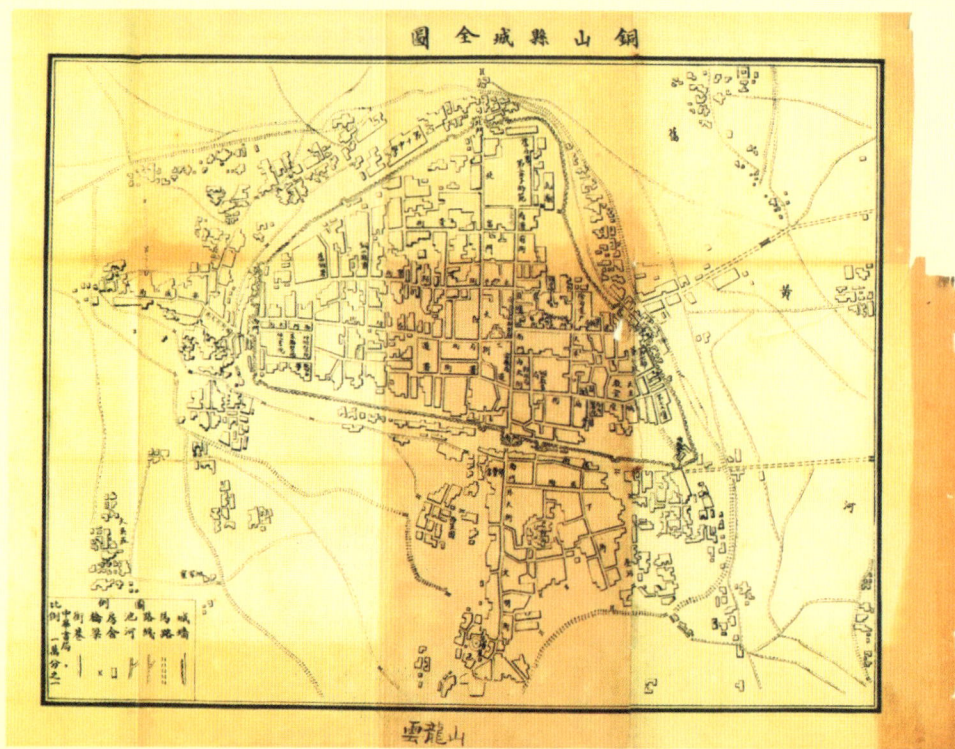

《徐州游览指南》中的铜山县城全图

津浦、陇海两大铁路开通，徐州交通便捷，游客接踵而来。后又开放为商埠，成为交界诸省地区的商品集散中心、文化交流走廊。《指南》交通部分列有徐州至北京、杭州、青岛、洛阳等地时刻表。

食宿游乐部分标有菜馆、旅馆、浴堂、剧场的字号、地址、规模、特色、价格。菜馆有京苏馆、山东馆、回教馆之分。旅馆以城内及车站为最多，东门街的蓬莱旅馆、兴隆街大新饭店最为高档。娱乐方面有大马路云龙舞台、三马路庆乐舞台，均演旧戏。

特产部分有徐州出产的桃杏、梨、石榴、查糕、酒、柳条器等。特别介绍了徐州的高粱酒驰名南北，瓶装便于携带；杞柳条编制器为佳，可作为旅行所用之箱箧。《指南》引入了商业广告，用语新颖独特，简短易记，说天成百货公司"止于至善"，顾客们踊跃购买；咸利元烛皂厂提倡国货，定价低廉，以答顾客之盛意。

当前徐州正在积极建设一条南起云龙山，北到故黄河黄楼，以彭城路为中轴，南北贯通3.5公里的历史文脉——彭城七里，《指南》对建设"彭城七里历史文脉"，有着一定的借鉴意义。

名勝古蹟

徐因名區人物瑋奇書不勝書兹特就其蹟象存在者甄錄而排比之取便尋賞若史册所載。

流傳附會名雖存而實已佚滅者尚不只此。

▲雲龍山　在城南二里江南通志謂劉裕微時憩息此山有雲龍旋繞之異舊志謂山有雲氣。

蜿蜒如龍亦名石佛山朱全忠敗時溥兵於此自蘇軾守徐遊覽後吟咏日多爲一郡名勝明喬宇詩云鸞峯千仞俯崇岡暫謝長途半日忙海內帆檣通汴泗江南形勢控淮揚川原雨過烟花

繞殿閣風廻竹樹涼笑指雲龍山下路放歌無惜醉華陽萬壽祺詩云放鶴亭前接大河藝煙蔑

草望中過頻年戰鬪逋逃盡落日山川痛哭多北枕荒城仍畜牧東臨野水見漁簑獨聞新決澶

淵道回首風塵起碧波。

▲戶部山　在城南半里許卽西楚牧馬處上有戲馬臺舊址明天啓四年河決戶部分司署移

此故名清李蟒戶部山探梅詩云空山無伴已多年獨有寒梅傍我妍疎影偏宜開散地幽芳不

到黯陽天含苞帶雨來相問露蕊臨風倍可憐紙帳夜深還入夢羅浮只在一燈前

▲泰山　在城南五里視諸山特大故名上有碧霞宮石磴逶迤琴嶣岱宗每歲陰歷四月十五

日有會場士女雲集清李余紀太山所見長者詩云嶽名有或同徐山亦云泰居衆峯傑仰止

此甚最山南住老人九十末狠狠前朝博士業多年成解蛻亂後井絡虛茅次久已汰獨尋所舊

徐州遊覽指南　名勝古蹟

一

《徐州游览指南》节选

张伯英手迹

保管单位： 徐州市档案馆

档案概况：

张伯英（1871—1949），字勺圃，号云龙山民，晚号东涯老人，室名远山楼、小来禽馆，江苏铜山人。近代著名书法家、金石鉴赏家、诗人、学者，1924年任民国北京政府副秘书长。张伯英书法造诣精深，以行楷最有成就，亦善篆隶，与傅增湘、郑孝胥、华世奎齐名，时称民初书法四大家。张伯英是齐白石和启功的老师。此副对联"笔挥松竹皆神品，庭养芝兰有妙才"，朴实秀逸，古拙自然，尽显张氏书法精要，又暗合张氏为人风骨，意度高远。

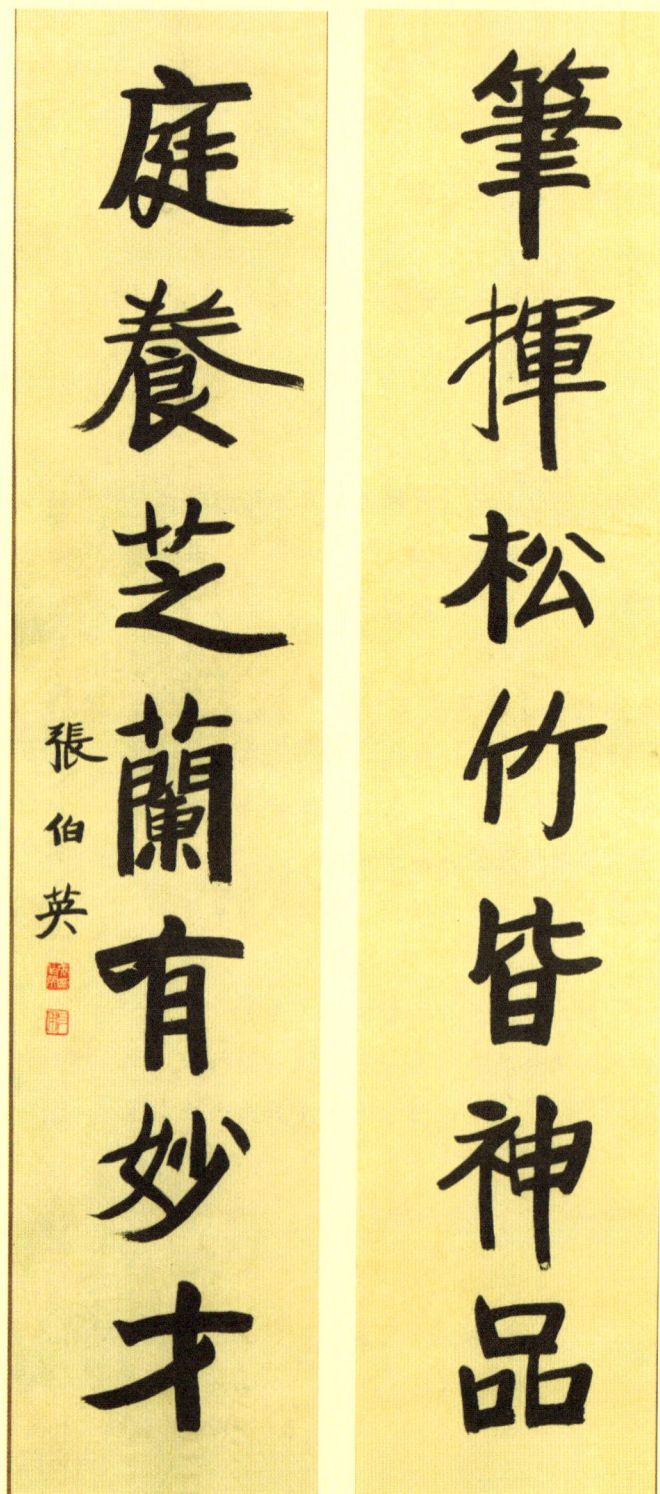

庭养芝蘭有妙才　笔挥松竹皆神品

張伯英

张伯英手迹（单幅 32cm × 134cm）

《徐州续诗征》

保管单位：徐州市档案馆

档案概况：

《徐州续诗征》是继《徐州诗征》之后徐州地方诗歌总集的集大成者，由张伯英主编，民国十八年（1929）开始筹备编纂，民国二十二年（1933）秋编纂完成，民国二十四年（1935）印刷发行。

张伯英为《徐州续诗征》作序，卷首附有"征诗小简"，详细记述了编纂此书的原因、过程以及征集稿件的种种困难。

《徐州续诗征》共6册22卷，收录524位诗人3315首诗作，具体分为铜山（含徐州市）6卷154人，萧县4卷88人，沛县1卷27人，丰县1卷35人，砀山1卷27人，邳县2卷39人，宿迁5卷102人，睢宁1卷28人。另有1卷收入闺秀（女诗人）15人，方外（僧道）4人，流寓（外地常住徐州者）5人。书后编制诗人索引，方便读者查考利用。并附录张伯英诗集《小来禽馆诗草》及其年谱《先祖勺圃先生年表》，为张伯英研究提供了丰富的史料。

此集在编纂体例上颇有特色。第一，收录诗人范围较《徐州诗征》进一步扩大，增补收录元代人的诗作，并收录了4位方外诗人的79首诗作和5位流寓诗人的45首诗作。第二，注明所收录诗歌的文献来源，如方志、总集等。第三，诗人小传后征引大量时人评语，更具文献价值。第四，较《徐州诗征》增加了大量编者的按语。

《徐州续诗征》全面汇辑、收录了徐州元明清时期300余年间的诗人诗作，为研究徐州文学、文献与文化提供了不可多得的宝贵史料。

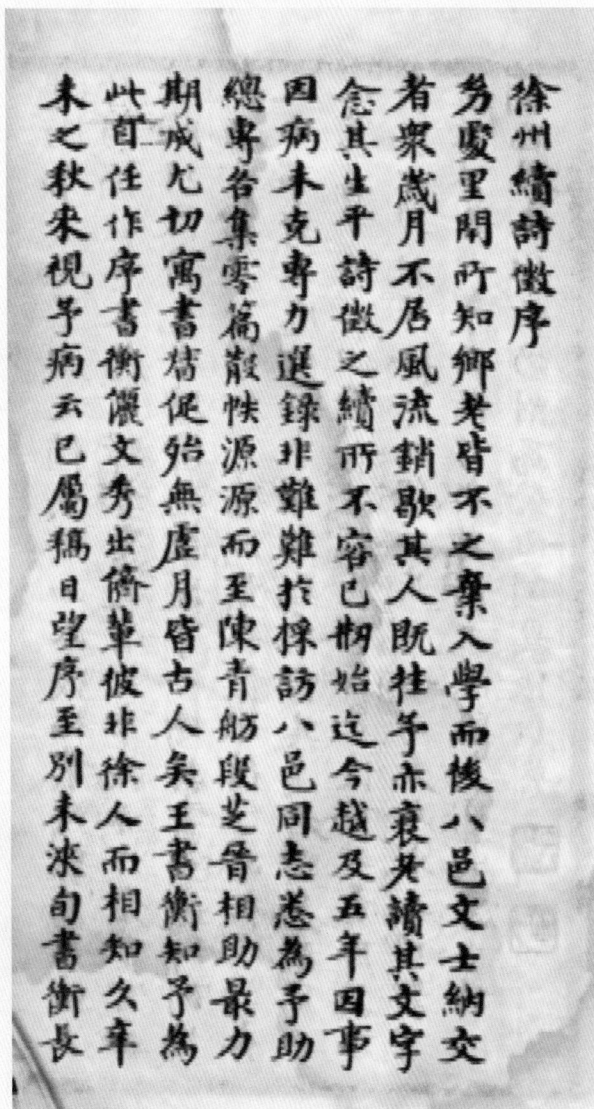

《徐州续诗征》序

徵詩小簡 己巳莫春

臨川桂履真先生守徐有徐州詩徵二遺民集之刊篇吾鄉文獻所繫甚盛

事也詩徵成書時促遺漏者多寒族銅蕭二邑及閨秀詩選二十家以予所

見猶有專集具在篇詠甚富名乃不與者詩僧智朴聲馳輦轂亦無其詩出

是推之八邑遺珠之憾豈可勝窮然此非選者之過也長官徵詩之舉鄉里

或未之知作者後裔式微不得與長官晉接則亦莫由上陳甚有深藏而不

肯出者採訪之事寄之一二人其不周徧宜矣前人文字每賴總集以傳曩

使無詩徵之作此數十百家之詩吾且無從得見今篇時又四十年其人一

往詩輒散佚眾矣況歲月之久乎擬篇續徵一以補前書所未備一以存近

賢之遺著乞我八邑同志分任探訪見聞切近庶鮮漏略詩存人存免就湮

沒其亦仁人君子所樂觀厥成者乎

徐州續詩徵 卷首 一 小來禽館

《徐州续诗征》征诗小简

崔惠均

心孚燕于祥河同知河南
倓穰道有柳谿居士遺稿
任河曜三十年所入悉臚親族去官後家計蕭然於天道之難知也
從孫永靖謹存手澤錄詩見示爲愴然子以病廢

和葉心渠過訪

卅年仍落拓駒隙歎光陰尙有昂藏氣誰知抑鬱心憐君乖俗眼把臂入深林欲說升沉事潸然已滿襟

風雪酒征袍孤遊興亦豪一身隨劍佩三徑任蓬蒿才借江山助詩爭格律

高興君慰岑寂寒夜賁郊瞜

春日寄懷余雲客

梁苑春如海故園花滿城一般好風景兩地觸離情猶憶尋芳日相攜載酒行勝遊那可續愁聽曉鶯聲

徐州續詩徵　卷三　銅山

五　小來禽館

《徐州续诗征》卷三崔惠均诗作

徐州金城电影院全体人员摄影纪念

保管单位：徐州市档案馆

档案概况：

该档案为徐州金城电影院为庆祝 1946 年元旦而拍摄的照片。金城电影院兴建于 1931 年 8 月，位于徐州快哉亭公园，以砖木结构为主，铁皮房顶。最初称"振徐电影院"，1933 年改称"金城电影院"，能容纳千人。1937 年秋，开始转型为京剧剧场，1938 年实现了影剧双重经营。1952 年，该院被中苏友好协会购得，并更名为中苏友好电影院。1957 年，因公园修建而被拆除。

该照片为徐州金城电影院全体人员的纪念摄影，对于研究民国时期徐州地区电影业历史提供了佐证，具有一定的史料价值。

民国三十五年（1946）元旦，徐州金城电影院全体人员摄影纪念

民国时期徐州地方报纸创刊号汇集

保管单位： 徐州市档案馆

档案概况：

民国时期徐州地方报纸创刊号汇集，主要包括《徐州日报》《新徐日报》《徐州公报》《晨报》《新晚报》等31种33件徐州地方报纸的创刊号，从媒体的角度反映了民国时期徐州地区的政治、经济、科技、文化、社会发展以及报刊业的创业情况。该创刊号汇集始自1920年，迄于1948年，时间跨度较长，种类全面，内容丰富，存世较少，收藏价值较大，具有较高的史料价值和历史研究意义。

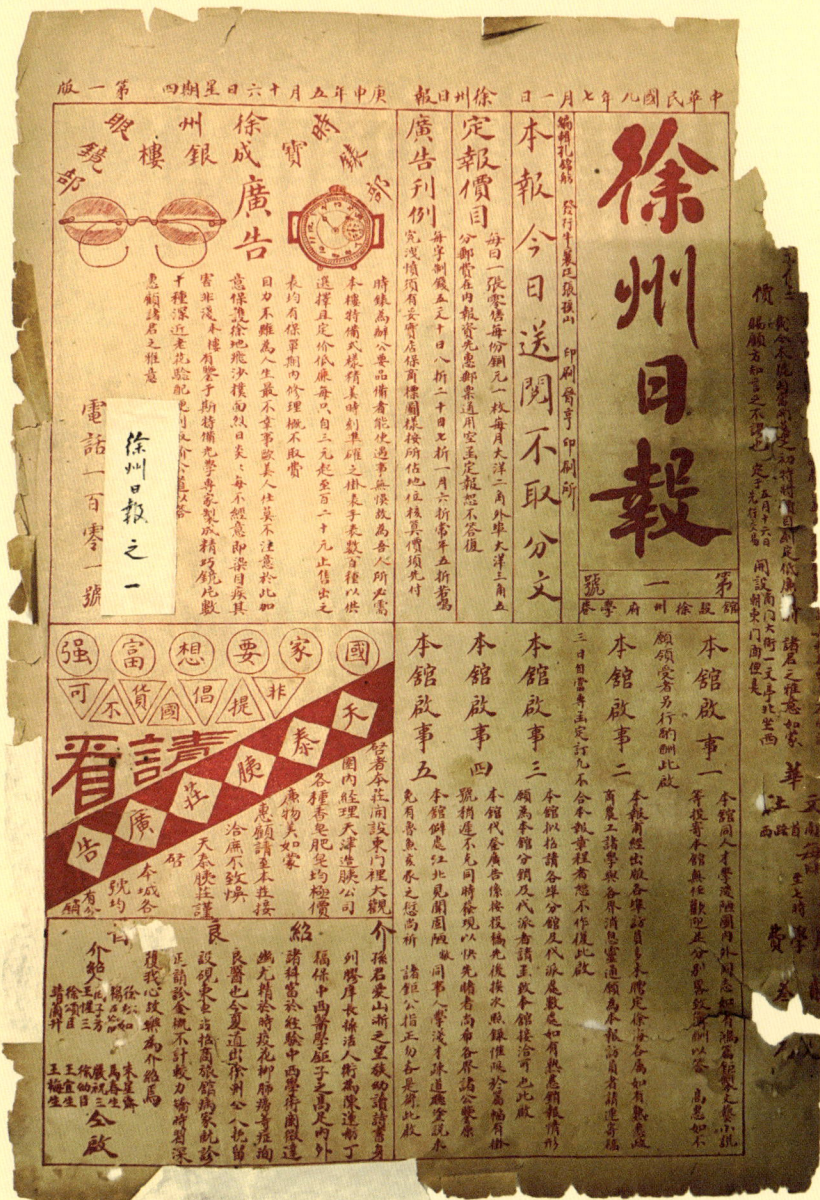

民国九年（1920）七月一日《徐州日报》

民国二十二年（1933）三月二十五日《徐州导报》

民国二十二年（1933）十月十六日《徐州日报》

民国时期徐州地方报纸创刊号名录

序号	报刊名称	版面页数	时间
1	徐州日报	1张2版	1920年7月1日
2	新徐州	1张2版	1925年8月16日
3	新徐州报创刊纪念	1张2版	1925年8月16日
4	徐海日报	2张4版	1927年10月12日
5	徐州民国日报	2张4版	1928年1月1日
6	民众晚报	1张4版	1928年9月3日
7	徐州民报	1张4版	1928年11月1日
8	新徐日报（创刊）	2张6版	1930年5月10日
9	徐州镜报	1张4版	1932年3月15日
10	晨报	1张4版	1932年7月1日
11	我们的晚报	1张2版	1932年7月18日
12	徐州光华通讯	3张3版	1932年10月11日
13	徐州公报	2张4版	1932年11月27日
14	徐州导报	1张2版	1933年3月25日
15	诚报	2张4版	1933年8月27日
16	钟报	1张2版	1933年9月19日
17	徐州日报	1张2版	1933年10月16日
18	公言报	1张4版	1933年11月8日
19	徐海新闻	2张8版	1933年11月24日
20	商报	1张4版	1933年12月2日
21	中华儿童日报	1张2版	1933年12月10日
22	苏北通讯	1本8页	1934年1月20日
23	徐州鸣报	1张2版	1934年3月1日
24	徐州实报一（创刊号）	2张4版	1934年3月10日
25	徐州实报二（创刊号增刊）	1张2版	1934年3月10日
26	新晚报	1张2版	1935年3月19日
27	徐报（复刊）	半张	1945年9月14日
28	中报	1张2版	1945年10月10日
29	中原日报	1张2版	1945年12月1日
30	徐州民报	1张2版	1946年3月12日
31	新徐周报	1张4版	1946年4月1日
32	新生日报	1张4版	1948年5月20日
33	新徐日报	1张2版	1948年12月10日

民国时期的《丰报》

保管单位： 丰县档案馆

档案概况：

民国《丰报》为 1932 年 11 月 5 日创刊的丰县地方报纸，经国民党南京政府中央委员会批准、内政部登记许可。中宣会登记证：中字第 1292 号；内政部登记证：警字第 2230 号。丰县档案馆现存民国时期的《丰报》共 243 期，部分为丰县解放时从国民党丰县政府缴获，部分自民间征集而来，最早为民国二十四年（1935）二月四日第 691 期，最晚为民国三十七年（1948）二月九日第 396 期，均为铅印竖排，白绵纸，长 38.7 厘米，宽 28.7 厘米，对开四版、六版均有。基本栏目包括丰县新闻、中外要闻、商行行情、各类启事、文艺特刊、凤鸣塔等。较为全面地反映了丰县在军事、政治、经济、司法、文化、教育、科技、农业、民生、手工业、自然灾害、风土人情等领域的时情。

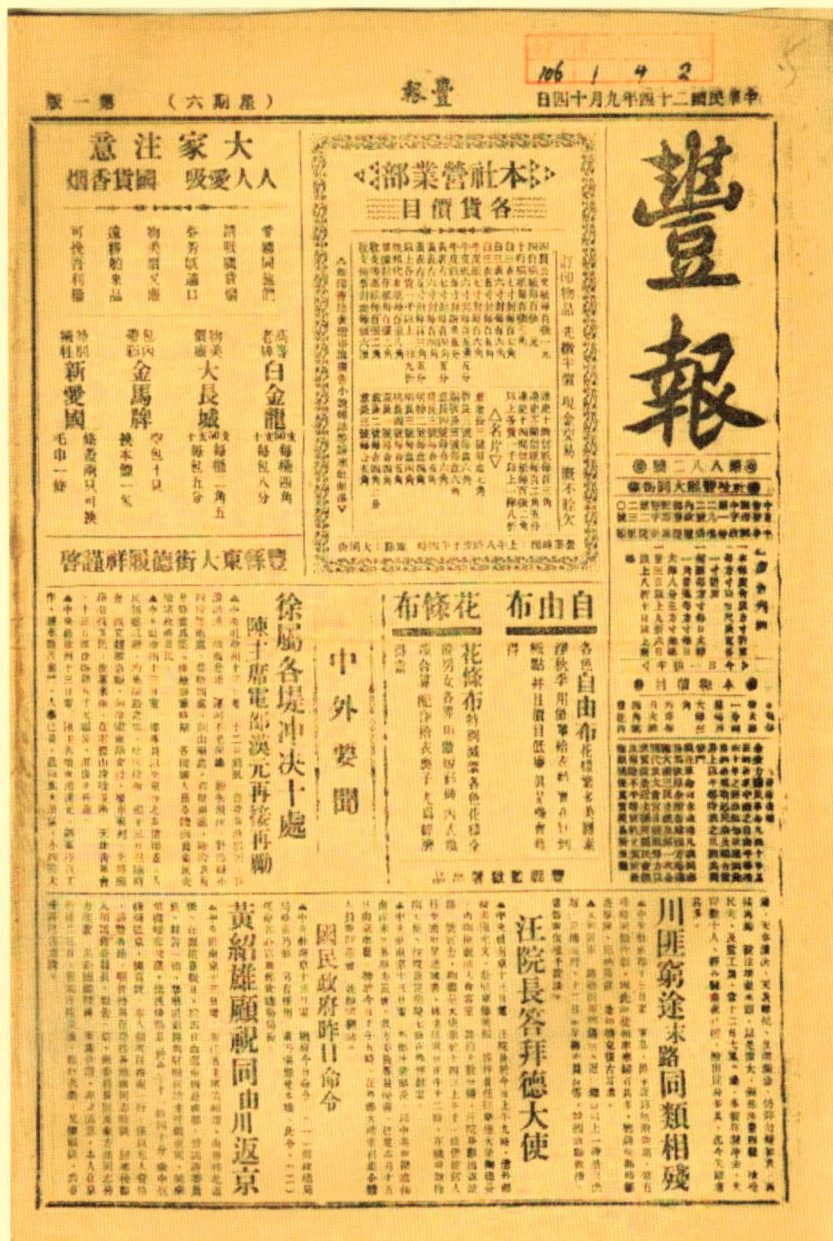

民国二十四年（1935）九月十四日《丰报》

民国三十七年（1948）二月九日《丰报》

金兰谱

保管单位： 徐州市档案馆

档案概况：

民国时期，结义风气盛行。有商家为满足民间结拜所需，专门印制金兰谱，可直接填写，便于随时购买、交换和收藏。

徐州市档案馆馆藏的金兰谱是丰县萧增美、陈传真等14人结义所写，印刷精美，大红色封面，长18.7厘米，宽13.4厘米，正中印有竖版银色字体"义结金兰"。内页含谱序、谱文、落款三部分共9张（18面），纸张为浅米黄色，纸质厚实，文字围以赭石色花纹边框，印有桃园三结义底图。谱文中结义人员的名讳、年岁、籍贯、家庭住址、职业及其祖上三代（曾祖、祖父、父母）的姓名，以及兄弟的姓名等有关事项书写清楚。

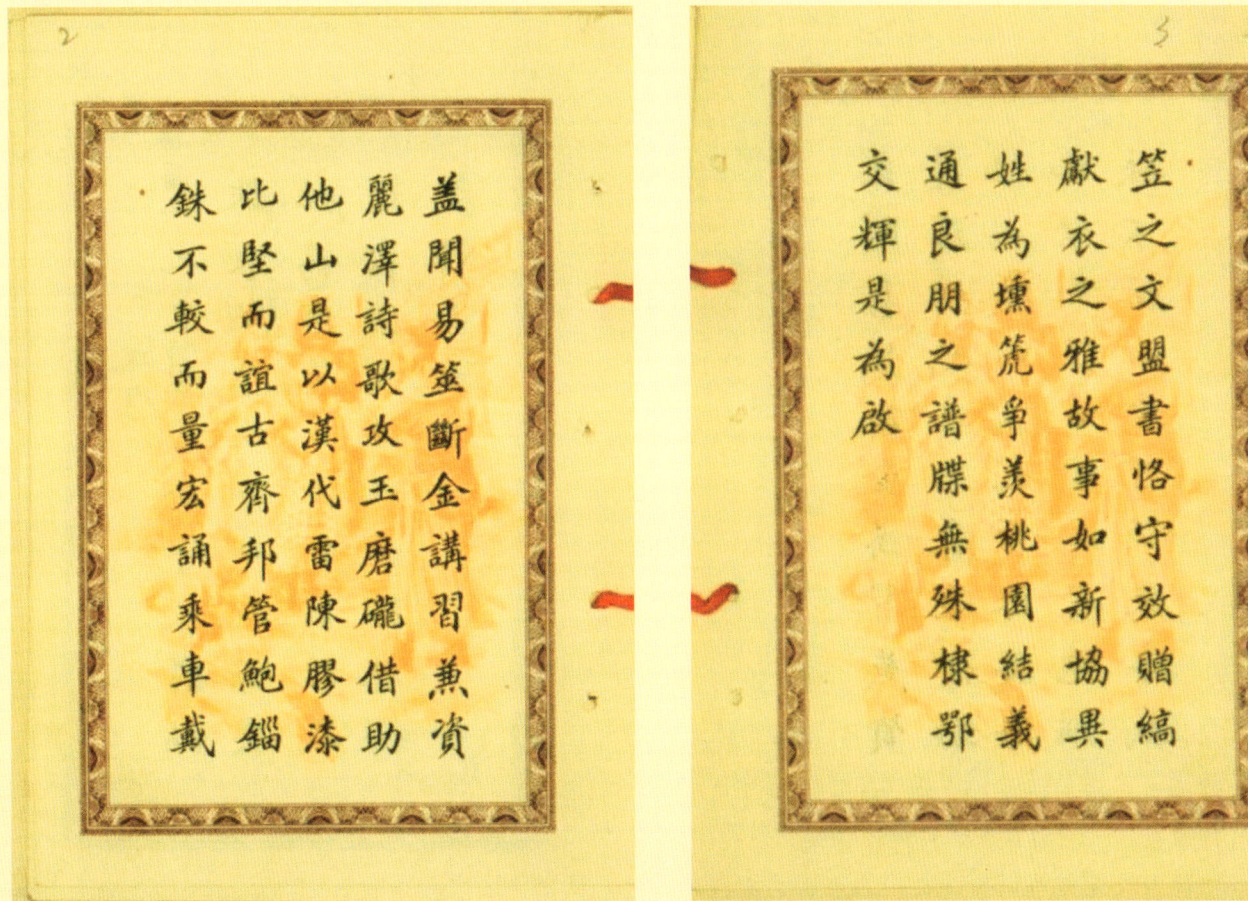

金兰谱序

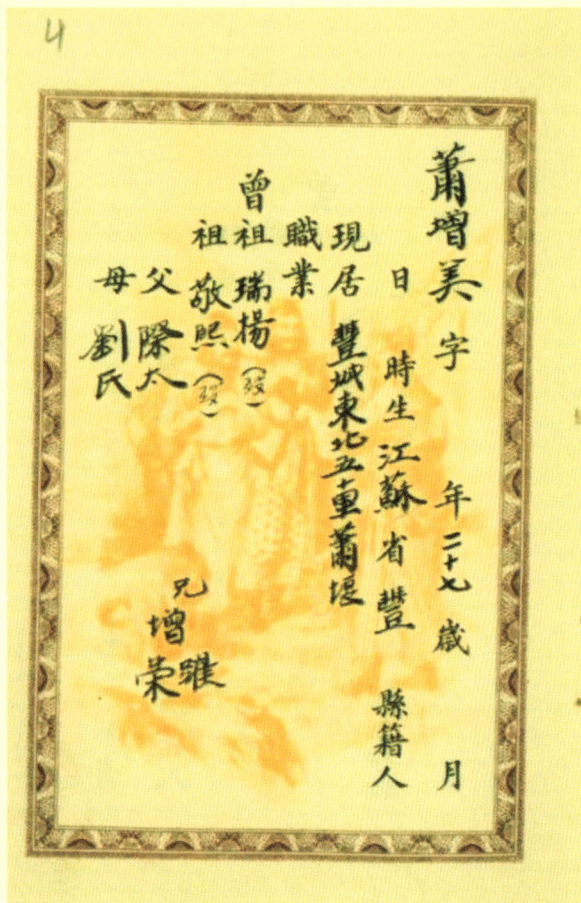

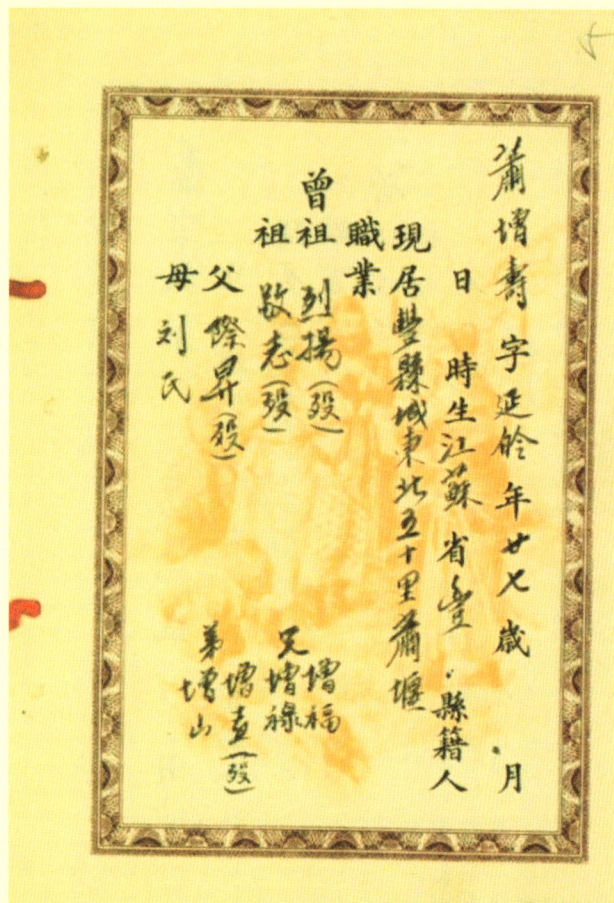

金兰谱文

相关知识：

　　"金兰"一词和友情的关系，最早出自《周易·系辞上》："二人同心，其利断金；同心之言，其臭如兰。"两个或数个同辈的、没有血缘关系的人，因情投意合，或为了共同的利益，进而结为一种近似亲属的关系，即异姓兄弟或姐妹，称"义结金兰"。结拜时通常都各序谱系，交换一种盟约性质的文书作为凭证，即谓之"金兰谱"，又称"兰谱""盟约""金兰同契"等。

　　金兰文化是我国传统文化的重要组成部分，也是我国传统文化中的独特现象。金兰谱是传统社会民间结拜活动的见证文书，由于其私有性，流传下来的十分稀少。

艺波音乐会的纸条

保管单位：徐州市青年美术家协会

档案概况：

　　该纸条形成于 20 世纪 30 年代，被发现时夹在一些天主教内容的旧书中。纸条正面写着"徐州艺波音乐会"、英文"The Society of Music Süchow"（徐州音乐协会）、"北平"、"硬性青年"。背面写着"徐州艺波音乐会"、"请译拉丁文"，拉丁文"I-Pouo Societas Misica in Süchow"［徐州 I-Pouo（艺波）音乐协会］。两面的字迹不同，应分别为两个人写的。由于天主教会长期将拉丁语作为第一官方语言，可能是艺波音乐会的某位青年，请教会工作人员将艺波音乐会翻译成拉丁文。

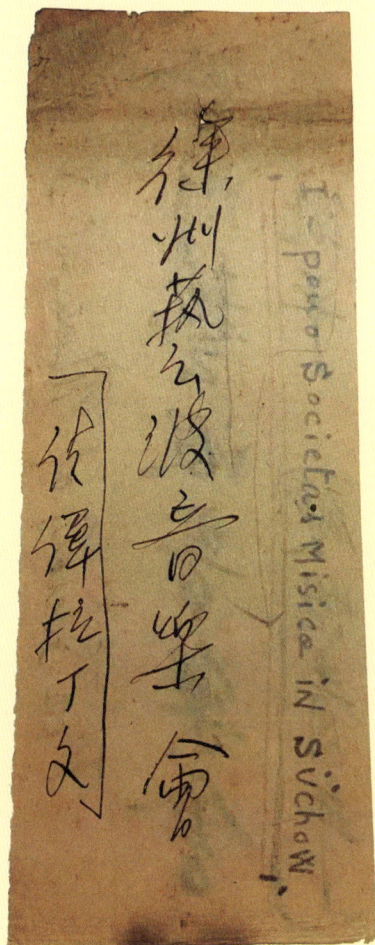

相关知识：

　　1933 年，艺波音乐会在徐州南门内钥匙巷（今艺波巷）成立，这是一个以研究和弘扬民族音乐为主的群众文艺团体，会长郑培心。该音乐会注重挖掘徐州地域音乐，将街头艺人弹奏的小曲整理创作成《徐州小景》等地方特色曲子；长年举办艺术沙龙，在许多年轻人心中播下音乐的种子。受其影响，马可从化学专业转为专攻音乐，并奔赴延安，成长为一代音乐大师。"七七事变"后，艺波音乐会积极参加抗日宣传队，教群众唱《义勇军进行曲》《松花江上》等，演出话剧《放下你的鞭子》《九一八以来》等。徐州沦陷后，艺波音乐会被迫停止活动，但由于名气很大，钥匙巷改名艺波巷。

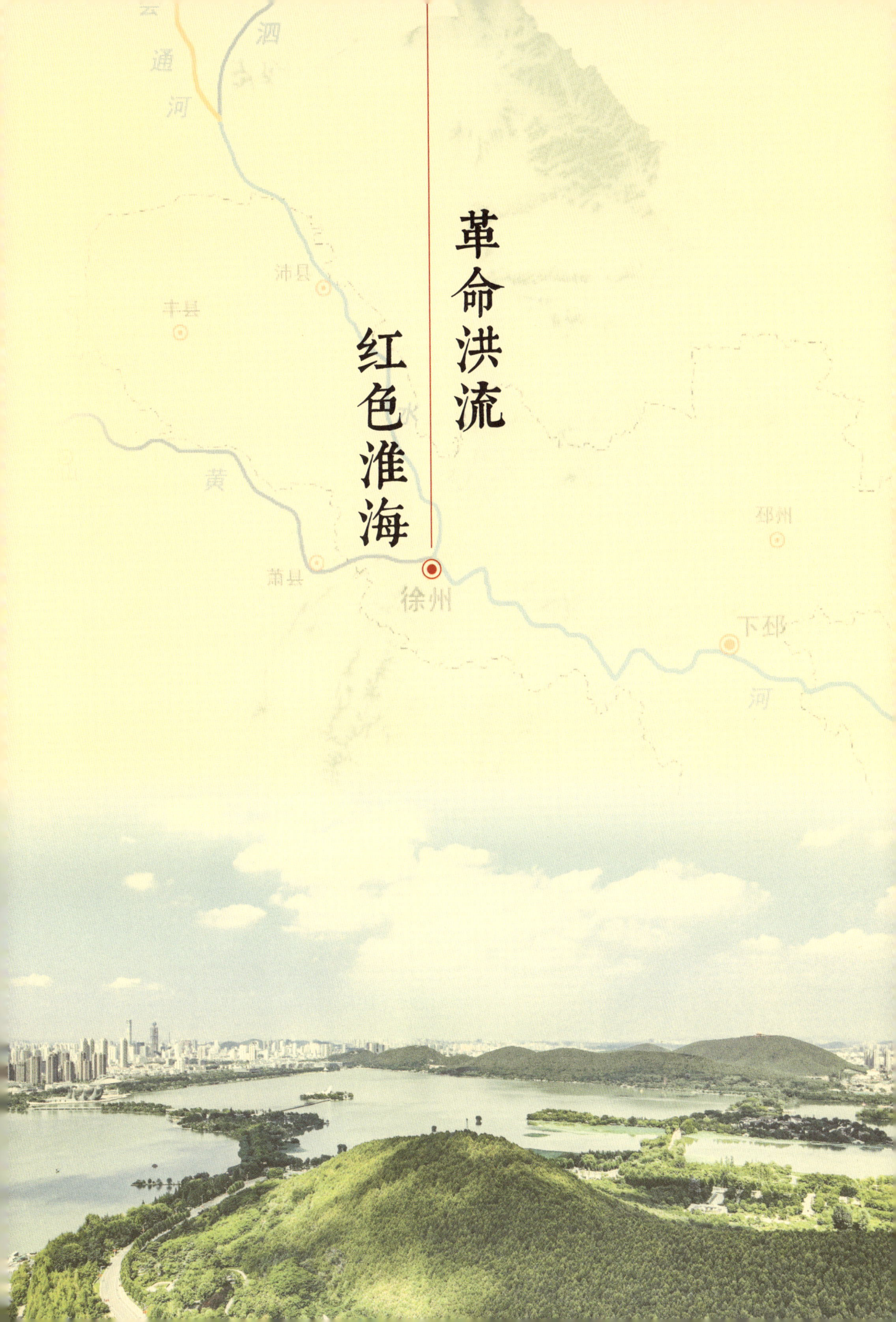

革命洪流
红色淮海

党团初创 星火燎原

　　在五四运动的影响下，徐州出现了"三罢"（学生罢课、工人罢工、商人罢市）热潮，推动了马克思主义在徐州的传播。1921年陇海铁路徐州站工人大罢工后，1922年江苏境内最早的中共基层党组织陇海铁路徐州站（铜山站）党支部成立，1924年徐州社会主义青年团成立，1925年中共徐州党支部组建。不断壮大的徐州党团组织，积极开展国共合作，投身轰轰烈烈的大革命运动，使革命形势呈现出崭新的局面。

徐州各学校学生联合会摄影

保管单位：徐州市档案馆

档案概况：

这张照片刊登于 1919 年 6 月的上海《申报》。照片右侧标注"徐州各学校学生联合会摄影"；左侧标注"六月七日徐州学生联合会成立。大会是日，各校学生整队游行市街，分组演说，抵制日货，听者甚众，旋集城内云龙山下合摄此影。飞云阁照相馆主却不取值，略尽义务云"。

徐州各学校学生联合会摄影

1919 年徐州各学校学生联合会合影处，今云龙山山西会馆

相关知识：

　　1919 年巴黎和会外交失败消息传来，引发了北京学生的爱国运动——五四运动，迅速得到了全国各地的声援支持。徐州学界反响强烈，6 月 7 日在云龙山召开学生联合会成立大会并合影留念。会后，徐州出现"三罢"（学生罢课、工人罢工、商人罢市）和抵制日货、提倡国货的热潮。新文化运动和五四爱国运动在徐州的兴起，推动了马克思主义在徐州的传播，为日后徐州党团组织的建立做了思想上和组织上的准备。

陇海铁路"八号门事件"的石质棋子

保管单位：徐州市史志办

档案概况：

陇海铁路是北洋政府借用外国贷款分段修筑的，控制权在洋人手中。1915年，陇海铁路修到徐州，在北门外修建了铜山站（今徐州西站）。时任陇海铁路总管法国人若里，对待工人极为苛虐，常以侮辱性方式取乐，他们用水泥浇筑成棋盘，钢轨焊接成棋盘线，洋人坐在高台上对弈，中国工人在巨型棋盘上前后搬动重达14公斤的棋子，供他们对弈取乐。现存的这枚石质棋子是陇海铁路洋人总管奴役工人的铁证。

"八号门事件"的石质棋子（直径25cm，厚10cm）

相关知识：

"八号门事件"是中国共产党早期领导工人运动的重要历史事件，也是江苏省第一个中共党支部的诞生背景。1921年法国人若里被任命为陇海铁路机务总管后，严格限制工人的自由，在大厂设置了唯一的出入口——八号门。11月8日下午下班时，八号门突然锁闭，不让工人下班。愤怒的工人群起争辩，洋人指责工人聚众闹事，乘机开除2名工人。这一事件激起了铁路工人长期被压迫奴役的怒火，徐州铁路工人举行了全路机务工人大罢工，并推举姚佐唐为徐州站罢工委员会负责人，同时派工人前往开封、郑州、洛阳等地联系，商量陇海铁路全线罢工事宜。11月20日，陇海铁路各站工人举行罢工誓师大会，宣布陇海铁路全线大罢工。"八号门事件"成为陇海铁路全线大罢工的导火线，是中国共产党成立后领导的第一次大规模的工人运动，被陈独秀高度评价为"这是我党初显身手的重大事件"。李大钊派中国劳动组合书记部北方分部主任罗章龙到徐州指导罢工。罢工胜利后，1922年2月铜山站建立了江苏境内最早的中共基层党组织——陇海铁路徐州站（铜山站）党支部，姚佐唐任支部书记。

关于成立徐州社会主义青年团简况的报告

保管单位：徐州市档案馆（复印件）

原件保管单位：江苏省档案馆

档案概况：

该份报告为手写稿，分为两部分。第一部分记述了 1924 年 6 月 1 日，徐州社会主义青年团成立，下设宣传部、经济部、书记部等，选举产生徐州社会主义青年团干部 9 人，介绍了该团成立的时代背景、开会地点、参会人数等。该部分也表明徐州社会主义青年团执行委员会已选举成立，纲领和章程已制定上报。第二部分为徐州社会主义青年团会员一览，共 13 人，详述会员姓名、别名、肄业以及工作情况。

该报告作为第一手资料，内容真实客观，对研究徐州社会主义青年团发展具有重要的史料价值。

1924 年 6 月 5 日，徐州社会主义青年团向中国社会主义青年团中央执行委员会汇报
关于成立徐州社会主义青年团简况的报告

吴亚鲁给江浙皖区执行委员会关于徐州地方团校成立的信

保管单位： 徐州市档案馆（复印件）

原件保管单位： 江苏省档案馆

档案概况：

吴亚鲁（1898—1939），又名吴肃，江苏省如皋县潮桥镇（今属南通市如东县）人。中国共产党、中国社会主义青年团的徐州地方组织创建人。在 1939 年的"平江惨案"中不幸罹难，是中国共产党早期的党员、江苏省杰出的革命先驱者。徐州市有"吴亚鲁革命活动旧址"一处，现为市级文物保护单位。

该信件为手稿本，内容是关于徐州地方团校成立后的运转情况，涉及该校的成立时间、停期和学生到校人数较少的原因；介绍了教学资料的来源；详细记录了该校学生的学习情况，不仅包括读书看报，还有参与国民会议、与农人往还等政治活动；指明了该校管理人远走宿州加入当地团校的原因——因反对洋教而被强迫和培心中学脱离关系，这也正是吴亚鲁作为 S 校临时负责人的缘由。此信件对于研究徐州地区共青团组织发展具有重要的史料价值。

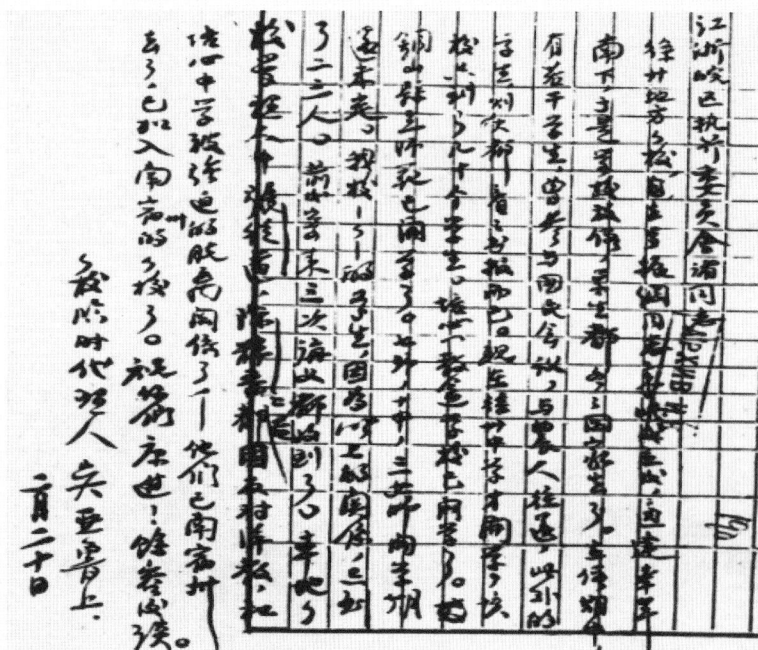

1925 年 2 月 20 日，吴亚鲁给江浙皖区执行委员会关于徐州地方团校成立的信

徐州社会主义青年团诞生地徐州戏马台

吴肃给张太雷关于开展国际三八妇女节学校运动的信

保管单位：徐州市档案馆（复印件）

原件保管单位：江苏省档案馆

档案概况：

该信件为手稿本，作者为吴肃（吴亚鲁）。内容是关于开展国际妇女纪念日学校运动的概况。叙述了会议召开的背景、时间、参会者等，阐明了会议形成的四项决定，详细介绍了1925年3月8日下午在江苏省立第三女子师范学校开展演说活动的具体情况，对三女师学生未到会的原因进行了说明，表达了吴肃对反动校长的强烈愤懑。

此信件是对徐州第一次召开纪念国际三八妇女节会议的真实记录，对于研究徐州地区妇女运动具有重要史料价值。

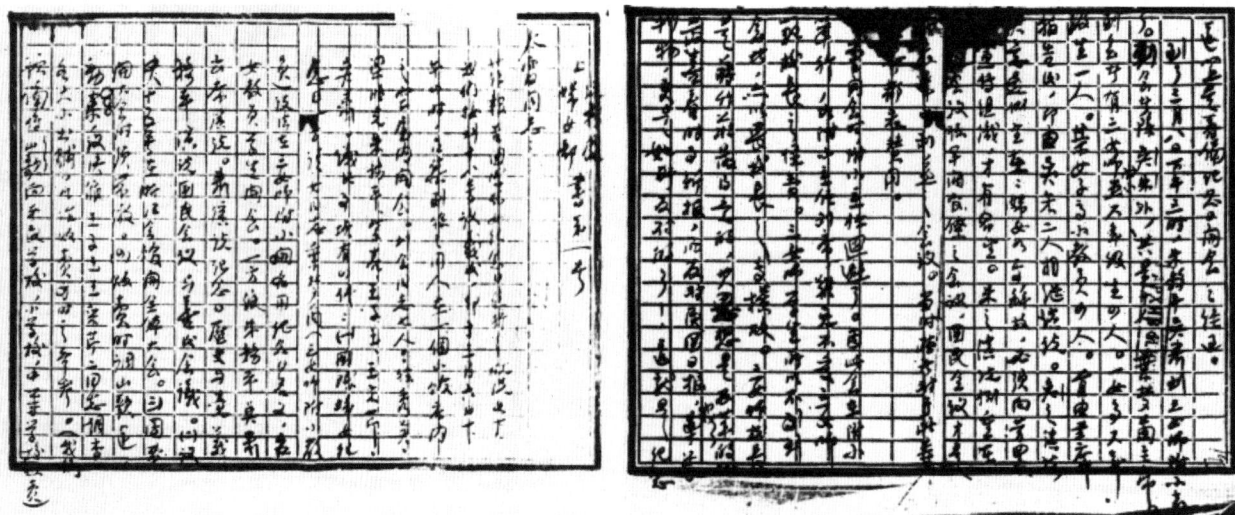

1925年3月10日，吴肃写给张太雷关于学校开展纪念国际妇女节运动的信

吴肃给恽代英、杨贤江关于江苏省立第三女子师范学校校长人选的信

保管单位： 徐州市档案馆（复印件）

原件保管单位： 江苏省档案馆

档案概况：

吴肃（吴亚鲁），1923 年任江苏省立第三女子师范学校教员。1925 年春，因该校校长钱韵荷以严厉的封建性校规压制学生，并极力反对学生接受进步思想，该校爆发"驱钱"学潮。在吴肃的组织领导下，校长钱韵荷被迫辞职。1925 年 6 月 23 日，吴肃给恽代英、杨贤江写信，阐述江苏省立第三女子师范学校校长人选的情况，指出校长候选人徐自华是否应先行前往该校的具体应对办法，分析了民国江苏省教育厅让冯竹侯回该校继续做事的原因，提出"物色相当人物，由张默君等介绍"是争取该校校长职务的希望。

此封信件详细反映了当时徐州地区共青团运动的情况，对于研究徐州共青团史、江苏省立第三女子师范学校历史提供了宝贵的历史资料。

相关知识：

杨贤江（1895—1931），浙江慈溪人。我国早期马克思主义教育理论家、青年运动领导人。1919 年任少年中国学会南京分会书记，1922 年加入中国共产党。国共合作期间，曾任国民党上海特别市党部常委、青年部部长等职。

1925 年 6 月 23 日，吴肃关于江苏省立第三女子师范学校校长情况给恽代英、杨贤江的信

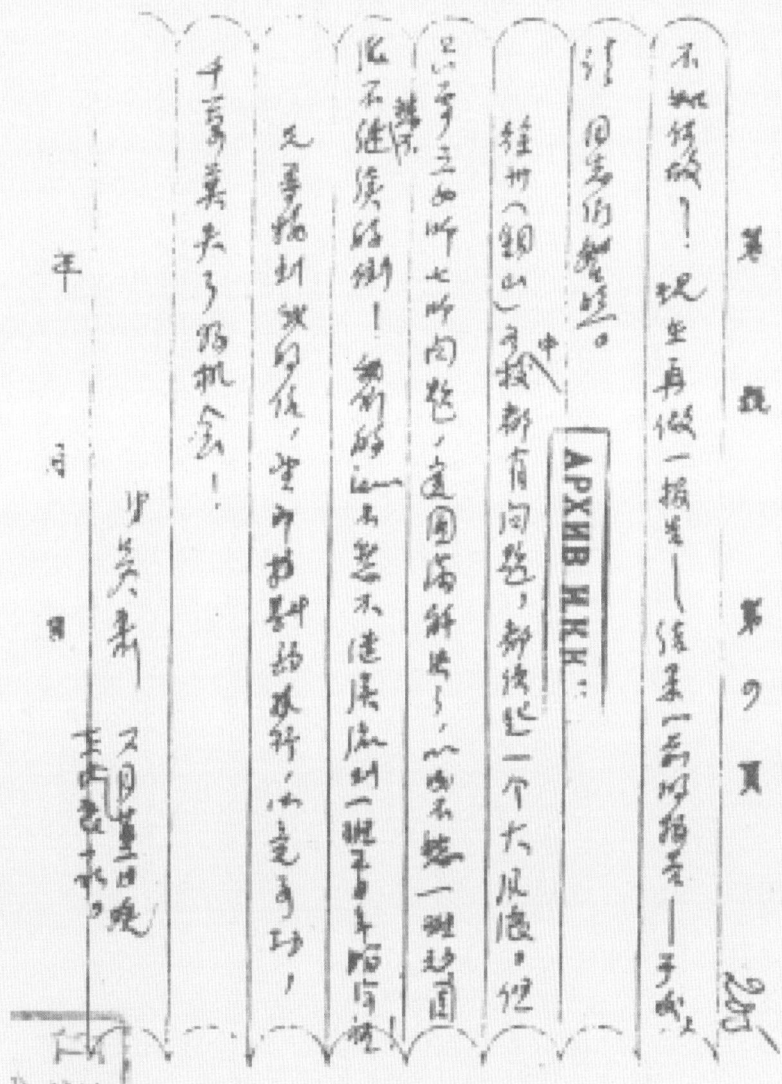

保存火种　坚持斗争

　　1927 年国民党右派背叛革命，轰轰烈烈的大革命失败，徐州的党组织均遭到破坏。从徐海蚌特委到苏鲁豫皖边区特委，党领导工农和学生运动，在极其艰难险恶的环境下，秘密进行组织建设、群众工作、情报工作等，逐步摸索出白区斗争行之有效的途径，取得了丰硕的成果，为后来的抗日战争和解放战争的胜利奠定了基础。

为黄花岗纪念日告全体工农兵学生劳苦群众书

保管单位：徐州市档案馆

档案概况：

《为黄花岗纪念日告全体工农兵学生劳苦群众书》形成于 1929 年 3 月 29 日，由中国共产党徐州县执行委员会发布，保存齐全完整。

该告知书首先在肯定黄花岗七十二烈士推翻清王朝勇敢牺牲精神的同时，指出黄花岗起义的局限性"只是个人英雄主义军事阴谋的干"，并没有改变劳苦大众被压迫的地位。其次列举国民党改组派欺骗、屠杀工农革命战士和劳动群众的罪行，揭露国民党残酷的反动统治。随后详细叙述了军阀混战中徐州劳苦群众的悲惨境遇，指明了告知书的最终目的。最后号召工农兵团结奋斗，推翻国民党的反动统治。

该档案集中反映了国民党改组派屠杀共产党人的罪行，是研究民国时期徐州地区中国共产党历史不可多得的档案史料。

1929 年 3 月 29 日，中国共产党徐州县执行委员会发布《为黄花岗纪念日告全体工农兵学生劳苦群众书》

中共徐州县委关于徐海地区工作情况的报告和江苏省委的指示

保管单位：徐州市档案馆（复印件）

原件保管单位：江苏省档案馆

档案概况：

徐州市档案馆保存有 1928—1930 年形成的中共徐州县委工作报告、江苏省委徐海巡视员报告、江苏省委关于今后工作给徐海特委的指示信相关档案共 7 份，报告对徐海地区政治经济状况和各阶级关系、城乡生产情况、党团关系、宣传方法等进行了客观描述和原因分析。根据报告内容，江苏省委向徐州县委下发指示信，指示信中既有事实的列举，也有依据事实做出的形势判断、今后主要任务和策略等。这些档案，为研究当时中国共产党加强党组织建设、指导革命斗争提供了有益参考。

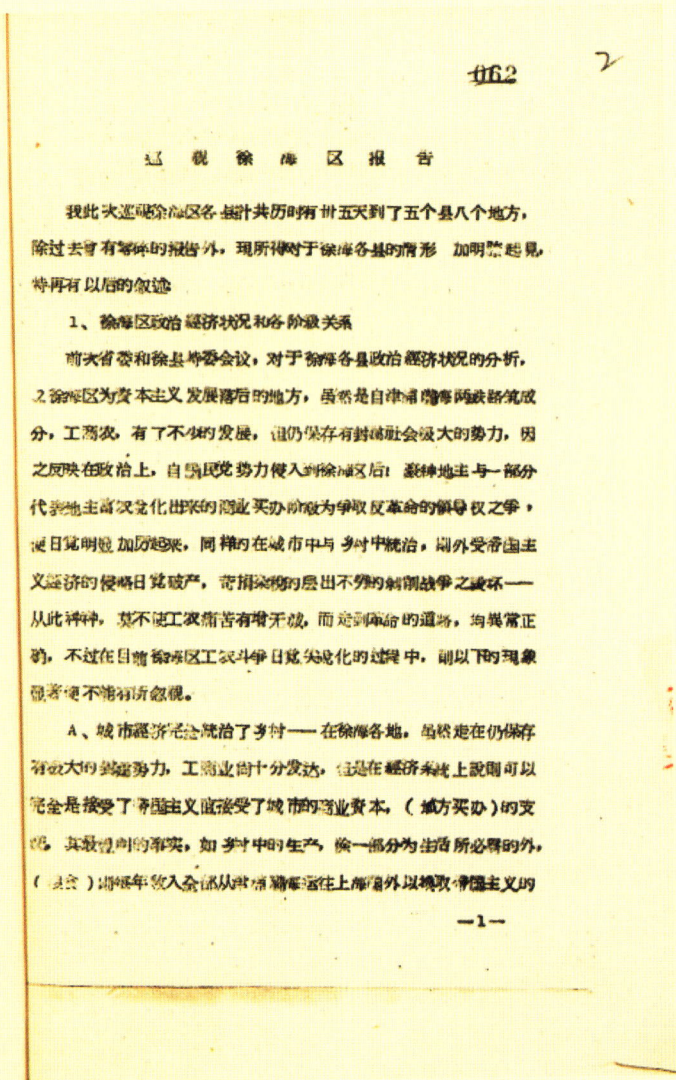

巡视徐海区报告

全文（节选）：

巡视徐海区报告

我此次巡视徐海区各县计共历时有卅五天，到了五个县八个地方，除过去曾有零碎的报告外，现所得对于徐海各县的情形，加明□起见，特再有以后的叙述：

1. 徐海区政治经济状况和各阶级关系

前次省委和徐县特委会议，对于徐海各县政治经济状况的分析，徐海区为资本主义发展落后的地方，虽然是自津浦陇海两铁路筑成分，工商农有了不少的发展，但仍保存有封建社会极大的势力。因之反映在政治上，自国民党势力侵入到徐海区后，豪绅地主与一部分代表地主富农脱化出来的商业买办阶级为争取反革命的领导权之争，便日觉明显加厉起来，同样的在城市中与乡村中统治，则外受帝国主义经济的侵略日觉破产，苛捐杂税的层出不穷的剥削战争之毁坏——从此种种，莫不使工农痛苦有增无减，而走到革命的道路，均异常正确，不过在目前徐海区工农斗争日觉尖锐化的过程中，则以下的现象显著便不能有所忽视。

……

相关知识：

巡视员是负责巡视下级党组织、检查党的工作、发现问题并提出改进意见的重要职务。徐海区位于今天的江苏省北部和山东省南部，其名称来源于徐州和海州（今连云港）两地。该区域在民国时期具有重要的战略地位，因其地理位置处于华北与华东的交界处，交通便利，是军事和经济上的重要枢纽。1927年大革命失败后，徐州党的组织遭到破坏。1928年，省委宣布成立徐海特委，后又改组为徐海蚌特委，领导徐海蚌地区的工人、农民、学生的斗争。

江苏省委给徐海特委的指示信

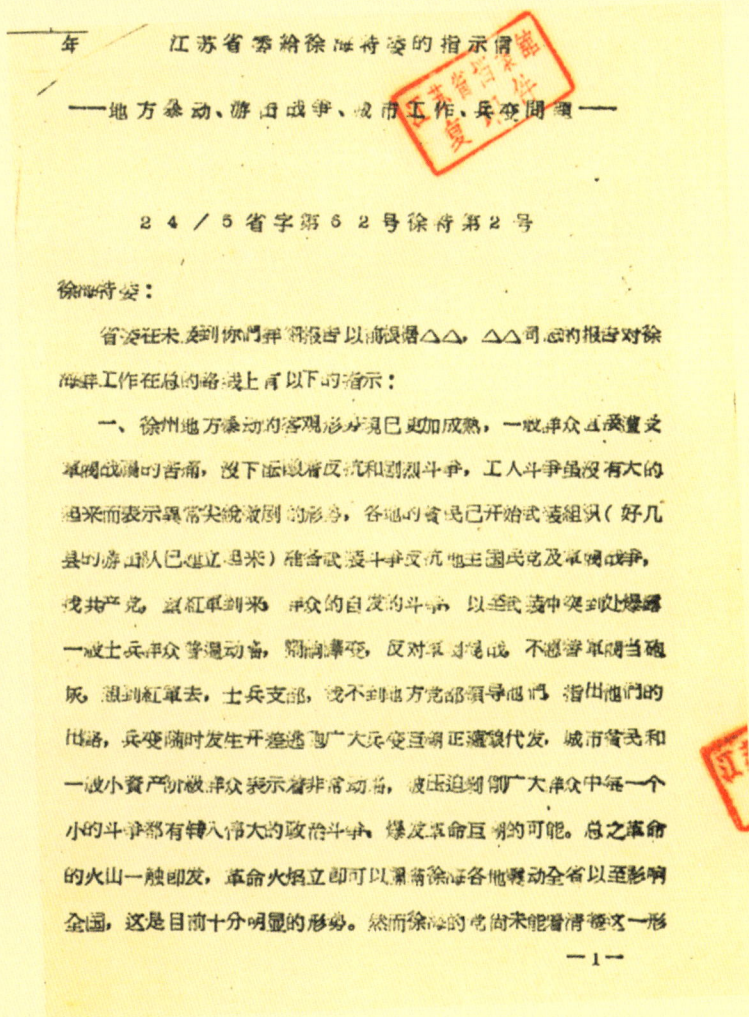

中共徐州县委会、共青团徐州县委会"五一"劳动节宣言

保管单位：徐州市档案馆（复印件）

原件保管单位：江苏省档案馆

档案概况：

1929年，中共徐州县委会、共青团徐州县委会发布了"五一"劳动节宣言，主要内容是号召工友、农民、店员、士兵、学生与全世界的劳苦朋友携起手来，一齐向统治阶级示威，进行罢工、罢课、罢岗、罢战等活动，维护劳动者权益、反对剥削、争取八小时工作制等。宣言体现了工人阶级和广大劳动人民的团结与斗争精神，以及对统治阶级的反抗。

宣言的发布，对于当时徐州的工人运动和革命斗争都产生了积极的影响，激发了劳动人民的斗志，增强了他们的团结意识，为推动中国革命向前发展起到了指导作用。

中共徐州县委会、共青团徐州县委会"五一"劳动节宣言

全文:

<h2 style="text-align:center">"五一"劳动节宣言</h2>

工友、农友、店员、士兵、弟兄及一切被压迫的群众们!

今天不是"五一"劳动纪念节吗? 每年在这一天,全世界各国的工农,都成千累万的结队游行,向一切帝国主义、军阀、买办、资产阶级示威,甚至同反动的武装肉搏、巷战。他们主要的目标,就是为的争取"工作八小时""睡眠八小时""游戏读书八小时"这种制度的实现。

我们要知道,我们工人、农民、士兵、店员及一切被压迫的兄弟姊妹们,是世界上一切文明的创造者、建设者、保护者,我们一天不负责任(罢工、罢岗、罢课等),世界立刻就会崩溃、死灭。然而世界上的政权,除苏俄一国外,其余各国都是完全被豪绅、地主、买办、资产阶级抢去了,我们当主人翁的,反受他们残酷的压迫与剥削,尤其是我们中国的劳动者,更苦不堪言! 不特工资低微与工作时间无限制,并在身体上、精神上限制种种自由(如国民党军阀拉夫拉车,绝对防止罢工、罢课、罢战及言论、结社、出版、集会等自由。)至于读书游戏,劳动者简直更梦想不到。处在这样情形之下,如劳动者稍有反抗,轻则拘捕,重则屠杀。最近(四月三日),如南京和记蛋厂工人因反抗英国主义的压迫,被国民党屠杀大批工友。又如徐州的学生,无故被国民党捕去六人。我们得了这些情形与事实的教训,在帝国主义、国民党军阀及豪绅资产阶级的层层压迫剥削之下,唯一的出路只有一致团结起来,与全世界的劳苦朋友携手。在今天,"五一"节的纪念中,齐向统治阶级示威——罢工罢课罢岗罢战,与反动派厮杀! 并须要下定决心,学习苏俄劳动者过去革命成功的经验,起来武装暴动夺取政权,然后才能得到胜利的保障。尤其在今年的"五一"劳动节,全国苏维埃区域代表大会正在开幕,更值得全国劳动者热烈的拥护与纪念。

同盟罢工、罢课、罢战纪念"五一"节!

游行示威纪念"五一"节!

力争三八工作制!

工农兵及劳苦群众团结起来!

打倒屠杀工人投降帝国主义的国民党!

援助南京和记蛋厂工人!

打倒逮捕学生的国民党!

反对残酷的军阀混战!

全世界被压迫的群众联合起来!

打倒一切帝国主义!

拥护代表世界劳苦群众利益的苏俄!

武装暴动建立工农兵的苏维埃政府!

拥护全国苏维埃区域代表大会!

拥护全国的红军!

中国革命成功万岁!

世界革命成功万岁!

中国共产党徐州县委会

中国共产青年团徐州县委会

《苏鲁豫皖边区特委史略》初稿和郭子化给编委会的信

保管单位：徐州市档案馆

档案概况：

《苏鲁豫皖边区特委史略》编于 1962 年，记述了 1932 年至 1938 年党在苏鲁豫皖边区领导人民进行革命斗争的历史。该特委是在革命力量遭到严重挫折、革命形势暂时处于低潮的情况下成立的。在"左"倾错误的影响下，1930 年到 1932 年苏鲁豫皖党的组织均遭到破坏。1932 年，郭子化被徐州特委派到枣庄恢复党组织，于年底建立中共枣庄矿区支部，1935 年成立苏鲁豫皖边区特委。特委虽然与上级党组织失去联系，但从实际出发，摸索前进，克服"左"倾错误，在极其困难的条件下，进行了长期艰苦的革命斗争，取得丰硕成果。到 1936 年，特委的活动范围已由枣庄矿区扩展到了苏鲁豫皖边区的沛、峄、费、泗、丰、萧、邳、灵璧、永城、临沂、铜北等十几个县，为抗日游击战争的开展和抗日根据地的建立打下良好基础。1937 年郭子化向中央汇报工作时得知，特委的工作方针是符合中央路线的。

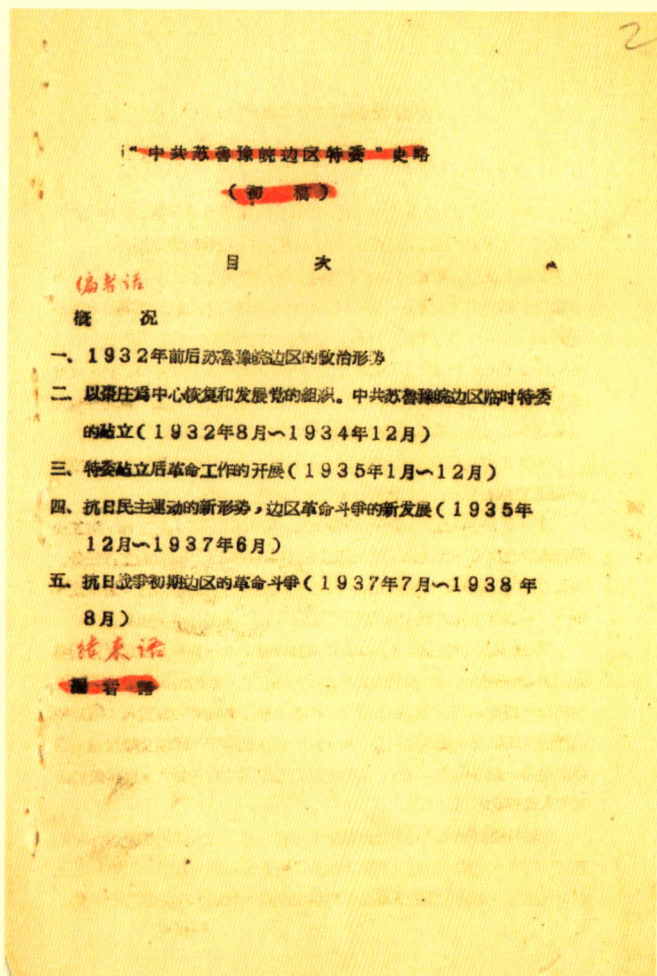

《苏鲁豫皖边区特委史略》目录

《苏鲁豫皖边区特委史略》成稿后，曾送当年特委主要负责人、时任卫生部副部长郭子化审阅。郭子化阅后专门给编委会回信，认为不失史实，不足部分可请当年一起工作的张光中、郭影秋同志补充。

相关知识：

郭子化（1895—1975），江苏邳县（今邳州市）人。早年就读于徐州第七师范学校，参与五四运动并被推选为徐州学生联合会会长。1921 年组织成立进步学生团体赤潮社，1926 年加入中国共产党。1932 年被徐州特委派到山东枣庄煤矿，开办"同春堂"药店，以行医为掩护，肩挑药担，深入矿区，联系群众，与张光中等人先后发展了一批党员。1935 年成立苏鲁豫皖边区特委，1937 年赴延安向中共中央汇报工作，党中央充分肯定了特委的成绩。全国抗日民族统一战线正式形成后，特委把机关由鲁南迁至徐州，同第五战区司令长官李宗仁建立合作抗日关系，李宗仁聘郭子化为第五战区总动委会委员，郭子化安排郭影秋在总动委会开展抗日救国运动。1938年5月徐州沦陷，特委机关迁往鲁南滕峄边山区，深入敌后抗战。解放战争时期，郭子化参与领导山东各解放区恢复发展生产工作。新中国成立后，郭子化历任山东省人民政府副主席、华东军政委员会民族事务委员会副主任兼上海市民族事务委员会主任，卫生部部长助理、副部长。郭子化在卫生部分管中医工作，组织了北京、上海、广州、成都中医学院的创建，成为新中国中医事业的开创者。

张光中（1901—1984），江苏沛县人。1926年参加北伐，1931年加入中国共产党，历任中共苏鲁边区特委宣传委员兼沛县县委书记，中共苏鲁豫皖边区特委委员兼组织部部长。抗日战争时期，任鲁南区抗日义勇队总队长、八路军115师苏鲁支队支队长、鲁南军区司令员，是《铁道游击队》中张司令的原型。解放战争时期，任解放军鲁中南军区副司令员、徐州警备司令员。新中国成立后历任徐州市市长、市委副书记，江苏省政法委员会主任、省人民检察院检察长、省政协副主席。

郭影秋（1909—1985），江苏铜山人，教育家。1928年肄业于无锡国学专修科，1932年毕业于江苏教育学院，1935年加入中国共产党，以徐州民众教育馆教务主任身份为掩护从事革命工作，任中共铜山工委书记。徐州沦陷后投笔从戎，在微山湖组织抗日，任湖西军分区司令员。后分别担任冀鲁豫军区政治部主任、解放军十八军政治部主任。新中国成立后历任川南行署主任、云南省省长兼省委书记、南京大学校长兼党委书记、中国人民大学党委书记兼副校长等。

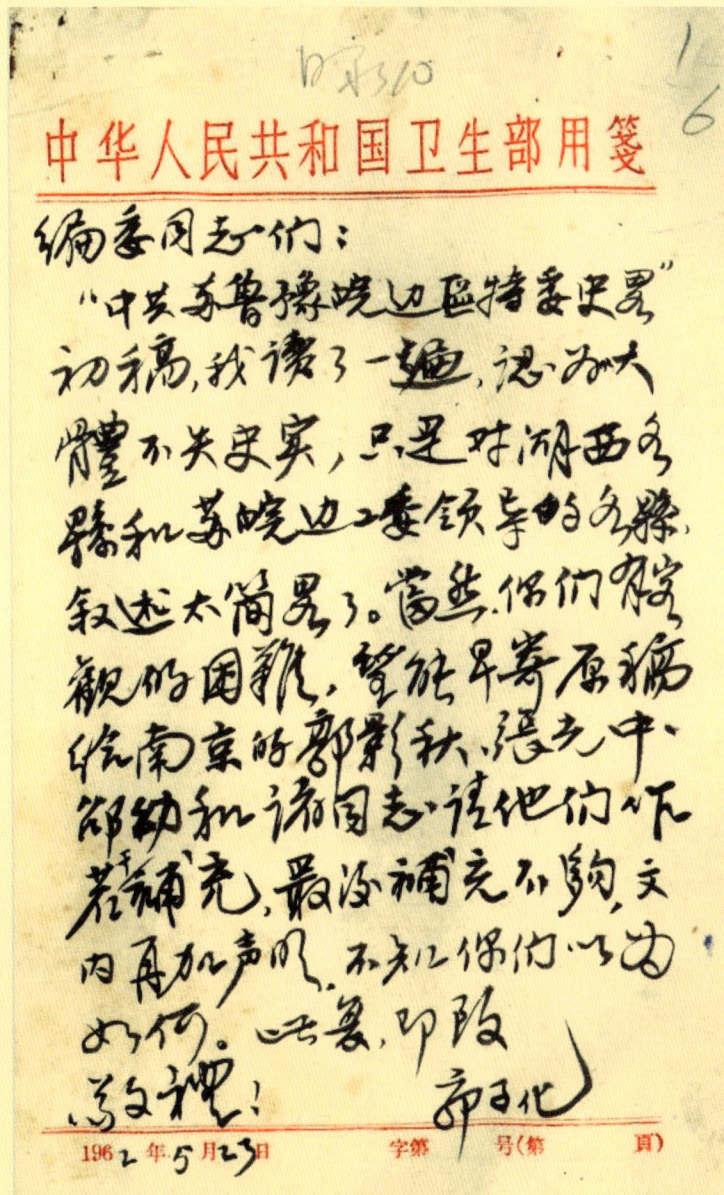

郭子化给编委会的信

敌后抗战　英杰辈出

　　1937年"七七事变"后，国共再次合作。1938年5月徐州沦陷后，党领导的武装力量奔赴各战场，开展敌后游击战、创建抗日根据地、开通秘密交通线，谱写了可歌可泣的英雄篇章，为抗战胜利做出巨大贡献。

李云鹏烈士家书

保管单位：沛县档案馆

档案概况：

李云鹏（1920—1943），原名李亚光，江苏沛县人，中共党员。1941 年，任新四军三师七旅十九团二营四连政治指导员，1943 年 3 月 18 日，在淮阴刘老庄战斗中壮烈牺牲。

馆藏档案为手写稿，内容是李云鹏写给父母的平安家信，共 2 封。主要意思有三个层面。第一是对家中亲人的关心问候，如"不知大人身体近来健康否？不知家中生活情形和收成怎样？"等等；第二为叙述李云鹏自身情形，如生活、改名等；第三则是表达了李云鹏抗战胜利后尽孝的意愿，"待风息波静，凯然而归，全家团聚，以报此恩"。

该份档案对研究新四军抗战历史具有重要的史料价值，是进行爱国主义教育的珍贵素材。

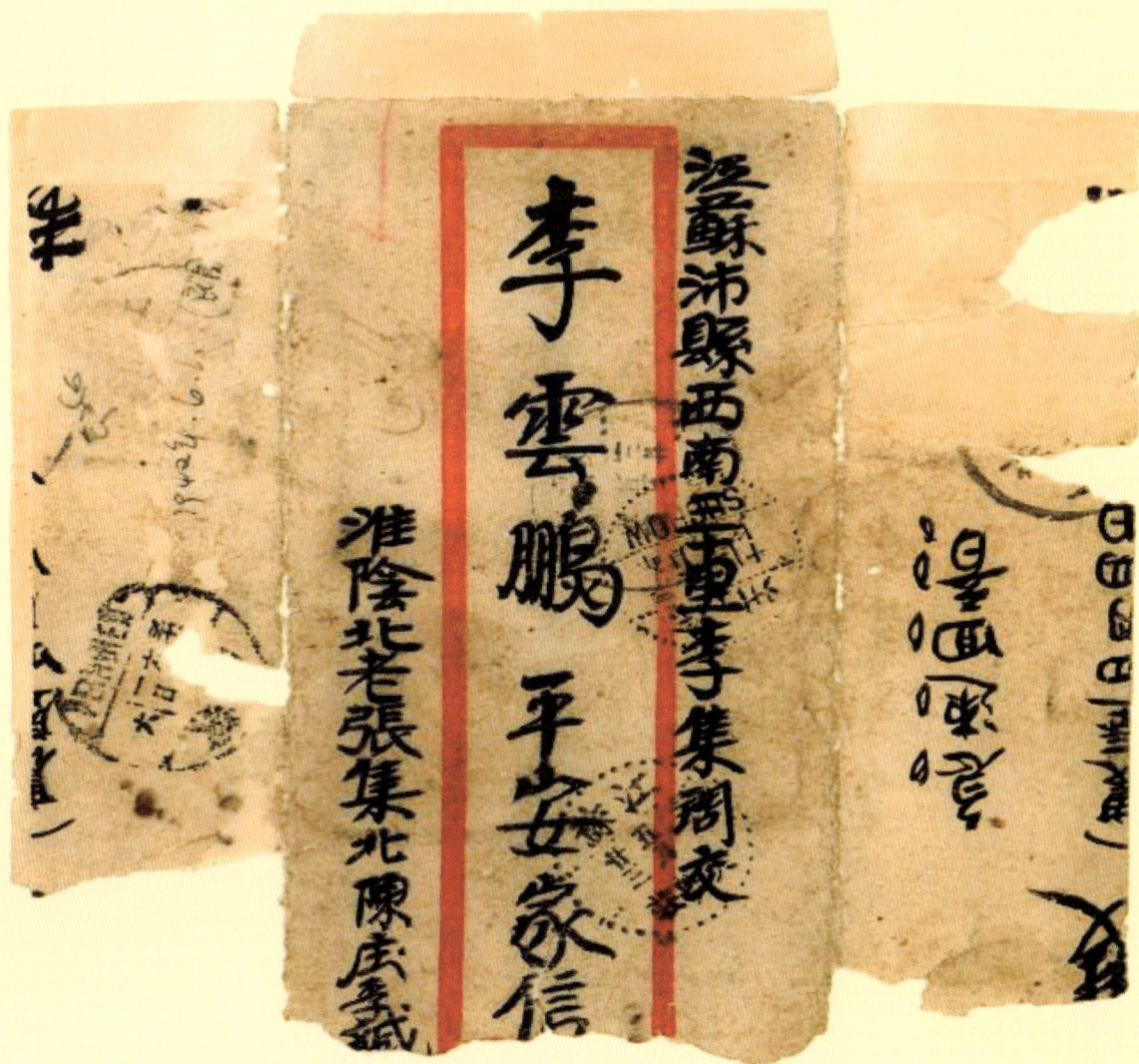

李云鹏写给家人的平安家信信封

三号

身体安康

外祖母大人：现在他老人家的身体好吗，生活好吗，我在外生活

母体都很好，请老大人切勿挂念为朌

祝

请 老大人切勿挂念为朌

儿

云鹏上 七月

四日

父 的身体安康，各位以弟之好吗，信

各位

待问

左外甚为挂念。

谨祝

请

父之指教之现因时间之短促不能再和

二号

我将之情讲给他听，以免大人之悬念，这次离家，未报此恩

反离离家是我之罪过。待风息波静，凯然而为 全

家园聚，以报此恩。儿现已将亚光改为云鹏

© 286

父親大人大鑒：

自兒離家已經年余曾去本年閏間於泗縣鄭集寄家信一封又知大人收斗記得回家忽如家音回报可惜我也又舱芽收了，我已离闹此地軫入本首淮陰了以致家音又舱芽收；兒果常为念。又知大人身体近来健康否不知家中生活情形和收戒怎样，更又知當地情形如何兒。在外甚为惦念之。另外身体很好生活也很好，而现在閒我，此地前壯而多大了请大人不要为念兒。迅左这裡之作，之作也非常忙碌可是为了——所以我之工作精神也非常兴奮。此很至家，太过慰间而已因现无一定的地址兒現左心日中所最掛念者。以我年老惡慈之祖母兒离家時，

李云鹏写给家人的平安家信

陈诚一烈士缴获的日军毛笔

保管单位：徐州市贾汪区运河支队陈诚一烈士史料馆

档案概况：

此笔长 20 厘米，上刻：东洋一品新潟县松山堂制，为 1939 年陈诚一率八路军陇海游击支队运河大队与日伪军战斗时缴获。

缴获的日军毛笔

相关知识：

陈诚一，原名陈立信，铜山县大泉小李庄人。1923 年加入社会主义青年团山东团，曾任小学教员。1929 年加入中国共产党，1930—1936 年被国民党以共产党嫌疑犯的罪名关押。后任户部山小学教员，课余在苏鲁豫皖特委秘密机关（徐州民众教育馆）工作。1938 年 7 月根据中共苏鲁豫皖特委的部署，陈诚一动员胡大勋组建苏鲁边区抗日游击队，编入八路军山东纵队陇海游击支队第三团。1939 年与胡大勋奉命回峄滕铜邳地区组织抗日队伍，任运河大队（隶属八路军山东纵队陇海游击支队，总部在江苏邳县）政委。1940 年任运河支队（隶属八路军 115 师，总部在山东枣庄抱犊崮）第二大队政治处副主任兼组织科长，在掩护主力突围时被日伪抓捕，遭严刑拷打，坚贞不屈，在运河巨梁桥被害，时年 43 岁。

日伪对胡大勋抗日武装力量情况的调查报告

保管单位：徐州市贾汪区运河支队抗日纪念馆

档案概况：

日本《华北综合调查研究所所报》刊于 1943 年，作为日本侵华的参考，该刊物对华北的政治、经济、文化以及物产的状况都进行了全面细致的记载。1944 年，该刊物刊登了日伪山东省峄县公署编写的《峄县治安状况》，详细介绍了峄县（管辖范围包括今山东省枣庄市南部和济宁市部分地区，县城位于今枣庄市峄城区）4 支抗日武装的情况：

> 胡大勋，共系，七百余人，机枪十四挺，步枪齐全。
>
> 刘金山，共系，二百余人，机枪五挺，步枪齐全。
>
> 韩治隆，游击系，一千五百余人，机枪五十余挺，步枪齐全，马三百余匹。
>
> 王子刚，共系，五十余人，机枪二挺，步枪齐全。

胡大勋时为新四军四师淮北军区三分区峄滕铜邳总队总队长（人们习惯称之为运河支队），该部为共产党领导。

刘金山时为八路军鲁南铁道大队大队长（电影《铁道游击队》刘洪原型），该部为共产党领导。

韩治隆时为苏鲁边抗日游击队司令，该部为国民党地方抗日组织，所以称其为"游击系"。

王子刚时为中共峄县县委委员、峄县一区区长兼中队长，该部也是共产党领导。

这 4 支抗日队伍中，胡大勋领导的运河支队在兵力和武器上不是最强的，却被日伪机关列为榜首，可见他们对胡大勋的畏惧。1940 年，胡大勋领导的运河支队在常埠桥伏击战中击毙日军副联队长广田中佐，是抗战期间鲁南地区击毙的日军最高级别的军官。

刊载日伪山东省峄县公署编写的《峄县治安状况》的日本《华北综合调查研究所所报》封面

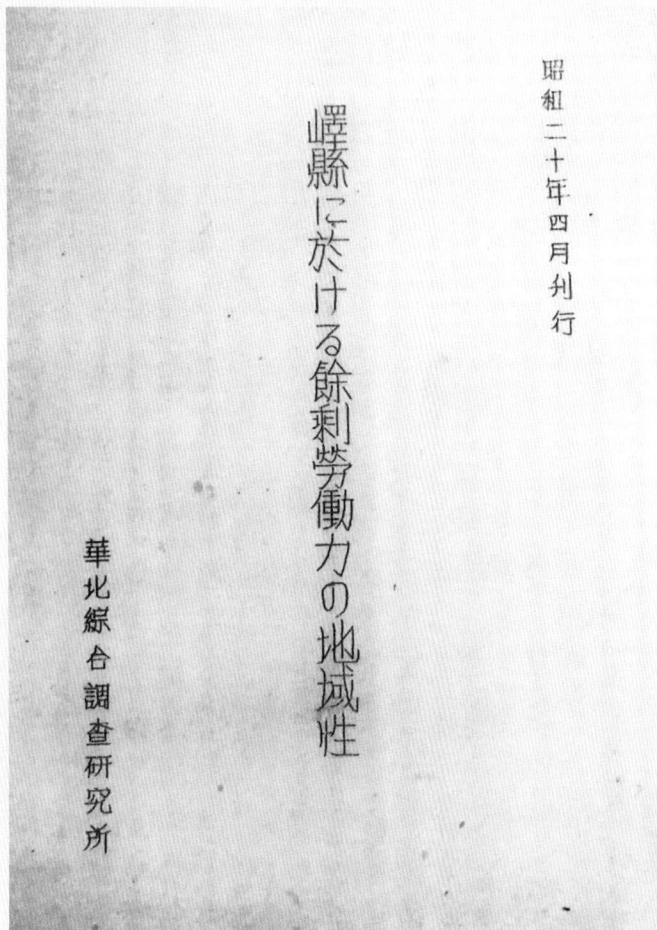

日伪山东省峄县公署编写的《峄县治安状况》

相关知识：

　　胡大勋，生于 1899 年，字力员，铜山县柳泉镇人，1938 年参加革命。1939 年八路军 115 师挺进鲁南后，胡大勋响应上级号召，于 1940 年创建八路军 115 师运河支队，先后担任运河支队参谋长、支队长。在任期间，战敌顽，搞统战，建立黄邱套抗日根据地，有效地遏制了苏鲁交界运河两岸、铁路两侧地区的伪化；并与铁道游击队联手，开通从新四军驻地盱眙出发，越过陇海和津浦铁路、微山湖，再经冀鲁豫根据地到达延安的秘密交通线，共护送了中央领导和 1000 多名干部往返于根据地和延安之间。为了更好地保卫交通线，胡大勋的运河支队由八路军序列划归到新四军序列，成为鲁南地区唯一的新四军队伍。胡大勋一家七口参加抗日，弟弟、儿子牺牲，他自己为救国民党第十战区副司令李明扬身负重伤，被新四军副军长张云逸称为"孤胆英雄"。

　　1945 年，胡大勋担任鲁南军区十八团团长，鲁南军区第三军分区副司令员。徐州解放后，胡大勋任徐州市建设局局长，组织了云龙山植树造林和黄河故道沙化改造，将贫瘠的沙滩建成七里沟果园，被评为全国先进典型，多位中央领导亲临视察，胡大勋也被评为"全国劳动英雄"。1964 年，胡大勋因病去世，终年 66 岁。

孔宪质日记

保管单位： 新沂市档案馆

档案概况：

孔宪质（1917—2013），江苏新沂人，1938年参加革命，历任淮阴地区、赣榆县（今连云港赣榆区）、丰县、新沂等地中共党委宣传部部长、组织部部长、县委副书记等职。1935年3月19日，孔宪质在家乡上私塾时开始写日记，1995年，孔宪质将坚持记录60年的日记捐赠给新沂市档案馆，共计128册（约380万字）。

孔宪质日记内容丰富，涉及面广，详细记录了新沂地区人民群众在党的领导下开展革命斗争和社会主义建设的艰辛历程及取得的光辉成就，再现了宿北地区血与火的战斗岁月，为研究地方革命史提供了珍贵的第一手材料。

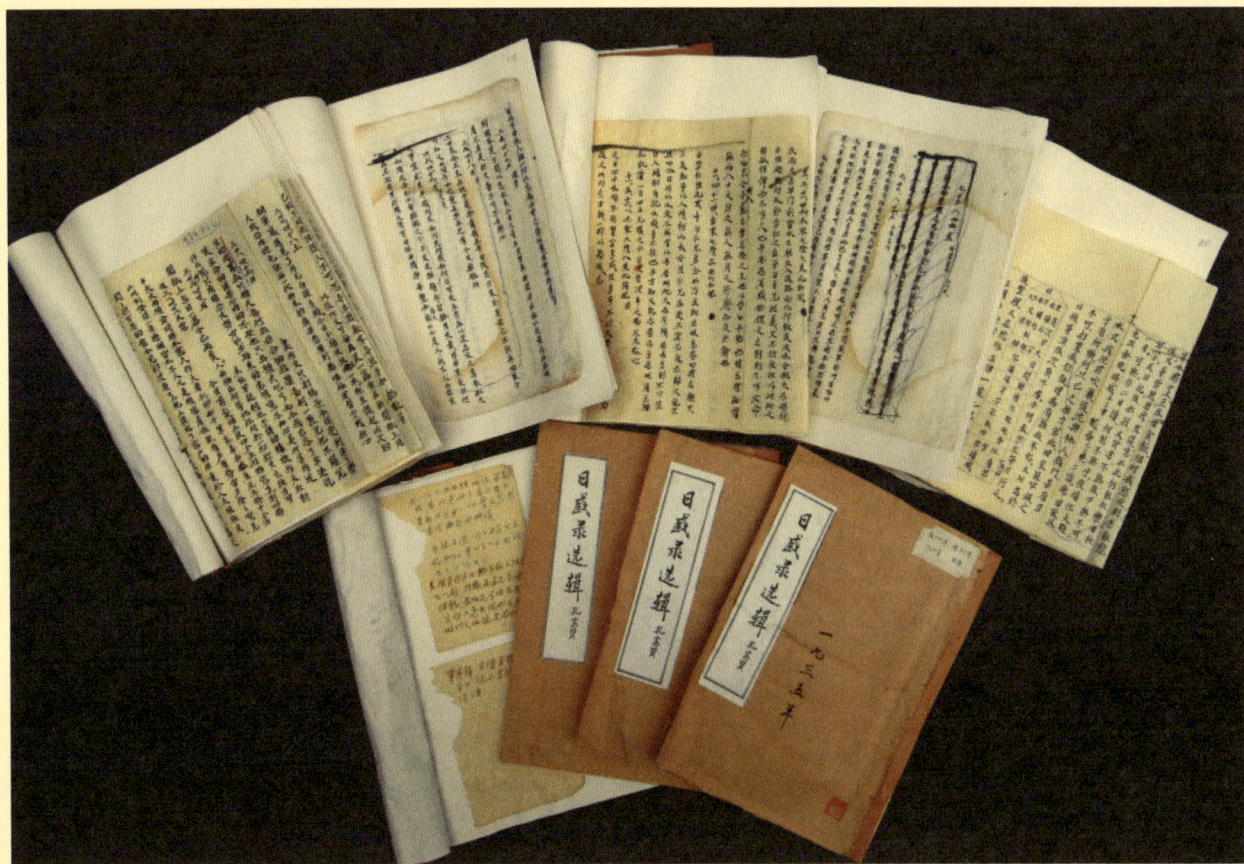

孔宪质日记

孔宪质日记节选

全文（节选）：

民国二十六年

九月十五，月，扫射。

疲劳太甚，实难以恢复。今日又来飞机两架扫射，并无损失。学校同学统计救国公债五元，救国慰劳分会壹元，邳县小会三角及每学期固定飞机损壹元，约七元三角，真是不少。

九月十六，火，投弹。

敌机三架来，先投弹于东北，又投于车头房共四五枚，炸泥地约二尺深，三尺径。而四散飞子则数丈外。田禾尽成灰烬。时我与昌在运职，觉学生太无纪律，跑往蒋振华家地下室，但是机枪声如炸豆，弹声震耳。自入校来，无此次恐怕也，幸往庄楼在地下室又不知如何怕。

潘琰烈士手迹

保管单位：徐州市档案馆

档案概况：

潘琰（1915—1945），江苏徐州人，昆明"一二·一"学生爱国运动四烈士之一。该幅手迹——散文诗《怀念》写于 1943 年 9 月，全篇字迹工整、清秀。作者寓情于景，通过描述对松树坪的眷恋，表达对同志的怀念、对革命理想的执着和对美好生活的向往。诗中提及的松树坪位于湖北省建始县，是潘琰曾经生活和学习过的地方。出于特殊时期的考虑，潘琰省去了具体地理位置，以"××"代替。

1995 年，潘琰烈士生前好友黄白先生将珍藏多年的烈士手迹转赠于潘琰之弟潘玉琛。2009 年，徐州市档案馆为庆祝中华人民共和国成立 60 周年，面向社会各界征集档案文献，潘玉琛先生将珍藏多年的烈士手迹无偿捐献国家，赠予徐州市档案馆永久保存。

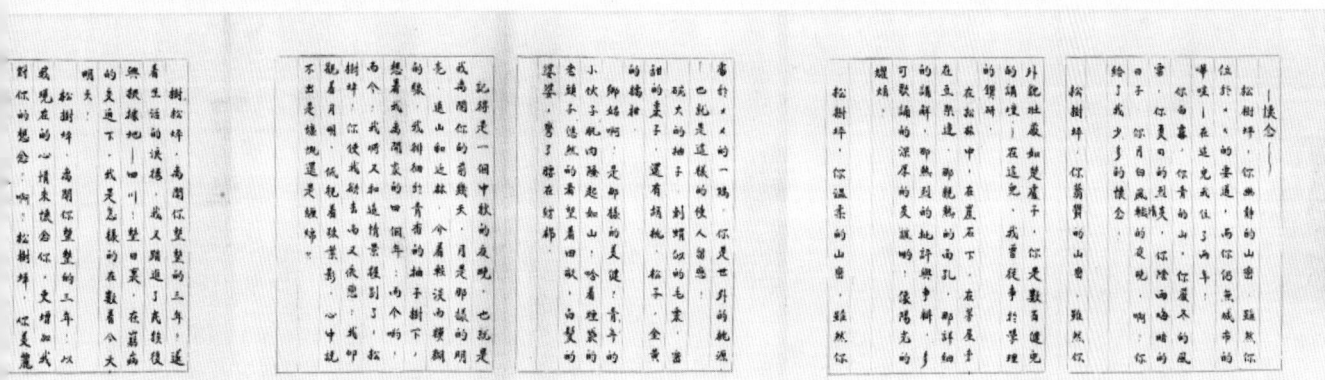

潘琰烈士手迹《怀念》

《怀念》节选

全文：

<h1 align="center">怀　念</h1>

松树坪，你幽静的山峦，虽然你位于××的要道，而你仍无城市的哗喧——在这儿我住了两年！

你白（的）雾，你青的山，你严冬的风雪，你夏日的烈炎，你阴雨晦暗的日子，你月白风清的夜晚，啊！你给了我少多的怀念！

松树坪，你蓊郁的山峦，虽然你外貌庄严如楚处子，你是数百健儿的讲坛——在这儿，我曾从事于学理的钻研。

在松林中，在崖石下，在茅屋旁，在豆架边，那亲热的面孔，那详细的讲解，那热烈的批评与争辩，多可歌颂的深厚友谊哟！像阳光的耀炫！

松树坪，你温柔的山峦，虽然你处于××的一隅，你是世外的桃源——也就是这样地使人留恋！

碗大的柚子，刺猬似的毛栗，蜜甜的枣子，还有胡桃，松子，金黄的橘柑。

乡姑啊！是那样的美健！青年的小伙子肌肉隆起如山！含着烟袋的老头子，悠然地看望着田亩。白发的婆婆，弯了腰在纺棉。

记得是一个中秋的夜晚，也就是我离开你的前几天，月是那样的明亮，远山和近林，介着轻淡而模糊的线。我徘徊于清香的柚子树下，想着我离开家的四个年！而今哟！而今！我将又和这情景握别了。松树坪！你使我欲去而又依恋！我仰观着月明，低视着疏叶影，心中说不出是慷慨还是缠绵！

松树坪，离开你整整的三年！遂着生活的浪卷，我又踏进了民族复兴的根据地——四川！整日里，在穷病的交迫下，我是怎样地在数着今天、明天！

松树坪，离开你整整的三年！以我现在的心情来怀念你，更增加我对你的想念！啊！松树坪，你美丽，温柔，壮健！

琰写于来合后

1943.9

抗属荣誉证

保管单位：睢宁县档案馆

档案概况：

邳睢铜行政区联防办事处颁发的"抗属荣誉证"。证书内容是："兹有朱培橘先生的亲属朱廷鹤在睢宁大队二连杀敌报国，功在家邦。特代表全地区人民恭祝：朱培橘先生阖第光荣"。落款时间为民国三十三年（1944）十二月，末具邳睢铜行政区联防办事处主任刘玉柱、副主任吴云培署名，盖有"邳睢铜行政区联防办事处关防"。该荣誉证对研究地方抗战历史具有重要的史料价值，是进行爱国主义教育的珍贵素材。

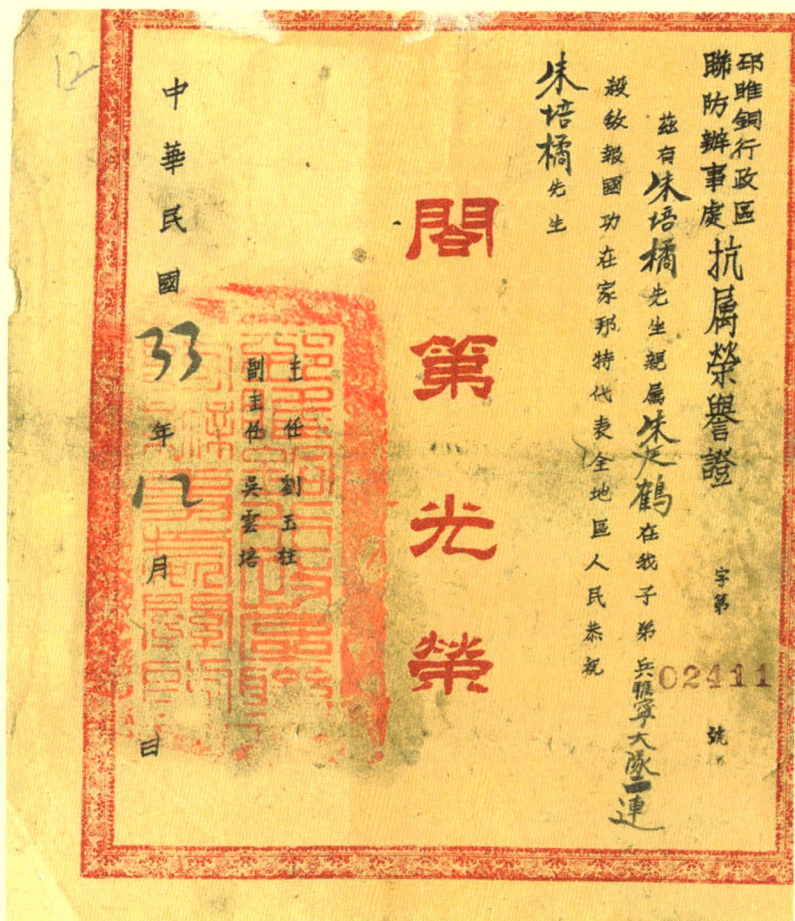

邳睢铜行政区联防办事处颁发给朱培橘先生的"抗属荣誉证"

相关知识：

关防，官印的一种，多为长方形。明初，各布政司与六部常以预备的空白印纸作弊，明太祖发觉后，改用半印，以便拼合验对，取其"关防严密"之意，故名"关防"。其后不作勘合之用，而形制未变，用来预备给临时设置之官。清沿明制，正规官员使用正方形官印称"印"，临时派遣官员则用关防。

决胜淮海　古彭新生

　　抗战胜利后，中国共产党为争取和平民主做出了巨大努力。随着 1946 年国共和谈破裂，党领导人民克服艰难困苦，由战略防御转入战略进攻，直至淮海战役一战定乾坤。1948 年 12 月 1 日徐州解放，新成立的徐州特别市军事管制委员会和徐州市人民政府全面接管城市，把发展生产、支援前线作为中心任务。昔日的军事重镇挥别炮火，古城人民踏上建设新徐州的征程。

淮海战役档案

保管单位：淮海战役纪念馆

档案概况：

1948 年 11 月 6 日至 1949 年 1 月 10 日，60 万中国人民解放军与 80 万国民党军主力在广阔的黄淮平原上展开殊死决战，经过 65 昼夜浴血奋战，人民解放军共歼灭国民党部队 55.5 万余人，取得了决定性的胜利。这次战役从根本上动摇了蒋家王朝的统治，成为决定中国命运的大决战。为了纪念淮海战役的伟大胜利，1959 年中共中央、国务院决定在江苏徐州南郊凤凰山兴建淮海战役烈士纪念塔和淮海战役纪念馆，1965 年建成开放，并设立专业管理机构，负责日常开放管理及文物资料征集与保管。现有文物资料 7831 件，历史照片 6100 张。内容包括党中央和毛泽东主席及淮海战役总前委的指示、命令，参战兵团、纵队、师、团等各级的通知、计划、统计、总结等重要文献，英模奖状、奖旗、奖章、立功证、英烈名册、遗物、缴获的战利品和有关书籍、报刊、传单等，其中很多是原始档案。这些档案、资料真实记录了人民解放军英勇奋战、前仆后继、一往无前、决战决胜的英雄气概和广大人民艰苦奋斗、全力支援的奉献精神，具有较高的史料价值，是缅怀革命英烈、弘扬和培育英烈精神、继承和发扬革命传统的珍贵素材。

1949 年 1 月 10 日，淮海战役胜利结束，华东野战军第四纵队俘获徐州"剿总"副司令员杜聿明，并于 1949 年 1 月 11 日 10 时上交华野司令部。华东野战军参谋处第四科给华野四纵开具了收到条。该收到条被定为国家一级文物。

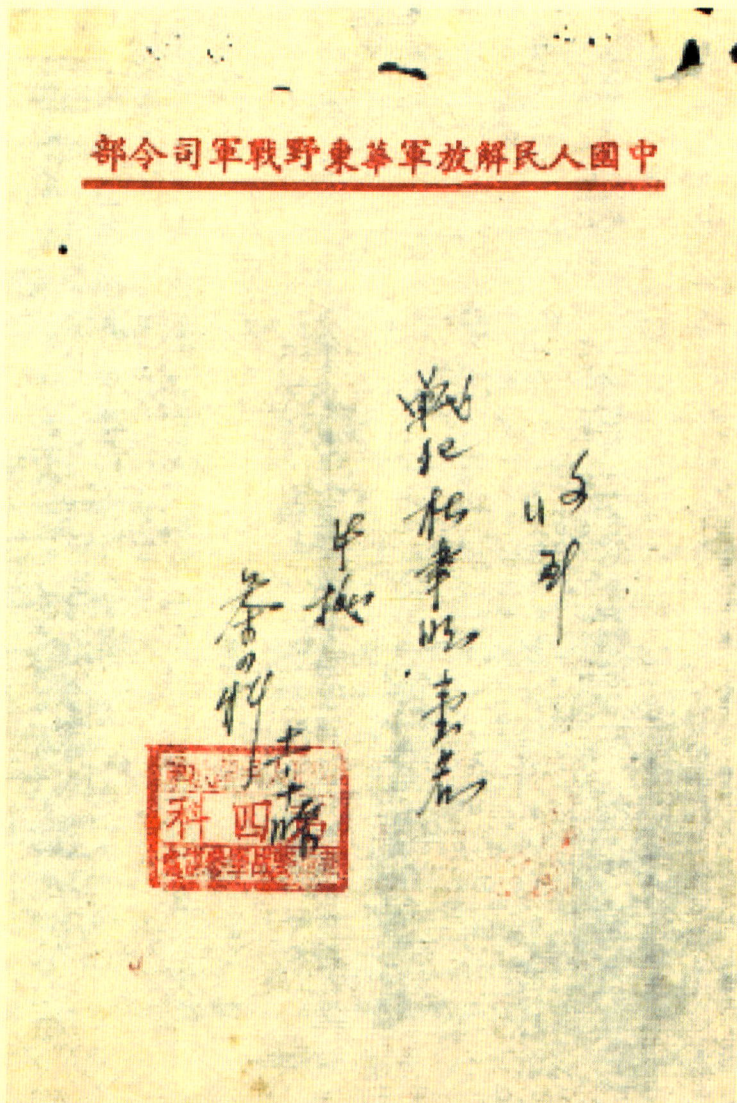

人民解放军交接战俘杜聿明收到条

刘瑞龙在淮海战役时期任华东野战军后勤部部长。此日记本是 1948 年 9 月 30 日至 1949 年 5 月
25 日淮海、渡江两大战役中领导活动情况的记录。该日记手稿来源确切，意义重大，定为国家一级文物。

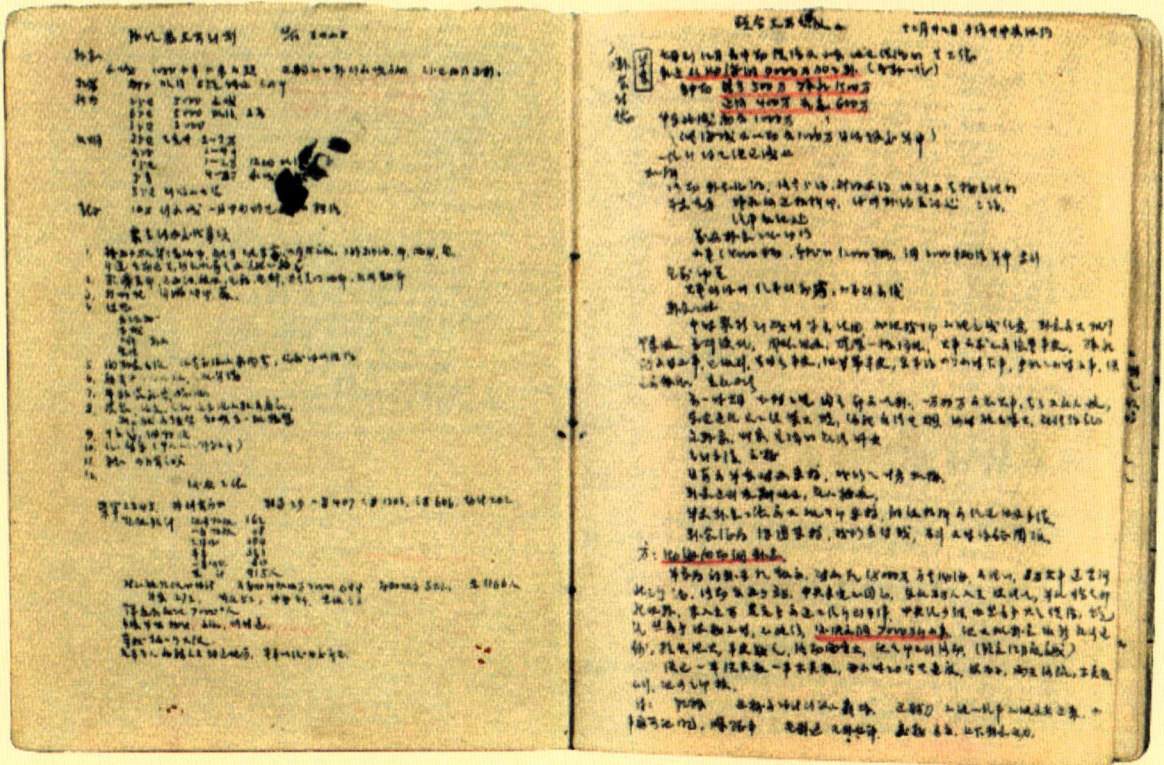

刘瑞龙日记

　　潍县张营区支前担架队，在党支部领导下发挥了民工俱乐部的作用，按时完成支前任务，荣获淮海战役支前模范担架队的称号。担架队支前民工在完成艰巨支前任务的同时，自己动手编写稿件，利用白布或平滑的墙壁，创办了大量形式简单、内容丰富的民工墙报。该组墙报稿共计 11 件，定为国家二级文物。

潍县张营区支前担架队队员墙报稿

山东潍坊担架队支前民工在完成艰巨支前任务的同时，创办了大量民工墙报。这些墙报对丰富民工文化生活、增强民工队凝聚力、激发民工支前热情起到重要作用。

山东潍坊担架队支前民工墙报稿

徐州市地下党员登记表册

保管单位：徐州市档案馆

档案概况：

徐州市地下党员登记表册为手刻红油印刷，实有地下党员登记表50份（编号为1至54号，第5、32、45、52号缺失），内容包括姓名、年龄、籍贯、家庭经济状况、入伍时间、入党时间、入党介绍人、工作简历、社会关系等项。出于地下工作的需要，表册中大部分姓名均未填写，而以英文字母和数字的编号代替。

该地下党员登记表册作为第一手材料，真实记录了党在徐州地区开展地下工作的情况，是进行革命传统教育的珍贵素材。

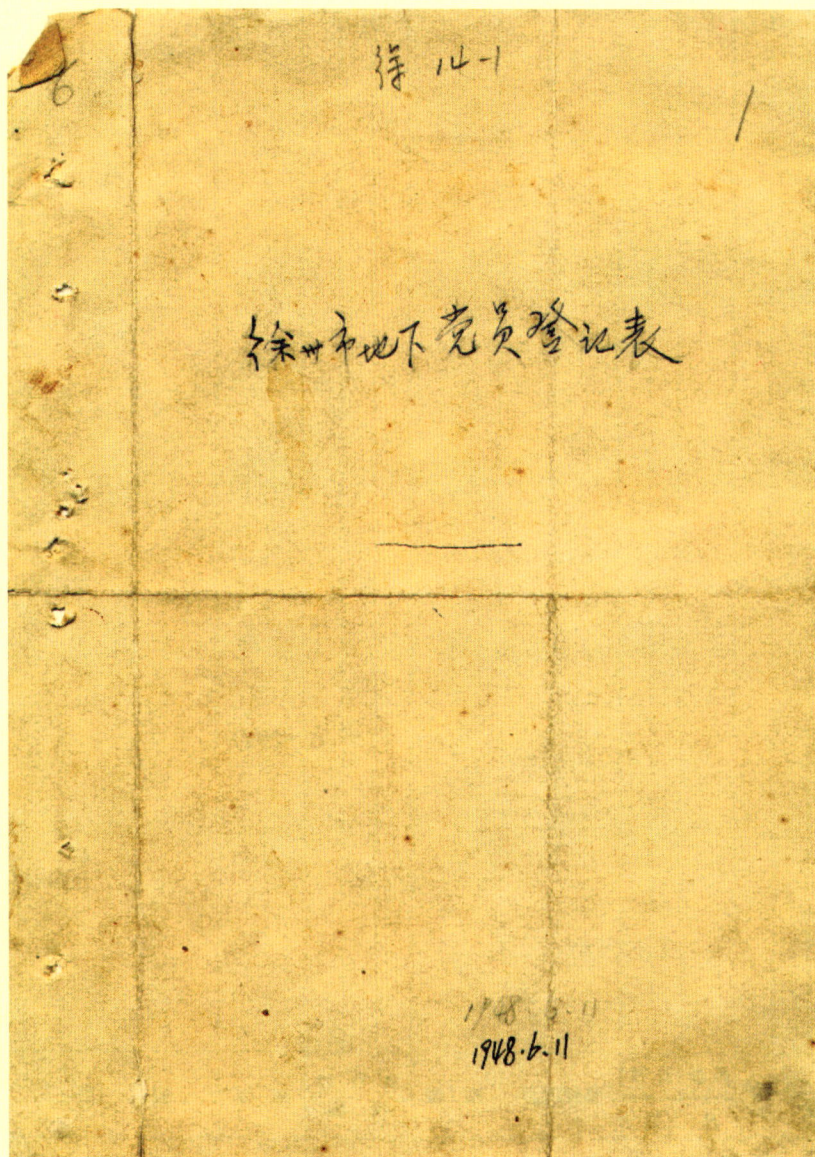

徐州市地下党员登记表册

代号 D102c 地下党员登记表

地下党员刘保华登记表

丁志刚对《政治协商会议》一书的说明

保管单位： 徐州市档案馆

档案概况：

该档案是地下党员丁志刚对利用教师身份为掩护，宣传进步思想一事的回忆记录。

1946 年初，丁志刚在铜山中学任英文教员，他有意选择中英文对照的《政治协商会议》小册子中，有关国共和谈和共产党的主张、观点等富有政治色彩的内容，供同学们阅读，启发大家去思考，比较巧妙地宣传了中国共产党的主张和革命口号。

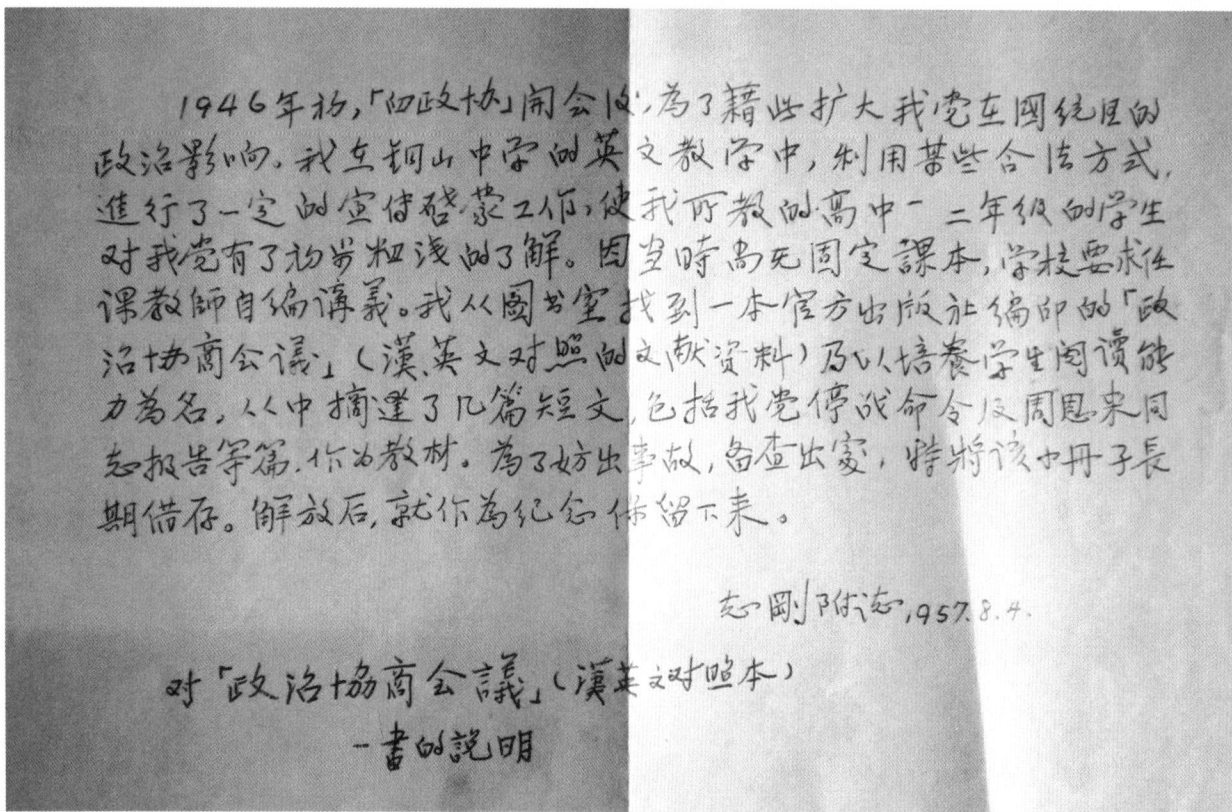

丁志刚对《政治协商会议》一书的说明

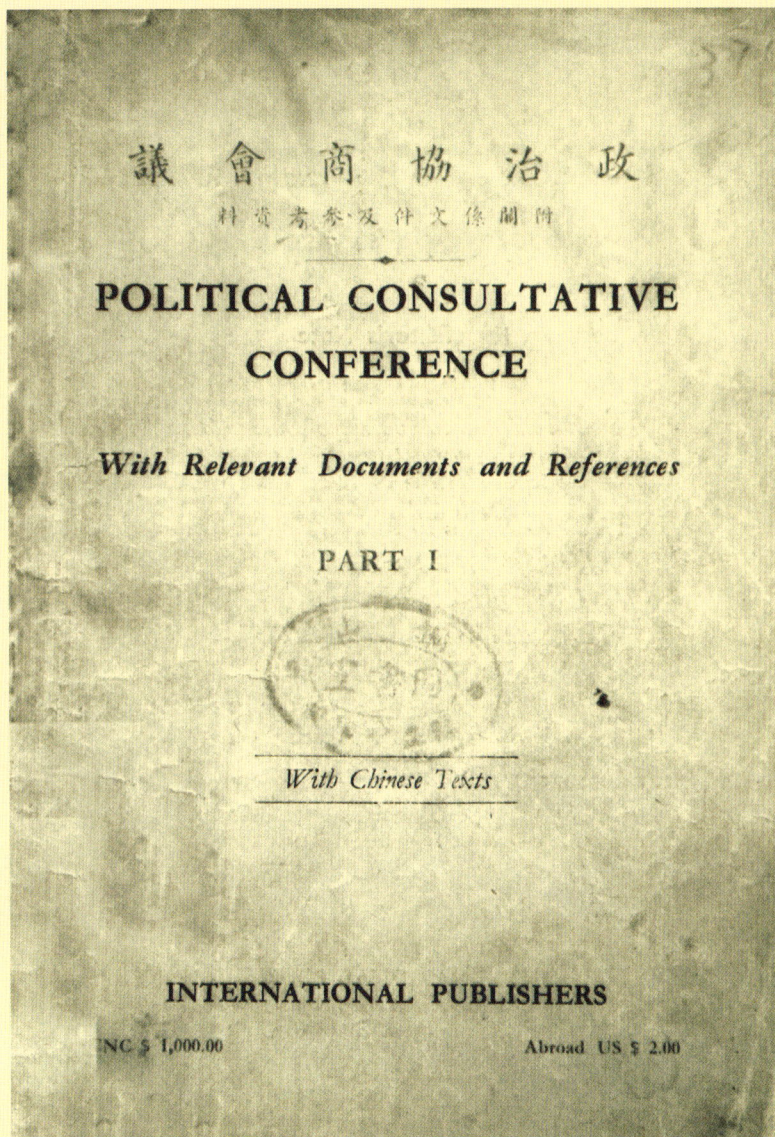

議會商協治政
附關係文件及參考資料

POLITICAL CONSULTATIVE
CONFERENCE

With Relevant Documents and References

PART I

With Chinese Texts

INTERNATIONAL PUBLISHERS

NC $ 1,000.00　　　　　　Abroad US $ 2.00

《政治协商会议》

相关知识：

　　丁志刚，曾用名丁铸铁，笔名管一丁，1919 年出生于山东滕县，原籍江苏徐州。学生时代的丁志刚积极投身于抗日救亡活动，并于 1938 年 5 月加入了中国共产党。1938 年 7 月，他高中毕业后前往陕北抗大学习，毕业后留校任职，并转战于晋、鲁两省敌占区。1945 年 8 月，丁志刚受中共中央山东分局城工部暨中共鲁南区党委城工部调遣，进入徐州做党的秘密工作，公开职业是高中英文教员。

徐州地下党组织编印的《徐州概况》

保管单位：徐州市档案馆

档案概况：

《徐州概况》是徐州地下党组织艰苦卓绝隐蔽斗争获得的"第一手资料"，编印于1948年12月，10万余字，记录了1946—1948年间徐州的工厂、学校、社会团体等方面的情况。该书为铅印本，封面印有"只供参考 不得外传"和"'青州'建设研究会编"字样。全书由政治概况、特务概况、经济概况、文教概况、社会概况和人物调查共6部分组成，介绍了国民党统治下徐州的状况，为徐州特别市军事管制委员会在徐开展接收工作提供重要依据。

根据《中共鲁南区党委对徐州开展地下工作大事记》记载，1948年8月，中共徐州市委发出关于收集徐州敌情材料的指示信，要求收集徐州蒋方党、政、军、特、宪情况，各团体机构人物情况以及金融、财政、工商业等情况。徐州地下党组织日夜奋战，仅两月时间就编写完成《徐州概况》。这本极具情报价值的小册子，被迅速分发到各领导机关、各部队中，为顺利解放徐州、接管徐州提供了可靠的依据。

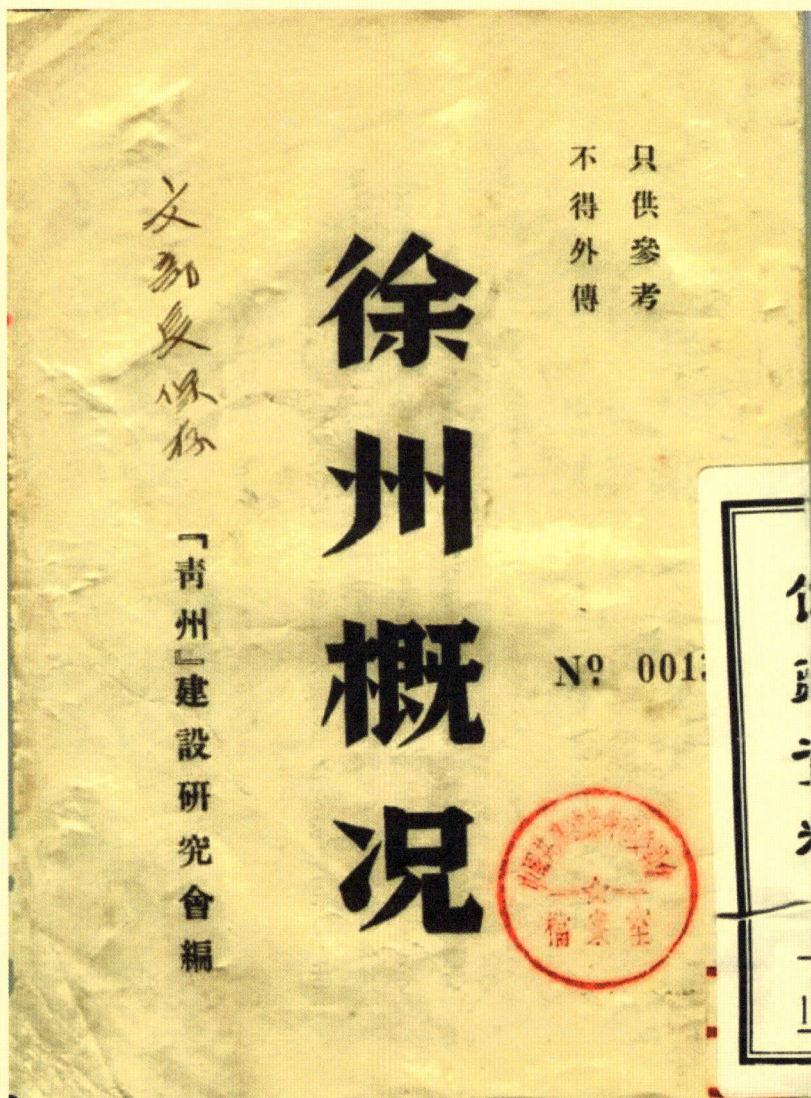

《徐州概况》

《徐（州）市地下党工作概述》

保管单位：徐州市档案馆

档案概况：

《徐（州）市地下党工作概述》由地下党组织状况、统一组织之移交接收情形、地下党在新中国成立前后进行的斗争、工作体会及现存的问题和附表等5部分组成。对于加强地下党员的教育、管理、确保党的组织的延续性和战斗力，发挥了积极的作用。

徐州解放后，为便于统一领导，新成立的中共徐州市委决定，各地下党组织以系统为单位向市委进行登记移交。至1949年1月，鲁中南、冀鲁豫、华野3个组织系统向市委移交11个支部、12个党小组、170名党员（单线领导的党员90名）。1949年1月5日，在鲁中南徐州市委、华野联络部徐工组和冀鲁豫区党委社会部徐工组完成移交的基础上，形成该材料。

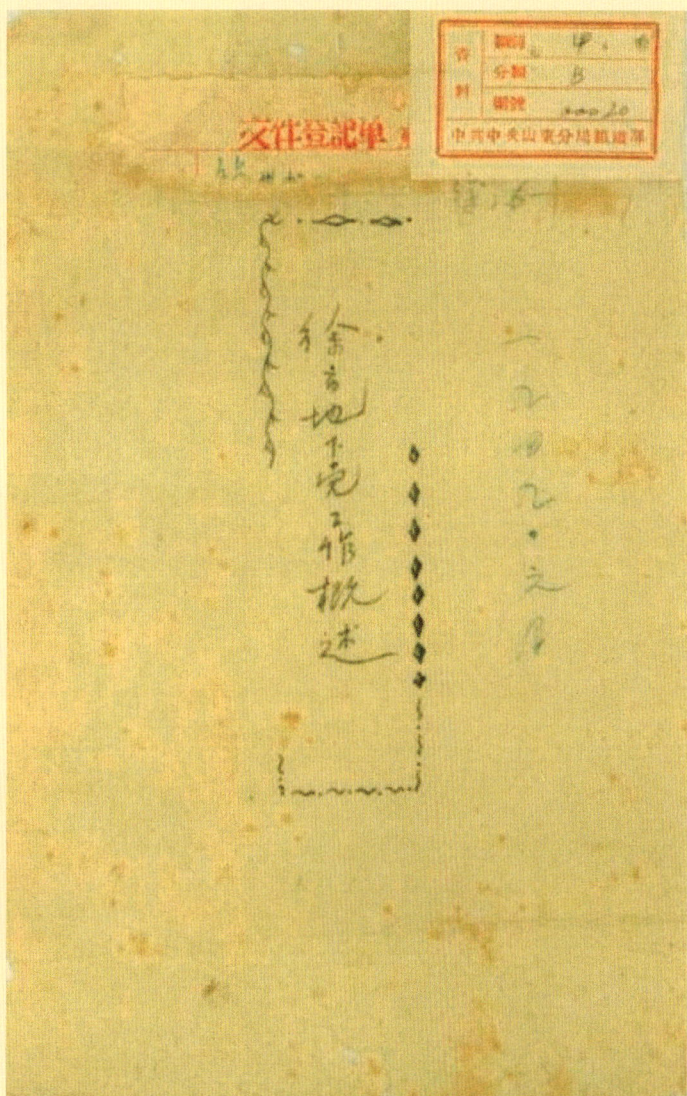

《徐（州）市地下党工作概述》

1948 年 12 月，地下党员发动进步群众进行了护厂、护校、护路等斗争，并向市委汇报关于敌人弃留物资等情况。

徐州市地下党收集物资缴出的统计（不完全的）

1949 年 1 月 5 日，徐州市委对鲁中南徐州市委、华野联络部徐工组和冀鲁豫区党委社会部徐工组移交的 170 名地下党员的职业、成分、入党时间进行统计分析，共涉及洋车夫、汽车司机、学生、教员、商人、医生、厨师等 28 种职业，遍布社会方方面面，各个阶层。

徐州市地下党职业分布、成分、入党时间统计表

钱树岩手绘徐州"剿总"司令部平面示意图

保管单位： 徐州市档案馆

档案概况：

钱树岩是曾经潜入徐州绥靖公署搜集军事情报的老地下党员，此图是他80岁时凭借记忆手绘的。从平面示意图可以看出，国民党徐州绥靖公署（1948年改为徐州"剿总"司令部）呈长方形，中轴线上分布着照壁、大门、大礼堂、过道、办公厅、办公楼等。

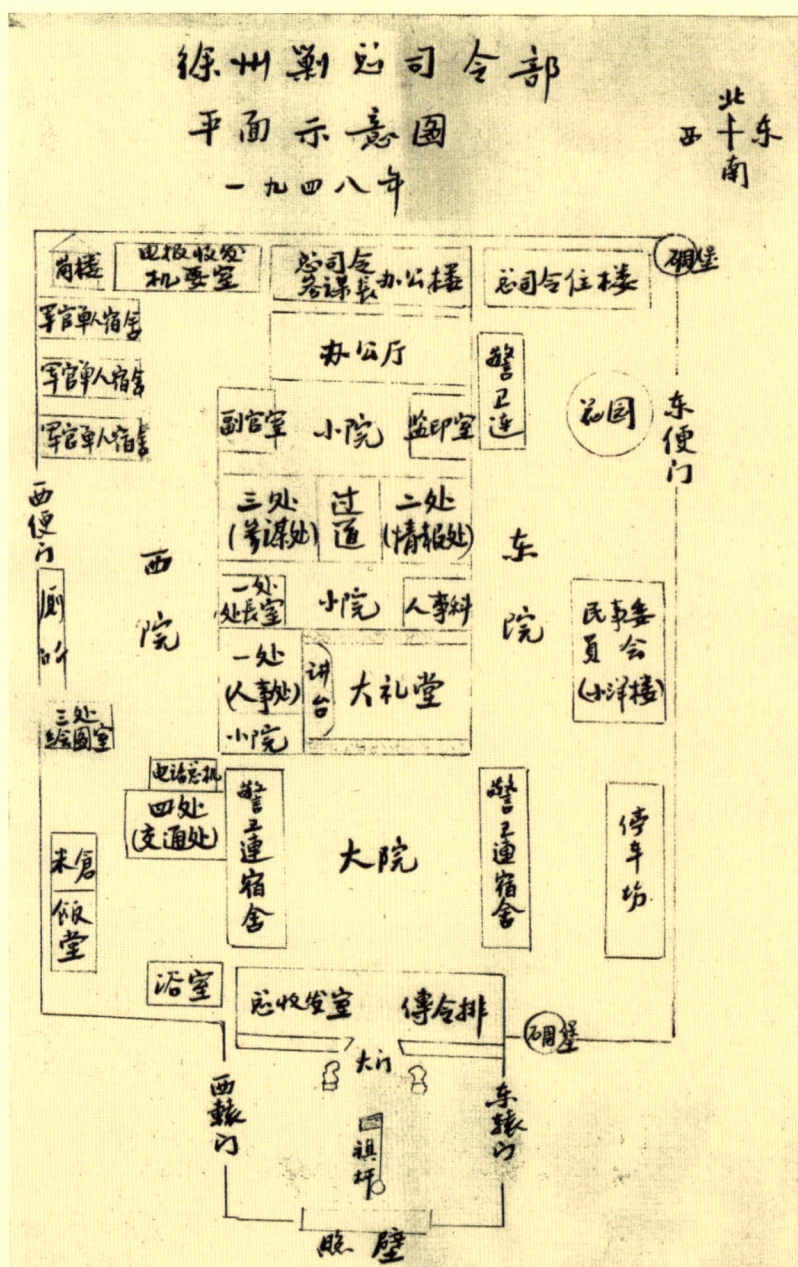

钱树岩手绘的徐州"剿总"
司令部平面示意图

百岁钱树岩重游自己当年战斗过的地方（摄于2024年7月）

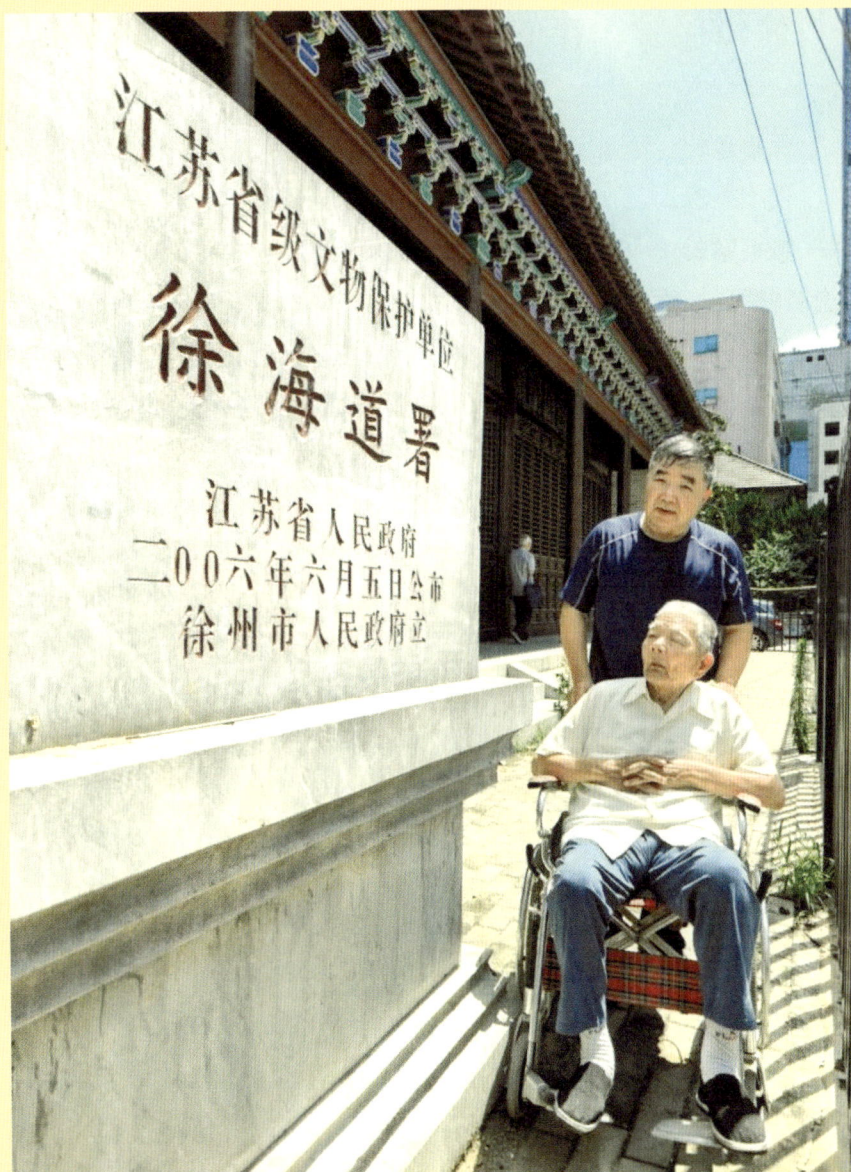

相关知识：

钱树岩，1921年出生，江苏徐州人。1944年6月参加革命工作，1945年12月加入中国共产党。1946年6月潜入国民党徐州绥靖公署（1948年改为"徐州剿总司令部"）军务处担任司书，1947年3月因搜集绝密军事情报《长江以北西至潼关实力部署》而得到中央军委的嘉奖。

徐州绥靖公署设在明清两代的徐海道署内，有八处一部（军务处、情报处、参谋处、交通处、军法处、总务处、民政处、联秘处、政治部），下辖三个绥靖区，指挥苏北、鲁南、皖北、豫东30个整编军、30个特种兵团队，配属空军第三大队，共计60万人。钱树岩在徐州绥靖公署潜伏两年多，对那里的一草一木都十分熟悉。他绘制的这幅平面图，曾作为文物部门修复徐海道署的依据，也是研究淮海战役的重要档案资料。

徐州接管工作的综合报告

保管单位：徐州市档案馆（复制件）

档案概况：

　　该档案是 1949 年 1 月，徐州市军管会向华东局做的工作报告，包含徐州解放初期至次年 1 月份的接管情况。档案包含 3 份报告，共 6000 余字，由徐州市档案馆 1959 年从山东省委档案室复制而来。这 3 份报告共同记录了徐州解放初期的城市接管工作，反映出接管过程中遇到的复杂问题和挑战，是研究解放战争时期城市接管工作的重要史料，对于研究中国共产党在城市治理和政权建设方面的早期实践具有重要价值。

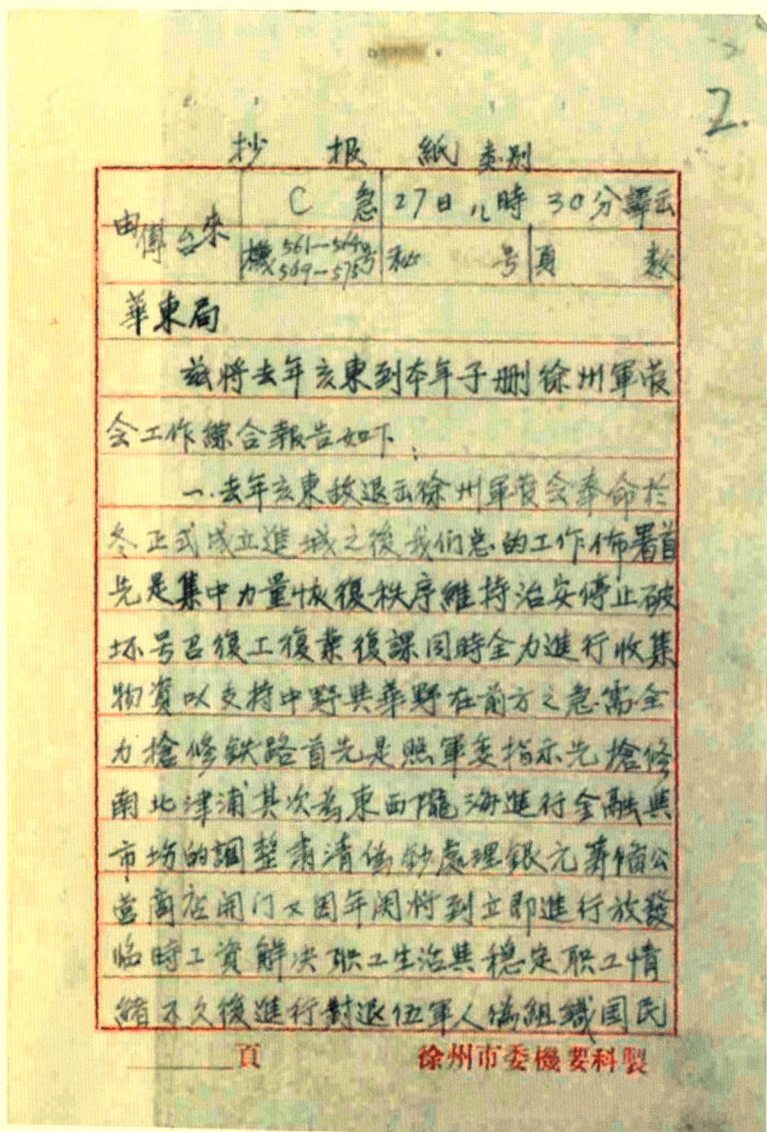

徐州市军管会在 1948 年 12 月 1 日至 1949 年 1 月 15 日期间的工作综合报告

　　第一份报告是徐州市军管会在 1948 年 12 月 1 日至 1949 年 1 月 15 日期间的工作综合报告，详细记录了徐州解放之初的城市接管工作。报告涵盖了治安维护、物资收集与分配、金融市场调整、物价稳定、工人与群众工作、旧职员争取、反动组织清理以及房屋管理等多个方面。通过这份报告，可以清晰地看到徐州军管会在接管初期面临的复杂局面以及采取的一系列措施和取得的初步成果，同时也反映了工作中存在的问题和经验教训。

全文（节选）：

华东局：

兹将去年亥东到本年子删，徐州军管会工作综合报告如下：

一、去年亥东，敌退出徐州，军管会奉命于冬正式成立。进城之后，我们总的工作部署，首先是集中力量恢复秩序，维持治安，停止破坏，号召复工复业复课，同时全力进行收集物资以支持中野与华野在前方之急需；全力抢修铁路，首先是照军委指示先抢修南北津浦铁路，其次为东西陇海；进行金融与市场的调整，肃清伪钞，处理银圆，筹备公营商店开门。又因年关将到，立即进行放发临时工资，解决职工生活与稳定职工情绪。不久后，进行对退伍军人、伪组织国民党、三青团登记，以便基本上解决治安与秩序问题。进行调整房屋，成立了房产部，以便协助机关建立城市正规的办公制度，同时在组织上建立本市各部门的正规组织（市委各部市政府各局等），争取旧职员参加工作，并分别报告如下：

二、由于入城准备工作做得太不充分，最主要的是城市警卫部队没有事先指定并训练教育好，因此发生许多可以避免的缺点，渤纵在开始入城维持治安停止抢劫破坏上是有成绩的……

三、徐州接收工作，除本身有接管任务外，尚有庞大的支前工作。一面接收一面支前，虽然敌人对物资有计划地运走与破坏，但尚可接收大批物资可供前方应用……

四、关于金融问题……

五、关于物价问题……

六、号召复工复业之须……

七、对争取旧职员工作……

八、党与群众工作……

九、治安问题……

十、入城后房子问题为严重问题之一……

十一、关于铁路抢修工作已另有详报，在此不另。

十二、四十天来工作总结……

徐州市军管会

子寒

第二份报告是关于徐州解放后对残留蒋军人员及其眷属进行登记处理的专项报告。报告详细记录了军管会如何通过组织治安委员会，对蒋军人员进行登记、分类处理，包括遣散回籍、争取工作者以及请求留徐人员的审查与安置。报告还描述了在登记过程中遇到的敌特破坏、宣传动员、群众反馈以及复杂人员处理等问题，反映了军管会在清理敌伪人员、维护城市治安方面的工作重点和方法。

全文（节选）：

华东局军区：

〈甲〉徐州解放后残留徐蒋军人员眷属很多（近3万人，我进入徐州后，零星离徐万人外，尚仍有2万人左右）……

〈乙〉登记开始前后，曾组织对市民宣传，并召开旧保甲、警察、户籍干事、蒋军人员座谈会……

〈丙〉明确方针与依据工作发展情况……

〈丁〉敌特反动分子对我登记工作造谣破坏组织对抗，如"登记了就当兵""要和平了，国军还要回来"……

〈戊〉请求留徐人员之处理最为复杂……

〈己〉这一工作开始后，抢案已一般减少，各阶层对蒋军人员登记处工作均表赞助，认为"这是维持治安的好办法"，"国民党的人国民党不管，解放军收容照管，他们再不走正道还算人吗"……

〈庚〉送蒋管区人员到长江边，估计蒋匪军封锁过不去，一部分又回徐州之尚未找出办法安置……

傅周赵

养日

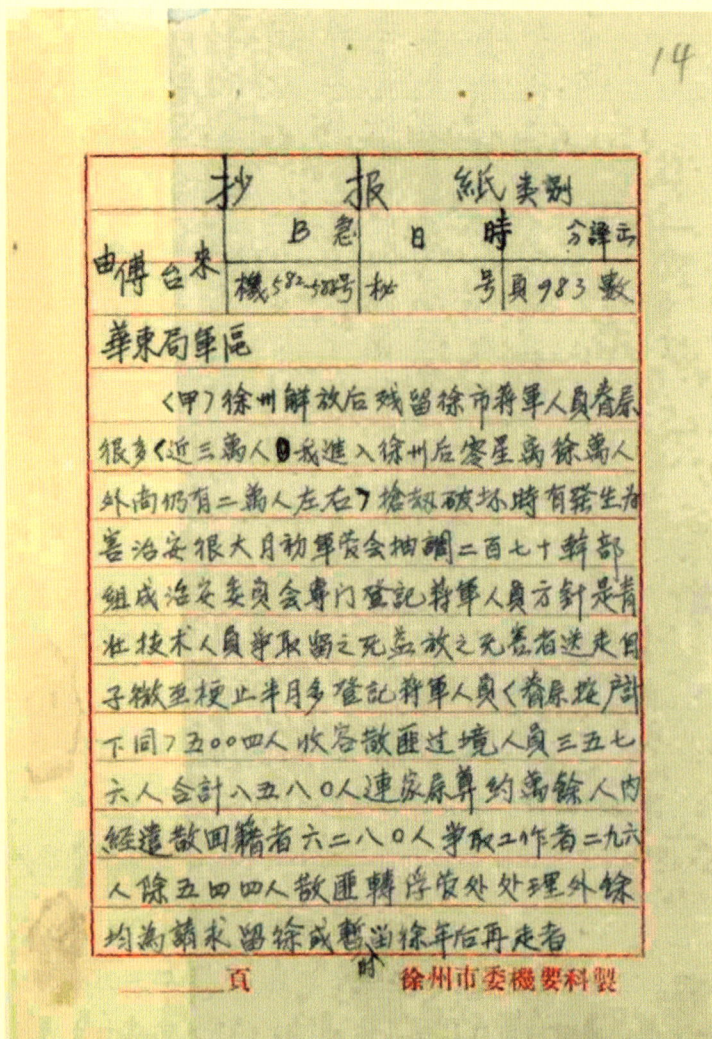

军管会对残留蒋军人员及其眷属进行登记处理的专项报告

第三份报告是徐州市军管会接管前10天（4—14日）的工作报告，主要介绍了接管工作的方针、成果和经验教训。报告强调了军事戒严的重要性、接管与支援前线相结合的策略、铁路抢修的快速推进以及野战军纪律的改善。同时，报告也指出了工作中存在的不足，如反动党派清理滞后、金融混乱、内部管理问题等，并提出了下一步的工作计划。这份报告反映了接管初期的紧迫性和复杂性，以及军管会在短时间内稳定城市秩序的努力。

徐州市军管会接管徐州前 10 天的工作报告

全文（节选）：

华东局：

　　兹将我们进入徐州〈自支到寒〉十天工作一般情形报告如下：

　　一、傅方冯及刘，自江晚进到徐州后，陆续到职进行接管工作，于支召开已到干部会议，根据华东局以及我们的研究，当时会议中宣布我们接管工作方针如下：

　　甲、立即（即支日）宣布军事戒严与制止抢劫与破坏……

　　乙、徐市接管工作与支援前线相结合……

　　丙、为了支援前线与徐市本身之需要，我们接管干部又与建设铁路相结合，在军管会领导下，组织津浦、陇海临时管理委员会，统一领导指挥与调整修路器材实行抢修……

　　丁、我们到徐后则禁止大吃大喝……

　　二、我们在徐州接管了多少物资、多少公共场所等另行通报。

　　三、我们10天中仅是收集与处理已经发现的物质，秩序大体已维持，人心也大体安定，各届座谈会亦陆续举行，党的各种政策亦已公布，大部商家也已开门，故徐州市初步阶段的工作似告一段落，我们在这一段工作的主要经验是：

　　甲、进城后按时进行军事戒严极为重要……

　　乙、党的主张在进城前准备好，一入城即张贴极为重要……

　　丙、在抢修铁路工作中，我们执行了饶政委曾经指出的大胆利用原有员工（工作中发现好坏）、利用旧有经验（加以批判）以及广泛发动地方群众进行修路的经验……

　　丁、我们自进徐州后，野战军(除办事处外)来的不多……这次野战军较之有秩序有纪律，我认为是曲阜会议的一大收获。

　　四、我们的布置缺点是还有许多工作没有做，如：

　　甲、对反动党派还未宣布（早应宣布的）……

　　乙、金融的混乱尚未停止……

　　丙、内部曾混乱了几天……

　　五、我们在几个主要工作开始进行的是：

　　甲、继续搜集各种物资……

　　乙、进行恢复工作……

　　丙、以公安局与警备司令部合组一个委员会（由周林、唐劲实、赵一萍负责），研究对付反对党派及对特务斗争与肃清隐藏之散匪残余。

　　丁、根据中央指示如何联系本市群众与团结各阶层的工作……

　　戊、陆续充实市委市府组织……

　　以上各点是否有当请示。

傅 方 冯 周
养日

徐州特别市军事管制委员会训令

保管单位： 徐州市档案馆

档案概况：

该档案为徐州解放之初，中国人民解放军华东军区徐州特别市军事管制委员会的训令。解放初期，治安维护力量不足，人员情况复杂，造成群众对公共场所进行哄抢，并将抢来物资拿到市场上低价转卖，军管会亦有部分同志贪图便宜而加入购买行列，加剧了这种混乱。为遏制哄抢之风，稳定社会秩序，军管会针对内部人员发布了此训令。这份训令反映出当时接管工作的复杂性和挑战性，见证了我党在接管城市、恢复秩序过程中体现出严格的自我纪律要求，对研究解放初期城市接管、政权建设以及处理群众关系提供了重要资料。

全文：

徐市解放，因我接收人员未能及时进入市内，致使很多仓库被抢。据各方面的反映，群众将抢去之军实物资（军服、皮带、洋毯、皮靴等）在市场出卖，而我们军管会之同志贪图便宜，在市场上征购物资。这样一方面，我们越买的多，群众便要继续抢我们的物资，另一方面，在政治上是有坏的影响和损失，因为群众抢了我们的东西，再卖给我们。为了纠正这种恶劣现象，自训令到达之时起，所有干部再不得在市场上采购物资，如再发生，每个同志都有检举告发之权，各部应将此训令内容传达到每个工作人员共同遵守，否则，军管会必定追究，并按情况轻重，予以批评或处罚。

主　　任：傅秋涛

副主任：方　毅　冯　平

徐州特别市军事管制委员会训令

启用汽车通行证的通知

保管单位：徐州市档案馆

档案概况：

启用汽车通行证的通知形成于 1948 年，行文简单明了，逻辑清晰，信息准确，指示明确。大致内容为：根据规定，各单位需要立即到公路运输部（地址：中正路汽车修理厂）递交申请书，说明汽车载量、牌别、种类等情况，领取汽车通行证。除司令部的汽车外，其他各部队机关汽车一律用军管会发的汽车通行证，无通行证者一律禁止通行。这一规定确保了军事车辆的优先通行权，同时也对其他车辆进行了规范管理，体现了当时政府对交通秩序的重视。

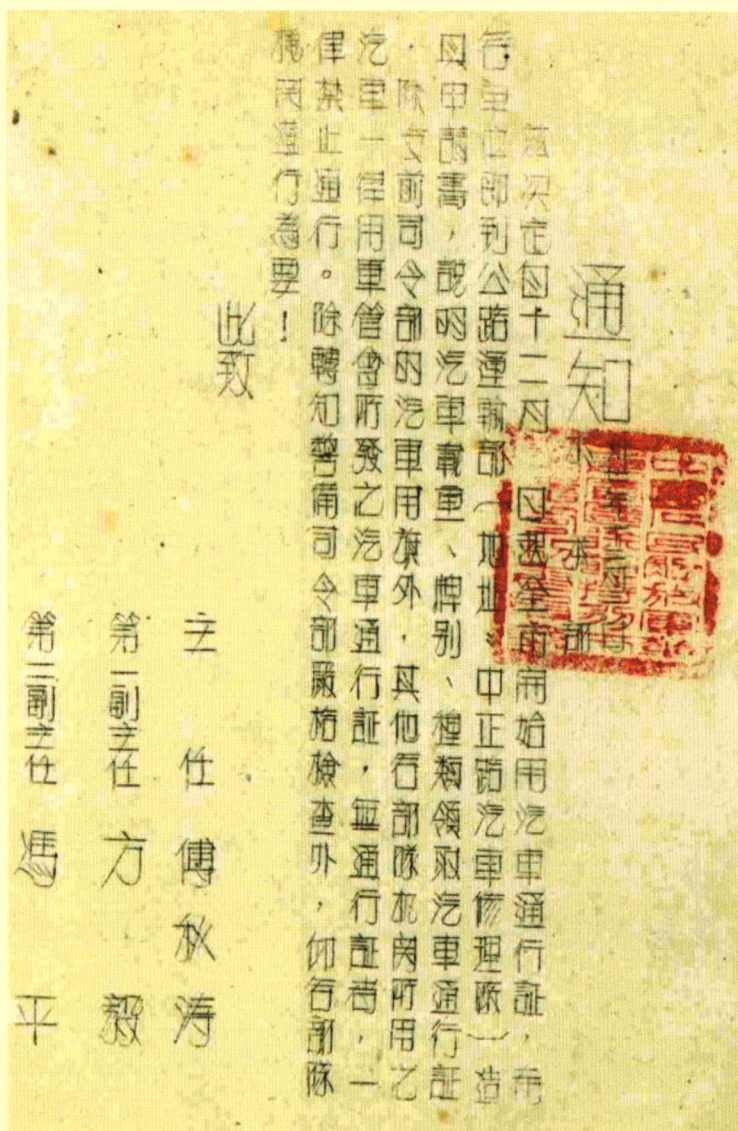

启用汽车通行证的通知

徐州市军事管制委员会接收物资统计表

保管单位：徐州市档案馆

档案概况：

徐州市军事管制委员会接收物资统计表形成于1949年，共计17件。包含飞机场接收工作总结、飞机场物资报告表、武器弹药收支统计表、资财分类统计表、现金票证、交通工具器材表、油脂燃料表、邮政设备表、电信设备表、其他计件表、废料表、电器材料表等。其中，各类统计表157页，详细记录了物资的名称、单位、数量、好坏情况等；文字工作总结22页，叙述了接收前的准备情况、接收的过程及一些经验和教训。

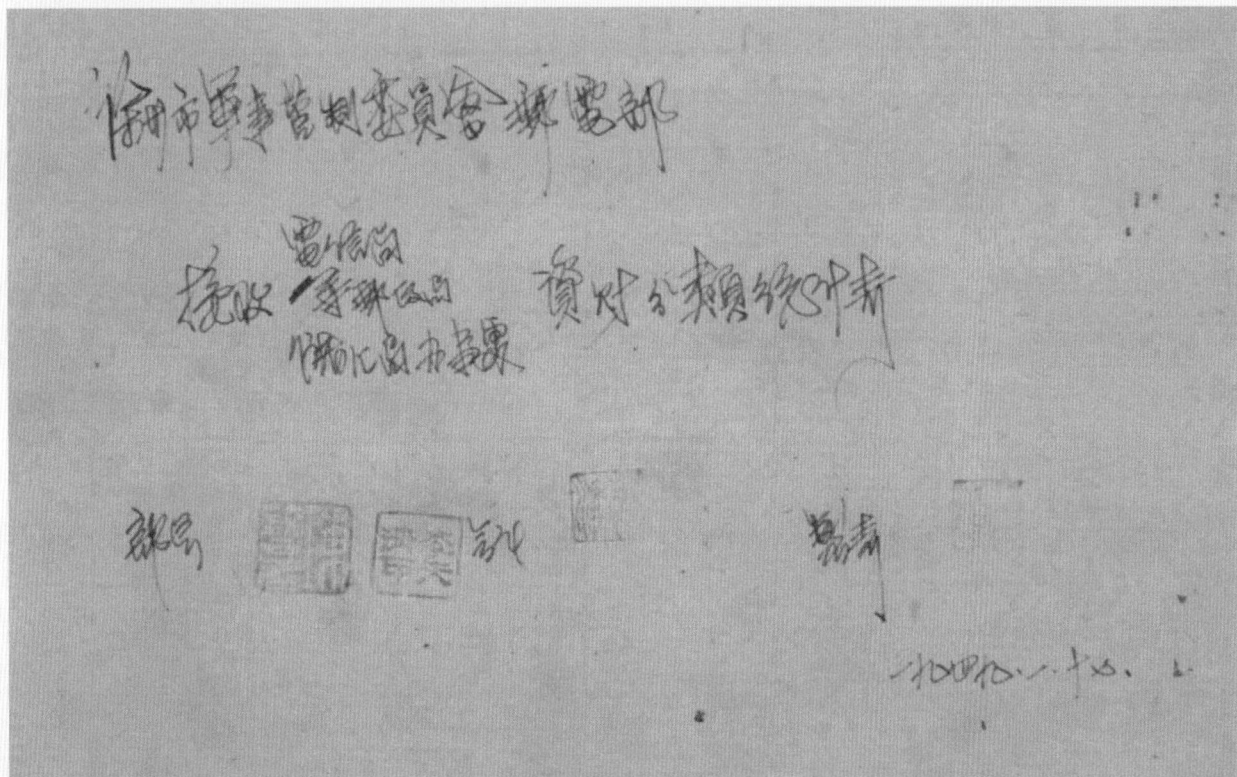

徐州市军事管制委员会邮电部接收资财分类统计表封面

主要物资登记表

名　称	单位	数量	物资好坏情况	备考
汽车	部	120	已移交公路处是輪部十几部修理 助用其余全是破乱汽车。	
汽油	桶	2140	发利飞机汽油·全动滿桶· 已屋走。	
弹药	粒	1367477		
炸弹	枚	7544		
飞机发动机	部	34	全是新的·现已屋走· 另处有四部旧的不在内。	

以上是主要的大宗物资·其余詳細的統計另

有表統計·已交会計料·

主要物资登记表

后　记

自 2024 年 6 月启动编纂工作以来，在市、县（市、区）档案馆和市有关部门的共同努力下，《档案中的徐州》终于付梓出版。

为高质量完成编纂工作，徐州市档案馆成立了本书编纂委员会。在编委会的领导下，充分酝酿，精心策划，重点开展两方面工作：一是全面细致梳理馆藏清代民国档案，掌握档案的内容、形式，同时与各县（市、区）档案馆和有关部门单位联动，摸清档案家底；二是制定档案选用标准和编写纲目、体例，继而组织精干力量，一一化解编纂中的难点与问题。经数易其稿，本书终于杀青，这是一个凝聚着集体智慧和辛劳的成果。

本书在编纂过程中，得到徐州市档案局、市政协文史委员会、市史志办公室、淮海战役纪念馆、云龙湖风景名胜区管委会、各县（市、区）档案馆、市图书馆、市博物馆、中国矿业大学档案馆、徐工集团党委宣传部、徐矿集团档案馆、运河支队抗日纪念馆、贾汪区运河支队陈诚一烈士史料馆、徐州市青年美术家协会等单位的大力支持；文稿形成后，文史专家曹必宏、宋余东、柳彦等同志进行了仔细的审定并提出有针对性的意见建议；市档案馆许多同志积极参与做好查阅服务、书稿校对、外景拍摄和其他保障性的工作；书中还引用了有关文史专家、学者的研究成果和专著文章等，在此向他们表示衷心的感谢！

百年徐州，史料如海。本书纵向时间跨度大，横向内容覆盖广。限于编者水平，时间仓促，在选材上难免有遗珠之憾，在编校上也难免有疏漏之处，敬请广大读者批评指正。我们衷心希望把此次编书作为一次有益的探讨，为今后进一步深入研究打下基础。

编　者

2025 年 4 月

图书在版编目（CIP）数据

档案中的徐州／徐州市档案馆，徐州市档案学会编.

北京：中国文史出版社，2025. 6. -- ISBN 978-7-5205-

5243-1

Ⅰ．K295. 33

中国国家版本馆 CIP 数据核字第 2025Q3Z547 号

责任编辑：牟国煜

装帧设计：红伟图文

出版发行：**中国文史出版社**

社　　址：北京市海淀区西八里庄路 69 号院　　邮编：100142

电　　话：010-81136606　81136602　81136603（发行部）

传　　真：010-81136655

印　　装：北京新华印刷有限公司

经　　销：全国新华书店

开　　本：890×1230　1/16

印　　张：21　　　　字数：445 千字

版　　次：2025 年 6 月第 1 版

印　　次：2025 年 6 月第 1 次印刷

定　　价：168. 00 元